轨道交通运营基础

朱炜 **主编** / 徐瑞华 **主审**

人民交通出版社

北京

内 容 提 要

本书是轨道交通运输专业学生与技术人员学习和认识轨道交通运营相关专业知识的基础性图书,共分为四篇内容:第一篇为绪论,介绍轨道交通的定义、特点、分类及发展与展望等;第二篇为设施设备篇,包括"机""工""电""辆"等方面的基本专业知识;第三篇为运营管理篇,主要围绕"车"务,对包括客运、货运、行车及其安全等的运输组织与管理的专业内容作基本的介绍;第四篇为探讨拓展篇,在辨析城市轨道交通与铁路运输系统运营管理异同基础上,进一步拓展介绍磁浮铁路、有轨电车、悬挂式空中列车等新型轨道交通系统情况。

本书可作为高等院校轨道交通相关专业师生的教材,也可作为轨道交通运营管理者以及相关工程技术人员和研究人员的参考资料。

图书在版编目(CIP)数据

轨道交通运营基础 / 朱炜主编. — 北京 : 人民交通出版社股份有限公司, 2024.12
ISBN 978-7-114-18316-4

Ⅰ.①轨… Ⅱ.①朱… Ⅲ.①城市铁路—轨道交通—交通运输管理—基本知识 Ⅳ.①U239.5

中国版本图书馆 CIP 数据核字(2022)第 201406 号

Guidao Jiaotong Yunying Jichu

书 名:	轨道交通运营基础
著 作 者:	朱 炜
责任编辑:	李 敏　高鸿剑
责任校对:	赵媛媛
责任印制:	张 凯
出版发行:	人民交通出版社
地 址:	(100011)北京市朝阳区安定门外外馆斜街 3 号
网 址:	http://www.ccpcl.com.cn
销售电话:	(010)85285911
总 经 销:	人民交通出版社发行部
经 销:	各地新华书店
印 刷:	北京印匠彩色印刷有限公司
开 本:	787×1092　1/16
印 张:	14
字 数:	340 千
版 次:	2024 年 12 月 第 1 版
印 次:	2024 年 12 月 第 1 次印刷
书 号:	ISBN 978-7-114-18316-4
定 价:	49.00 元

(有印刷、装订质量问题的图书,由本社负责调换)

Preface / 前言

在原国家教育委员会(现教育部)于1993年发布的《普通高等学校本科专业目录》中，为了提高学生的综合素质从而更好地适应交通运输行业发展，铁道运输专业与其他交通运输领域相关专业进行了合并，修订为交通运输专业(专业代码081801)，归属交通运输类。在交通运输专业的课程体系中，专业课和专业基础课是核心骨干课程。其中，专业课主要有行车、站场、客货运三大类主干课程(具体课名各校依各自特色各有不同)；专业基础类课程是为后续进一步深入学习专业课开设的、带有基础专业知识的先导课程。

"轨道交通运营基础"为同济大学交通运输专业的一门专业基础课，其任务是概括性地介绍轨道交通系统，特别是其中有关运营管理方面的基本知识及发展趋势，使课程学习者对轨道交通系统有一个整体性的认识，激发学习者的学习热情，为其进一步深入学习后续各门专业课做铺垫。

在以往国内铁路院校交通运输专业的课程教学体系中，与本课程最为接近的课程是"铁道概论"，历史上几乎所有原铁道部直属院校均开设过这门基础性、导论性质的课程。但近年来，一方面随着轨道交通[干线铁路、城际铁路、市域(郊)铁路、城市轨道交通等]在我国快速发展，轨道交通的主体不再局限于"干线国铁"的范畴，而是在内涵与外延上均发生了较明显的变化；另一方面，高校交通运输专业(例如同济大学的交通运输专业)学生的毕业去向也变得更多样化，不仅表现在就业部门(规划、设计、建设、运营、行业管理等)，而且还表现在交通方式[轨道、道路、民航等，而在轨道交通方式内又涵盖有干线铁路、城际铁路、市域(郊)铁路、城市轨道交通等]上。这就需要在讲授关于轨道交通运营的基础专业知识时，不能仅仅拘泥于原来传统的"铁道概论"模式。同时，要引导学生学习兴趣、达到良好教学效果也迫切需要对原有的授课内容作出调整与改变。

在此背景与考量下，作者承袭"铁道概论"的精髓衣钵，融入新时代的新特色、新需要，开设了轨道交通运营基础课程，并整理编撰了本教材。本书分为四大篇：第一篇为绪论，主要介绍轨道交通的定义、分类、特征及发展与展望等；第二篇为设施设备篇，包括"机""工""电""辆"等方面的基本专业知识；第三篇为运营管理篇，主要围绕"车"务(这也是交通运输专业学生的主要就业业务部门)，对包括客运、货运、行车及其安全在内的运输组织与管理的专业内容作基本的介绍;第四篇为探讨拓展篇,在辨析城市轨道交通与铁路运输系统运营管理异同基础上,进一步拓展介绍磁浮铁路、有轨电车、空中列车等新型轨道交通系统内容。同时,在内容选取与编排上按"铁路方式为骨、兼顾其他方式;基本知识为主、最新进展为辅"的原则。

本教材是在近年编写的课程讲义基础上修订完善而来的。全书由同济大学交通运输规划与管理系朱炜主编(负责完成了全书架构、各章编写及统稿工作),交通运输专业负责人徐瑞华教授主审,张铭航协助完成了第4、5、6章文稿的编撰工作,韦锦协助完成了第7、8、9章文稿的编撰工作,柏成协助完成了第14、15、16章文稿的编撰工作,陈梦菲协助完成了初版讲义及第10、11章文稿的编撰工作。中国铁路上海局集团有限公司曲思源和单仕平、成都轨道交通集团有限公司赵月、广州地铁集团有限公司郑晓民等专家在本书编写过程中提供了宝贵意见。

由于编者水平有限,时间紧迫,文稿中定有许多缺点和错误之处,恳请大家指出,帮助进步!不胜感激!

编　者
2024年11月30日于嘉定园

Contents / 目录

第一篇 绪论

第1章 轨道交通概述 ··········3
1.1 轨道交通的定义 ··········3
1.2 轨道交通的特点 ··········3
1.3 轨道交通的分类 ··········4
复习思考题 ··········8

第2章 轨道交通的发展历程 ··········9
2.1 铁路发展历程 ··········9
2.2 城市轨道交通发展历程 ··········13
复习思考题 ··········16

第3章 轨道交通运输技术发展 ··········17
3.1 高原铁路技术 ··········17
3.2 机车车辆装备技术 ··········18
3.3 重载运输技术 ··········19
3.4 特种货物运输技术 ··········21
3.5 运输管理信息化技术 ··········22
复习思考题 ··········25

第二篇 设施设备篇

第4章 线路工程 ··········29
4.1 线路勘测设计与技术标准 ··········29

4.2 线路平面与纵断面 ·· 31
4.3 路基和桥隧建（构）筑物 ·· 33
4.4 轨道与限界 ·· 36
4.5 工务工作 ··· 40
复习思考题 ··· 41

第5章 机车与车辆工程 ··· 42
5.1 机车与车辆分类 ·· 42
5.2 机车车辆的基本构造 ··· 46
5.3 机车车辆的运用与检修 ·· 53
5.4 动车组及其检修设施 ··· 58
复习思考题 ··· 60

第6章 车站工程 ··· 61
6.1 车站的概念与分类 ·· 61
6.2 中间站 ·· 64
6.3 区段站 ·· 67
6.4 编组站 ·· 69
6.5 铁路枢纽 ··· 75
复习思考题 ··· 77

第7章 通信与信号工程 ··· 78
7.1 铁路通信与信号设备 ··· 78
7.2 铁路信号 ··· 79
7.3 轨道电路 ··· 91
7.4 车站联锁与区间闭塞 ··· 92
7.5 铁路通信设备 ··· 97
复习思考题 ··· 99

第三篇

运营管理篇

第8章 列车牵引计算 ·· 103
8.1 列车受力分析 ··· 103
8.2 合力曲线与运动方程 ··· 111
8.3 列车制动距离解算 ·· 114

8.4 动车组运行计算特点 ··· 116
8.5 列车运行计算电算化 ··· 120
复习思考题 ·· 122

第9章 列车运行组织 ··· 123
9.1 列车的编组 ··· 123
9.2 车流组织与货物列车编组计划 ··· 125
9.3 列车运行图 ··· 128
9.4 车站行车组织工作 ·· 132
9.5 运输生产计划 ·· 138
复习思考题 ·· 139

第10章 旅客运输组织 ·· 140
10.1 旅客运输的特点与分类 ·· 140
10.2 旅客运输计划 ··· 143
10.3 旅客列车运行组织 ·· 147
10.4 客运站工作组织 ··· 149
10.5 旅客列车乘务工作 ·· 153
复习思考题 ·· 155

第11章 货物运输组织 ·· 156
11.1 货物运输的特点及种类 ·· 156
11.2 货物运输计划 ··· 160
11.3 货运站及货场 ··· 161
11.4 集装运输 ··· 165
复习思考题 ·· 171

第12章 运营安全及其风险评价 ·· 172
12.1 运营安全基本概念 ·· 172
12.2 运营安全影响因素 ·· 172
12.3 运营安全风险评价 ·· 175
复习思考题 ·· 184

第四篇

探讨拓展篇

第13章 城市轨道交通与铁路运输之异同 ··· 187
13.1 概念之异同 ·· 187

13.2 运营管理上之异同 ·········· 188
复习思考题 ·········· 191

第14章 磁浮运输系统 ·········· 192

14.1 磁浮概念的提出和发展 ·········· 192
14.2 国外磁浮系统的早期发展 ·········· 192
14.3 我国磁浮系统的发展 ·········· 194
14.4 两种不同的磁浮技术 ·········· 195
14.5 磁浮技术的优点 ·········· 198
14.6 上海磁浮列车示范线 ·········· 199
14.7 北京地铁S1线（磁浮线） ·········· 200
复习思考题 ·········· 202

第15章 现代有轨电车 ·········· 203

15.1 有轨电车概念 ·········· 203
15.2 历史沿革 ·········· 203
15.3 现代有轨电车 ·········· 204
15.4 现代有轨电车性能特点 ·········· 205
15.5 国外发展模式 ·········· 206
15.6 中国有轨电车 ·········· 207
复习思考题 ·········· 208

第16章 悬挂式空中列车 ·········· 209

16.1 悬挂式空中列车概念 ·········· 209
16.2 设计理念 ·········· 210
16.3 悬挂式空中列车适用场所和限制条件 ·········· 210
16.4 悬挂式空中列车优势特点和应用前景 ·········· 210
16.5 国外悬挂式空中列车发展历程 ·········· 211
16.6 国内悬挂式空中列车的发展和应用 ·········· 213
复习思考题 ·········· 214

参考文献 ·········· 215

第一篇
绪论

第1章 轨道交通概述

交通运输业是国民经济的重要组成部分,轨道交通是现代交通运输的主要方式之一。轨道交通运输是一个既古老又新兴的行业,半个多世纪以来在世界范围内快速发展,轨道交通的主体不再局限于"干线国铁"的范畴,而是包括了干线铁路、城际铁路、市域(郊)铁路、城市轨道交通等多种形式,在内涵与外延上均发生了较明显的变化。本章将重点对轨道交通的定义、特点及分类进行介绍,以期能够给出一个较为清晰的解释。

1.1 轨道交通的定义

轨道交通是指运营车辆需要在特定轨道上行驶的一类运输系统。最典型的轨道交通就是由传统列车和标准铁路所组成的铁路系统。随着车辆和铁路技术的多元化发展,轨道交通呈现出越来越多的类型,不仅遍布于长距离的陆地运输,也广泛运用于中短距离的城市公共交通之中。

(1)广义上的轨道交通

广义上的轨道交通是指各种由列车、轨道、车站和调度系统(包括调度设备和调度人员)所共同组成的陆路交通运输系统,包括一切传统铁路系统和新型轨道系统。广义轨道交通的主体是传统铁路,包括干线铁路、城际铁路、市域(郊)铁路等。

(2)狭义上的轨道交通

狭义上的轨道交通一般特指城市轨道交通系统,如北京市城市轨道交通系统(北京地铁)、上海市城市轨道交通系统(上海地铁)、广州市城市轨道交通系统(广州地铁)等,包括了地铁、轻轨、有轨电车等方式。一般来说,轨道交通比较多用于称呼在经济发达地区的各种中短距离客运城市轨道交通系统。

1.2 轨道交通的特点

一般而言,上述定义范畴内的轨道交通具有如下特点:

①快捷。轨道交通系统的运营车辆行驶在特定轨道上,大多具有专有路权,能保证以较快的速度稳定行驶,因而具有快捷的特点。

②准点。轨道交通系统大多具有专有路权,能保证稳定行驶,所以与道路交通相比,具有更高的准点性。

③大运量。轨道交通系统的运营车辆可以设计较大的定员人数,能够多节车厢连挂编组运行。同时,在专有路权、稳定行驶的条件下,还能以较小的发车间隔(即较高的发车频

率)运营,因而能够形成较大的运输能力,即大运量。

④安全。轨道交通系统配备先进的车辆、车号等设备与设施,并且与其他交通方式运营车辆冲突的机会较小,因而具有较高的安全性。

⑤环保。轨道交通系统的运营车辆往往不直接使用煤炭、石油等一次能源,而是大多使用电力等二次能源,不直接排放尾气等污染物,具有较好的环保性。

轨道交通具有上述快捷、准点、大运量、安全、环保的优点,但同时也常伴随着较高的前期投资、技术要求和维护成本,并且占用的空间往往较大。

当然,需注意的是,轨道交通是一个较为广泛的范畴,包括了多种不同的种类,以上所述仅是对轨道交通特点的一般性、通常性的表述,不是绝对准确的。例如:城市有轨电车可设计在道路平面上,与城市道路交叉,在平交道口会与道路交通车辆存在冲突点;近年国外出现的个体快速公交(Personal Rapid Transit,简称PRT)也是行驶在特定轨道上,但其车厢容量不大,近似于小汽车;近年湖南出现的智能轨道快速公交(Autonomous Rail Transit,简称ART)则在虚拟的"轨道"上行驶运行。

1.3 轨道交通的分类

常见的轨道交通有传统铁路[干线铁路、城际铁路和市域(郊)铁路]、地铁、轻轨和有轨电车,新型轨道交通有磁浮铁路、单轨[跨坐式轨道系统和悬挂式轨道系统(又称"空列")]和旅客自动捷运系统(Automated People Mover,简称APM)等。

(1)传统铁路

传统铁路是最常见的轨道交通,主要承担大规模、远距离的客货运输任务,通常由大型机车牵引多节车厢进行运载。国际铁路联盟(法语缩写为UIC)按照速度类型,将铁路划分为超高速铁路(400km/h以上)、高速铁路(200~400km/h)、准高速铁路(160~200km/h)、中速铁路(120~160km/h)和常速铁路(100~120km/h)。按照服务的区域地带和范围的不同,可将传统铁路划分为干线铁路、城际铁路、市域(郊)铁路。图1-1为飞驰在高铁干线上的"复兴号"动车组列车。

图1-1 飞驰在高铁干线上的"复兴号"动车组列车

干线铁路(Trunk Railway)指在全国范围内具有重要的经济、政治、文化和军事作用的骨干铁路。

城际铁路(Intercity Railway)是相邻城市之间专门开行城际列车、运输城际旅客的铁路。城际铁路在不同国家、不同时代以及不同的学术领域中有不同规定,根据国家铁路局于2015年1月6日批准发布的《城际铁路设计规范》(TB 10623—2014)中对城际铁路的定义,城际铁路是指专门服务于相邻城市间或城市群,旅客列车设计速度200km/h及以下的快速、便捷、高密度客运专线铁路。

市域(郊)铁路(Suburban Railway)又称为通勤铁路,指提供城市公共交通服务,为中心城区与周边城镇组团及城镇组团之间提供快速度、公交化、大运量交通服务的铁路,服务范围一般在50~100km之间,其车站距离短、密度大,设计速度一般为100~160km/h,平均站间距原则上不小于3km。

(2)地铁

地铁(Metro或Subway)是在城市中修建的快速、大运量、用电力牵引的轨道交通系统。列车在全封闭的线路上运行,位于中心城区的线路基本设在地下隧道内,中心城区以外的线路一般设在高架桥或地面上。

地铁的运能,单向在3万人次/h,最高可达6万~8万人次/h。最高速度可达120km/h,旅行速度可达60km/h以上,可为3~8节编组,车辆运行最小间隔可小于1.5min。地铁适用于出行距离长、客运量需求大的城市中心区域。图1-2为上海地铁2号线中山公园站内站台场景。

图1-2 上海地铁2号线中山公园站内站台场景

(3)轻轨

轻轨(Light Rail)是在市域(郊)铁路和有轨电车的基础上改造发展起来的城市轨道交通系统。轻轨原来采用轻型轨道,现在通常也已采用与地铁相同重量的钢轨。在《城市轨道交通工程项目建设标准》(建标104—2008)中,把每小时单向客流量为0.6万~3万人次的轨道交通划分为中运量轨道交通,即轻轨(并不是世界公认标准)。

轻轨一般采用地面线和高架线相结合的方法建设,路线可以从市区通往近郊。列车编组采用2~6辆或单节、铰接式车体。由于轻轨采用了线路隔离、自动化信号、调度指挥系统和高新技术车辆等措施,最高速度可达80km/h,并且克服了有轨电车运能低、噪声大等问题。图1-3为行驶在高架桥上的轻轨列车。

图1-3 行驶在高架桥上的轻轨列车

轻轨与地铁的区别:首先是运输能力的不同,运输能力一般用高峰小时单向最大客运量来表示,地铁的高峰小时单向最大客运量为3万~7万人次,轻轨的高峰小时单向最大客运量为1万~3万人次。其次,还表现在车辆的轴重和尺寸的不同,地铁车辆的轴重普遍大于13t,而轻轨车辆普遍小于13t;地铁车辆宽度一般为2.8~3.0m,轻轨车辆宽度一般为2.3~2.6m。此外,地铁和轻轨车辆对路线曲线半径的要求也有所不同,地铁正线的最小曲线半径一般要求不小于300m,困难地段不小于250m,而轻轨一般要求正线最小曲线半径不小于100m,困难地段不小于50m。另外,地铁与轻轨在列车编组数量、车辆定员、最高运行速度等方面也存在区别。

(4)有轨电车

现代有轨电车(Tram或Streetcar)是使用电车牵引、轨道导向、1~3辆编组,运行在城市路面线路上的中低运量轨道交通系统。有轨电车是最早发展的城市轨道交通之一,一般在城市中心穿街走巷运行,具有上下车方便的特点。它与轻轨已很接近,只是车辆尺寸稍小一些,运营速度接近20km/h,单向运能可达2万人次/h。图1-4为上海松江现代有轨电车。

(5)磁浮铁路

磁浮铁路(Maglev Railway),是一种非轮轨黏着传动,悬浮于地面的轨道交通系统,目前在中国的应用城市有北京、上海与长沙等。磁浮列车利用常导磁铁或超导磁铁产生的吸力或斥力使车辆浮起,用以上的复合技术产生导向力,用直线电机产生牵引动力,使其成为高速、安全、舒适、节能、环保、维护简单的新一代交通运输工具。图1-5为上海浦东磁浮列车示范运营线。

图1-4 上海松江现代有轨电车

图1-5 上海浦东磁浮列车示范运营线

(6)单轨

根据原建设部(现住房和城乡建设部)于2007年发布的《城市公共交通分类标准》(CJJ/T 114—2007)中的定义,单轨(Monorail)是一种车辆与特制轨道梁组合成一体运行的中低运量轨道交通系统,其轨道梁不仅是车辆的承重结构,同时也是车辆运行的导向轨道,为城市轨道交通线路制式的一种。

单轨的类型主要有两种:一种是车辆跨骑在单片梁上运行的方式,称之为跨座式单轨;另一种是车辆悬挂在单根梁上运行的方式,称之为悬挂式单轨。图1-6为跨座式和悬挂式单轨实景图。

单轨系统适用于单向高峰小时最大断面客流量1.0万~3.0万人次的交通走廊。因其占地面积很少,与其他交通方式完全隔离,故运行安全可靠,建设适应性较强。

a) 跨座式单轨　　　　　　　　　b) 悬挂式单轨

图1-6　单轨列车实景图

复习思考题

1. 根据轨道交通的定义,思考哪些新型交通运输方式也属于轨道交通的范畴。
2. 试述轨道交通的主要特点。
3. 比较轨道交通与道路交通的异同点。

第2章 轨道交通的发展历程

如第1章所述,轨道交通的范畴除了传统铁路[干线铁路、城际铁路和市域(郊)铁路]之外,还包括地铁、轻轨,以及一些新型轨道交通等。为此,本章在介绍轨道交通的发展历程时,仍以传统铁路为代表,但不完全局限于铁路,重点选取了铁路和城市轨道交通(包含了地铁、轻轨、有轨电车、磁浮列车等)两类代表性轨道交通系统进行较详细的介绍。

2.1 铁路发展历程

2.1.1 国外铁路发展历程

1)世界铁路发展阶段的划分
(1)初创时期(1825—1870年)
①世界上第一条铁路。
1825年,英国建成了世界上第一条铁路:斯托克顿—达林顿铁路(Stockton-Darlington),如图2-1所示。

图2-1 英国斯托克顿—达林顿铁路一景

②初创时期世界各国铁路开通年份。
英国的斯托克顿—达林顿铁路建成运营后,铁路运输表现出良好的技术经济特性,在其他国家也很快出现并获得发展,表2-1为各国铁路开通年份。

初创时期世界各国铁路开通年份　　　　表2-1

国家或地区	开始运营年份	国家或地区	开始运营年份
英国	1825	列支敦士登	1844
美国	1830	牙买加	1845
爱尔兰	1834	匈牙利	1845
德国	1835	丹麦	1847
比利时	1835	西班牙	1848
加拿大	1836	墨西哥	1850
古巴	1837	秘鲁	1851
俄国	1837	智利	1851
奥地利	1838	印度	1853
荷兰	1839	巴西	1854
意大利	1839	挪威	1854
瑞士	1844	澳大利亚	1854

（2）快速发展时期（1871—1913年）

在西方发达国家，铁路成为推动经济发展的有力工具。在这期间，铁路发展非常之快，新建线路绝大部分集中在英、美、德、法、俄五国。

（3）停滞不前时期（1914—1969年）

在这期间铁路发展相对停滞不前，表2-2为期间美、英、法三国铁路里程变化情况。导致这一情况出现的主要原因在于：①两次世界大战中，西欧各国铁路乃至经济社会均受到了严重破坏；②第二次世界大战后，公路和航空发展很快，竞争更为激烈；③西方国家经济萧条不断发生，铁路客货运量比重逐渐减少。

停滞不前时期美、英、法三国铁路里程变化　　　　表2-2

美国		英国		法国	
年份	里程(万km)	年份	里程(万km)	年份	里程(万km)
1916	40.8	1929	3.28	1937	6.48
1955	35.5	1955	3.08	1955	4.53
1980	31.8	1980	1.7	1980	3.39

（4）新发展时期（1970年之后）

1964年，日本第一条新干线（连接东京与新大阪的东海道新干线，图2-2）在1964年东京奥运会前夕通车运营，设计速度超过200km/h，这是全世界第一条投入商业运营的高速铁路系统。

1970年，山阳新干线开始动工，至1971年开始试运行，同年东北新干线动工。此后新干线这一高速铁路系统在日本快速建设与发展，在经济、社会、政治等各方面均获得了极大的成功，并带动了高速铁路在法国、德国、中国等世界范围内诸多国家的建设发展，使得原本逐渐落入"夕阳行业"的铁路运输业又重新成为了"朝阳行业"。

图2-2　日本新干线

在新发展时期，铁路技术的发展具体表现为：①牵引力变革；②集装箱运输、重载运输的发展；③通信信号的改进；④自动化管理系统的发展；⑤高速铁路、磁浮铁路的出现。

2）铁路牵引动力的提升阶段

（1）蒸汽机车

蒸汽机车最初产生于19世纪，它的动力主要来源于煤的燃烧产生的热能转化为机械能。直至第二次世界大战后，蒸汽机车都是最常见的机车。

（2）内燃机车

第一次世界大战后，人们便开始了对内燃机车实验性的探索。内燃机车以内燃机作为原动力，通过传动装置驱动车轮转动。20世纪40年代时的美国，内燃机车开始部分取代蒸汽机车。第二次世界大战后，许多国家开始采用内燃机车。

（3）电力机车

电力机车是指从接触网或接触轨中获取电能，通过电动机驱动车辆行驶的火车。1902年，电力机车第一次出现于意大利的瓦尔泰利纳铁路线上。

2.1.2　国内铁路历史

1）中国近代代表性铁路

（1）吴淞铁路

1876年，英商怡和洋行在上海修建的吴淞铁路（图2-3），是中国第一条营运铁路。它全长14.5km，轨距为762mm。铁路建成一年后被清政府赎回拆除。

图2-3 吴淞铁路

(2)唐胥铁路

1881年动工兴建的唐胥铁路是中国自建的第一条标准轨运货铁路(图2-4),它全长约9.7km,主要用于从煤矿向外运煤。

图2-4 唐胥铁路

(3)基隆—台北—新竹铁路

清政府在1891年和1893年先后建成了基隆至台北铁路和台北至新竹铁路,全长107km。

(4)京张铁路

1909年建成的京张铁路(图2-5)全长201.2km,是第一条没有在外国人的帮助下,完全由中国人自己筹款、勘测、设计并建造完成的铁路。正是由于京张铁路的建设,总工程师詹天佑被誉为"中国铁路之父"。

图2-5 京张铁路

2)中国近代铁路奠基人

(1)詹天佑(1861—1919年)

中国近代铁路工程专家詹天佑于1881年以优异成绩毕业于耶鲁大学,詹天佑的贡献在于成功修建了京张铁路。京张铁路穿山越岭,工程之艰巨为当时它处所未有。詹天佑亲自勘察,选定路线,通过设计"人"字形轨道线路,解决了坡度大、机车牵引力不足的问题。

(2)孙中山(1866—1925年)

孙中山先生提出"交通为实业之母,铁路又为交通之母"的著名论断,第一次从宏观上阐述了铁路在国民经济中的重要地位,对于中国铁路建设影响深远。

孙中山在单色全国政区图复制图上规划《中国铁路总公司干线》,以手绘红色实线表示铁路总公司已定计划线,黑色实线表示未成铁路线,另以红色虚线表示设想的新增加规划线或将来应有规划的线路。在1914年孙中山曾经说过振兴中华需要修建十万公里的铁路,此愿望已经实现(至2014年,铁路总里程11.2万km,其中高铁1.6万km)。

(3)金士宣(1900—1992年)

金士宣是我国著名的铁路运输专家和教育家,是我国铁路运输学科的首创者和奠基人,构建了我国运输管理学科的完整体系。

金士宣本科毕业于"交通大学北京学校",又在美国宾夕法尼亚大学获经济学博士学位。1933年,他在上海交通大学的演讲中就指出:"铁路科学可分为两大类,一为工程技术,二为运输管理"。1923年,金士宣编辑出版了《铁路运输学》,该书以精炼的语言论述了铁路运输组织原理、有关规章制度及作业组织方法,是中国第一部铁路运输管理学的论著。

2.2 城市轨道交通发展历程

2.2.1 国外城市轨道交通

1)世界城市轨道交通发展阶段

(1)初始发展阶段(1863—1924年)

世界上第一条地铁线路是1863年1月10日在英国伦敦建成通车的伦敦地铁,该线长约6.4km,列车由蒸汽机车牵引。1874年,伦敦地铁在世界上首次采用盾构法施工建设,并于1890年首次采用电力机车牵引。

此后,芝加哥、费城、波士顿、纽约、巴黎、柏林、汉堡、马德里等城市也开始建设地铁并在短时间内建成多条线路。

(2)停滞萎缩阶段(1925—1949年)

第二次世界大战之后,城市轨道交通的发展出现了一定停滞和萎缩,同时,汽车工业的飞速发展也抑制了城市轨道交通的继续建设。这段时期,仅有东京、大阪、莫斯科等部分城市开始发展城市轨道交通。

(3)重新发展阶段(1950—1969年)

由于汽车保有量过度增长造成道路拥堵、空气与噪声污染、能源危机等问题,城市轨道交通重新得到了重视,在这一时期城市轨道交通的建设从欧美国家扩展到了亚洲国家。

(4)高速发展阶段(1970年至今)

在这一时期,和平稳定成为世界发展的主基调,城市人口日益高度集中,城市居民出行需求不断增长,同时道路交通容易造成拥堵、污染等问题,而城市轨道交通有着大运量、高效率、节能环保等优势,从而使得城市轨道交通在世界范围内普及建设,高速发展。

2)世界主要城市轨道交通系统

(1)伦敦地铁

伦敦是地铁的发源地,拥有世界最古老的地铁系统,被誉为"建在地铁上的都市"。

伦敦地铁始建于1856年,于1863年开通运营第一条线路。截至2024年,伦敦地铁有11条线路(Tube),272座车站,总长超402 km,日客运量超300万人次。

(2)纽约地铁

纽约地铁诞生于1904年,目前有36条线路,424座车站,总长394km,地上线路约占44%,为世界上车站数最多的地铁系统,日客运量560万人次。纽约地铁24h运营,车站结构简单,以简便实用为特点。

东京地铁线路图

(3)东京地铁

东京是亚洲开通地铁最早的城市,第一条线路于1927年通车。东京地铁系统拥有285座车站,线路总长313km,日平均客流量1100万人次,是世界上客流量最大的地铁系统之一。车站站台形式多样化,出入口布局与地面建筑协调一致。

(4)莫斯科地铁

莫斯科地铁是使用频率最高的地铁系统之一,因其不少车站在建设的时候融入了卓越的设计风格以及大理石立柱的设计,也被认为是世界上最漂亮的地铁系统之一。其拥有15条线路,254座车站,总长515km,年客运量达32亿人次(截至2024年2月9日)。

首尔地铁线路图

(5)首尔地铁

首尔地铁也是世界上最繁忙的地铁系统之一,日均载客量超过700万人次,拥有车站144个,首都圈内整个地铁系统总长度1193.9km。其服务范围为韩国首尔特别市和周边的首都圈,以首尔的9条地下铁路为主,并辅以韩国铁道公社的盆唐线及仁川地铁等线路,共22条线路。

(6)巴黎地铁

巴黎地铁最早于1900年开通第一条线路,目前共有14条主线,2条支线,380座车站(其中有77座交汇站),总长227 km,年客运量超15亿人次。线网分三个阶段扩展,并于1990年完工。

(7)新加坡地铁

新加坡地铁线路图

新加坡地铁又叫大众捷运系统(Mass Rapid Transport,简称MRT),第一条线路开通于1987年,是目前世界上最为繁忙、高效的公共交通系统之一。当前设有122个地铁车站,258km的标准轨距线路。共分6条路线,东西线(绿线)、南北线(红线)、东北线(紫线)、环线(橘线)、滨海市区线(蓝线)、汤申—东海岸线(棕线)互相联系,并且通往数个观光胜地,公众只要查看站名记住其颜色及号码即可方便乘坐。

2.2.2 国内城市轨道交通

1)国内城市轨道交通发展阶段

自1969年10月1日北京第一条地铁线路开通至今,我国城市轨道交通经历了从无到有、由线转网、由小网向大网的快速发展过程,在满足人们出行需求、缓解城市交通拥堵、促进经济社会发展等方面发挥了重要作用。截至2023年底,31个省(自治区、直辖市)共有55个城市开通城市轨道交通运营线路306条,运营里程10165.7km,车站5897座,已步入了城市轨道交通大国的行列。

中国城市轨道交通正处于快速发展时期,运营规模的增长经历了由慢到快的发展过程。从无到有的1000km,持续了漫长的38年;第二个1000km,仅用了不到5年;此后每1~2年即增长1000km,7年内即踏上6000km台阶。

从每年新开通的运营规模上来看,中国城市轨道交通运营50余年的发展历程经历了起步初探期、平稳增长期、快速发展期三个阶段。

(1)起步初探期(1969—1999年)

我国城市轨道交通前30年共开通200km❶,年均通车6.6km,年均增长7.71%。1969年,中国首条地铁在北京开通之后,天津、上海、广州三地分别于1984年、1993年、1997年先后开通地铁线路。直到20世纪末,中国仅有4座城市拥有城轨交通运营线路200.5km。

(2)平稳增长期(2000—2009年)

我国城市轨道交通在这十年间共开通近1200km,年均通车120km,年均增长21.34%。进入21世纪,长春、大连、武汉、深圳、重庆、南京6座城市先后开通城轨交通运营线路,于2005年实现中国10座城市拥有城轨交通运营线路784km。北京、上海、广州三座城市的运营规模超过了100km,率先进入了网络化运营阶段,同时也开启了城轨交通行业的运营指标统计之路。

(3)快速发展期(2010年至今)

这一时期共开通不少于7300km的城市轨道交通,年均通车超过600km,年均增长17.11%。随着我国经济的发展以及城市化进程不断加快,城市轨道交通建设突飞猛进,近三年平均每年新增运营长度近1000km,其中2021年新增运营长度近1200km。截至2023年12月31日,31个省(自治区、直辖市)共有27座城市运营规模达到100km以上,实现了由线向网的转变;其中10座城市运营规模达到了300km以上,实现了由小网向大网的转变。

2)国内主要城市轨道交通系统举例

(1)北京地铁

北京地铁始建于1965年,第一条线路(地铁1号线)于1971年1月15日正式开通运营,是中国第一个地铁系统。截至2023年12月31日,共开通运营27条线路,总长836km,398座车站。日均客流量近1000万人次。

北京地铁线路图

---

❶ 在本节及15.6节的所有统计数据中,香港、澳门特别行政区及台湾省统计数据未包括在内。

上海地铁线路图

(2) 上海地铁

上海地铁的第一条线路(地铁1号线)于1993年5月28日正式运营,截至2023年12月31日,共开通运营线路20条,全网运营线路总长825km,车站407座。上海地铁为世界范围内线网规模最大的地铁系统,同时也是最为繁忙的地铁系统之一,日均客流量超过1000万人次。

广州地铁线路图

(3) 广州地铁

广州地铁于1997年6月28日正式开通运营第一条线路(地铁1号线),截至2023年12月31日,共有18条运营线路,总长为641.5km,共282座车站,开通里程居全国第三、世界前十,日均客流量超过800万人次,客流强度全国第一。

成都地铁线路图

(4) 成都地铁

成都地铁于2010年9月27日正式开通运营第一条线路(地铁1号线),截至2023年12月31日,共有14条线路,总长601.7km,共326座车站。

深圳地铁线路图

(5) 深圳地铁

深圳地铁于2004年12月28日开通运营第一条线路(地铁1号线),截至2023年12月31日,共有17条线路,车站326座,总长567.1km。

复习思考题

1. 试述世界铁路发展历程。
2. 试述我国城市轨道交通发展历程。
3. 请思考影响轨道交通发展有哪些因素。

第3章 轨道交通运输技术发展

我国铁路等轨道交通客货运输任务十分繁重,不仅有客货混运,而且平均运输密度居世界之首,提高运输能力迫在眉睫。21世纪以来,我国铁路建设进入了黄金机遇期,铁路现代化建设事业发展更为显著,取得了世人瞩目的辉煌成就,随着科技的进步,铁路运输能力和运输质量都有了大幅度提高,铁路运输技术也实现了巨大的发展。

3.1 高原铁路技术

高原铁路是指建在海拔3000m及以上地区的铁路,其建设环境通常具有复杂的地形和恶劣的气候条件。我国的青藏铁路是世界上海拔最高、线路里程最长的高原铁路,由青海省省会西宁至西藏自治区首府拉萨,线路全长1956km,分两期建成。一期工程东起西宁市,西至格尔木市,于1958年开工建设,1984年5月建成通车;二期工程东起格尔木市,西至拉萨市,于2001年6月29日开工,2006年7月1日建成通车。

青藏铁路沿途穿越高山、高原和峡谷等多种地形,具有海拔高、高差大、地质条件复杂、生态环境脆弱等特点。中国铁道科学研究院集团有限公司从20世纪60年代开始对青藏冻土进行了长达40余年的观测,承担了33项科研攻关和综合试验项目,在环保监理、工程质量检测等领域开展了大量技术服务工作,全面、全线、全程介入了工程施工,为破解"多年冻土、高寒缺氧、生态脆弱"三大世界难题提供了技术支撑。

青藏铁路2006年开通,仅用五年时间,到2011年就运送旅客751万人、运送货物4049万t,并创造了100km/h的高原铁路运行速度的纪录。青藏铁路完善了中国铁路网布局,促进西藏自治区的立体化交通建设,为青海、西藏两地区的经济发展提供更广阔空间,使其优势资源得以更充分发展;开发青海、西藏两地区丰富的旅游资源,促进青海、西藏两地区的旅游事业飞速发展,使之成长为两地区国民经济的支柱产业之一;改变西藏不合理的能源结构,从源头上保护了青藏高原生态环境的长远发展需要。

据不完全统计,青藏铁路工程共获专利数十项,相关研究论文千余篇,推动了多年冻土工程、高原医学和环境保护等领域的科技进步,总体技术达到国际领先水平,并于2013年9月入选"全球百年工程"。图3-1为列车行驶在青藏铁路上。

图 3-1 列车行驶在青藏铁路上

3.2 机车车辆装备技术

按照"引进先进技术、联合设计生产、打造中国品牌"的总体要求,我国铁路机车车辆装备现代化得到快速提升。多年来,我国引进了先进的动车组、大功率内燃机车、大功率电力机车技术,实现了机车和货运车辆的更新换代,完成了现代化的养路设备的应用。

我国自主知识产权的 CRH(China Railway High-speed)"和谐号"系列国产化动车组全面上线,2007 年第一批最高运行速度超过 200km/h 动车组全面投入运行,同年 12 月速度 300km/h 的动车组列车上线,2010 年和谐号 CRH380A 动车组(图 3-2)测试速度已达到 486km/h,这些都标志着我国铁路客运技术装备达到了世界先进水平,成为继日、法、德之后世界上第四个能够自主研制运行速度为 300km/h 动车组的国家。现在,我国已经掌握了系统集成、车体、转向架、牵引变流、牵引控制、牵引变压、牵引电机、列车网络控制和制动系统等 9 项关键技术以及受电弓、空调系统等 10 项主要配套系统技术。CRH 系列动车组采用的交-直-交电传动技术、微机控制制动技术、铝合金和不锈钢的轻量化车体技术、列车计算机网络控制技术以及无摇枕高速转向架等技术,都达到了当今世界高速动车组的一流水平。

同时,为了加快铁路货车装备升级换代的步伐,我国铁路装配大功率机车,并覆盖主要干线。载重 70t 通用货车、载重 80t 煤炭专用货车、载重 100t 的矿石和钢铁专用货车已经批量上线运行。自主研发制造的 25t 轴重的 C_{80}、C_{76} 型煤运专用货车在大秦线投入使用。

其中,和谐 3 型交流传动大功率货运机车(图 3-3)是为满足中国铁路客货需要而研发的大功率交流传动干线客货两用六轴电力机车,该机车采用交-直-交流电传动,功率为 6000 马力(1 马力=735.499W),是目前国内外同类产品中技术最先进、功率最大的节能环保型内燃机车,具有持续牵引力大、低油耗、低排放以及运行速度快、耐久可靠性高等一系列优点,在平直线路上牵引 5000t 货物时最高运行速度可达 120km/h。

图 3-2 和谐号 CRH380A 新一代高速动车组最高测试速度超过 480km/h

图 3-3 我国首台大功率交流传动货运电力机车

3.3 重载运输技术

重载运输是铁路运输的一项重大改革,也是一项庞大的系统工程。它不仅能大幅度地提高运输能力,也必将促进科学技术的进步和发展,使铁路的机车、车辆、线路、桥梁、通信信号、材料工艺、信息控制以及运输组织等各个领域和各类硬件设备都全面配套发展。

重载运输是世界铁路发展的重要趋势,是发挥铁路在大宗、散装物资运输市场优势,提高运输质量、效率和效益,形成强大生产力的重要标志。重载运输是除高速铁路以外,铁路现代化的又一个标志。重载运输是指在先进的铁路技术装备条件下,扩大列车编组,提高列车牵引质量的运输方式。列车牵引质量的提高,是牵引动力、车辆大型化与轻量化、同步操纵技术、制动技术以及运输组织等配套技术发展的综合体现。

国际重载协会认为,重载铁路必须至少满足以下三条标准中的两条:经常、定期开行或准备开行总重至少为8000t的单元列车或组合列车;在长度至少为150km的线路区段上,年计费货运量至少达4000万t;经常、正常开行或准备开行轴重27t以上(含27t)的列车。

我国铁路重载运输的发展,大致经历了4个阶段:

①第一阶段(1984—1986年):改造既有线、开行重载组合列车。

②第二阶段(1986—1992年):新建大秦铁路、开行重载单元列车。

③第三阶段(1992—2002年):改造繁忙干线、开行5000t级重载混编列车。

④第四阶段(2002年以后):大秦铁路开行20000t级列车,提速繁忙干线开行5500~5800t级列车。

(1)重载列车

借鉴美国、加拿大、澳大利亚、苏联、南非等国家重载运输技术,我国开行了三种重载列车:组合式重载列车、单元式重载列车和单列式重载列车。

①组合式重载列车:即以同方向运行的两列普通货运列车,每列3700t的列车首尾连接在一起,使其运行间隔的时间为0。

②单元式重载列车:以固定的机车、车辆合成一个运营单元的列车,并以此为运营计费单位。这种列车固定机车、固定车辆、固定编组、单一品种(如:煤炭)、同一到站,在装车站到卸车站间往返循环直达运行。这种运输方式的最大特点是在货源集中、方向固定的情况下,可以最大限度地减少运营支出,大幅度地降低运输成本。

③单列式重载列车:由大功率机车牵引,机车连挂于列车的头部,车辆不固定,采用一般列车作业方法。列车的到达、解体、编组、出发、取车、送车、装车、卸车和机车的换挂等作业,均与普通列车作业相同,但每列车可多拉运十多节车辆、1000t货物。单列运输总重达5000t。

(2)大秦铁路

1992年底,我国建成开通自行设计修建的第一条双线电气化重载运煤专线——大秦铁路。

在大秦铁路的始端、大同和雁北地区,共设立了18处煤炭集运点(其中环线装车点9处,贯通线9处),采用定量漏斗,利用低恒速[速度为(0.8±0.2)km/h]不停车装车。在大秦铁路的终端,秦皇岛港内设立了卸车环线,用拨车机拨动车辆,送上翻车机每次翻卸3辆,可不停车连续作业。6000t列车卸车时间为60min,10000t列车卸车时间为90min。大秦铁路使用8K型电力机车和C_{63}型专用车辆(装有旋转式车钩、ABDW型制动机大容量缓冲器),试验开行了单机牵引6000t和双机牵引10000t的重载单元列车。大秦铁路设计运输能力为1亿t/年,但实际上在完成既定指标的基础上,大秦铁路运输能力翻了四倍,其运煤能力也是世界首屈一指。表3-1为大秦铁路主要技术标准。

大秦铁路主要技术标准　　　　　　　表3-1

设计速度	列车重载运营速度80km/h
轨道规模	双线电气化
轨道类型	有砟轨道、无缝钢轨
轨道标准	1435mm(轨距)、75kg/m(轨重)
到发线长	2800m
最小曲径	800m(一般地段)、400m(困难地段)
最大坡度	4‰(上行)、12‰(下行)
闭塞类型	自动闭塞
牵引质量	20000~30000t
动力方式	接触网供电:50Hz、25kV

3.4 特种货物运输技术

经由铁路运输的货物,包括国民经济各部门所需原材料及其产品,其种类繁多,性质各异,形状各有不同。铁路运输货物可分为普通货物、阔大货物、危险货物、鲜活货物。普通货物即常见的经由铁路运输的大宗货物,而经由铁路运输的阔大货物、危险货物、鲜活货物为特种货物。

(1)大件运输技术

大件运输是指大设备的运输配送。大件物品是在重量、体积上占有优势的物品。在运具上,大件物品有严格的运输要求,需要用到特殊的运输工具来完成。

大件运输包括超限和超重两个方面:超限设备(货物)是指装载轮廓尺寸超过铁路、铁路桥梁、铁路隧道的限界标准;超重设备(货物)是指装载货物总重量对车辆的作用超过设计装载重量。

针对大件运输,我国铁路部门研制了落下孔车、钳夹车、凹底平车、长大平车、双联平车5个车种,40个不同车型的长大货车,共制造2110辆,为电力、冶金、化工、交通等国家重点建设项目运输重要设备2万余件。运输的大型设备最小质量为215t,最大质量为420t,总运输里程数十万公里。

(2)冷藏运输技术

冷藏运输是指需要采取制冷、保温、通风等特殊措施的货物运输,如图3-4所示。易腐货物包括肉、鱼、蛋、奶、鲜水果、鲜蔬菜、冰、鲜活植物等。按热状态又分为冷却货物、冻结货物和常温货物。铁路主要采用冷藏的方法运输易腐货物,还可采用保温、防寒、加温、通风等措施运输。

铁路冷藏运输的冷藏车分为两大类：

①冰盐冷藏车，以冰和盐作冷源，依据控制冰内掺盐量，使车内保持一定的温度。由于冰盐对沿线钢轨有腐蚀作用，而且制冷温度不够低，已停止制造，将逐步淘汰。

②机械冷藏车，用内燃机带动制冷机械，以制冷剂作为冷源实现制冷，车内可达到-20℃以下的低温，且可在广泛的范围内实现温度的自动调节，所以更能适应现代冷藏运输的要求。

图3-4 冷藏运输技术

铁路部门制造了多种冷藏运输车，可以承运-18℃冷藏货物。为大型企业运送冻肉、瓜果、蔬菜、冰淇淋等冷鲜货物运输。

铁路冷藏运输设施还有制冰厂、加冰所、预冷站等。易腐货物在保管和运输过程中，要求能连续不断地处于一定的温度、湿度、通风和卫生条件下，并在生产、加工、储藏、运输、销售各部门之间形成统一的冷藏链，冷藏集装箱能满足门到门运输的需要，是今后铁路冷藏设备的发展方向。

3.5 运输管理信息化技术

我国铁路运输部门在运输生产、经营和管理中广泛采用各种先进技术和手段，如全球定位技术、移动通信技术、电子数据交换技术和企业计算机管理信息技术等。我国已建成了强大的铁路公用综合数据通信网，并利用计算机数据通信网，进一步改进和扩充完善了运营管理自动化系统，把原来单独建立的专用系统接入网络，使运营管理自动化系统向综合化发展，进一步优化了信息资源的配置和合理利用，增强了系统功能，扩大了应用范围。

铁路运输部门积极采用现代信息技术,加速铁路信息化建设,逐步建成铁路综合运营管理信息系统,实现全路客票发售和预订系统联网运行,应用和完善计算机自动编制列车运行图,实现各管理信息系统的有机连接,建立可共享的综合数据环境,为铁路各级管理部门和决策人员提供跨系统、全面、准确、实用的信息服务和决策支持;不断完善基础数据采集自动化系统,提高网络和信息安全防范能力,实现铁路运输生产指挥、控制和经营服务的现代化;采用先进的监控、检测、诊断技术,逐步完善列车安全保障体系。

1)铁路列车调度指挥系统

铁路列车调度指挥系统(Train Dispatching Command System,简称TDCS)是实现铁路各级运输调度对列车运行实行透明指挥、实时调整、集中监控的现代化信息系统。TDCS由中国国家铁路集团有限公司(以下简称国铁集团)、铁路局TDCS中心局域网及车站基层网组成(图3-5),是一个从现代运输管理的角度构造、覆盖全路的调度指挥系统。

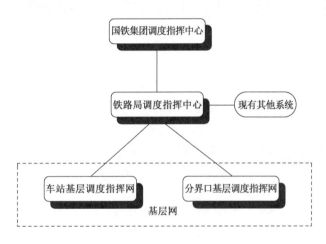

图3-5 TDCS组成

TDCS可以实现对列车在车站和区间运行的实时监视、动态调整、自动生成列车运行3h阶段计划;实现列车调度命令的自动下达和实际运行图的自动描绘;实现分界口交接列车数、列车运行正点率、行车密度、早晚点原因、重点列车跟踪等实时宏观统计分析并形成相关统计报表;显示铁路路网、沿线线路、车站、救援列车分布等主要技术资料以及气象资料,为铁路事故救援、灾害抢险、防洪等提供决策参考。

TDCS的重点在直接指挥车站的铁路局TDCS一层(图3-6),主要服务对象是行车调度员及车站值班员。TDCS可以实现用自动化的手段调整运输方案、通过计算机网络下达行车计划和调度命令、自动报点和车次号自动跟踪、列车实际运行图自动绘制和自动过表、车站行车日志自动生成。

2)铁路列车控制系统

铁路列车控制系统(Chinese Train Control System,简称CTCS),是中国铁路参照欧洲列车控制系统,并结合中国国情构建的铁路信号控制技术体系。其中CTCS-3是我国拥有完自主知识产权、针对国产高速铁路列车研制的运行控制系统,是基于无线传输信息并采用轨道电路等方式检查列车占用的列车运行控制系统,属于基于无线通信的固定闭塞或虚拟自动闭塞系统。

图3-6　铁路局调度指挥中心

2003年,原铁道部制定了我国的CTCS发展装备暂行技术标准。CTCS分为CTCS-0级、CTCS-1级、CTCS-2级、CTCS-3级和CTCS-4级五个等级。

(1)CTCS-0级适用于既有线,是由通用式机车信号和列车运行监控装置组成的系统。

(2)CTCS-1级是由主体化机车信号、安全型列车运行监控装置和点式应答器组成的系统。

(3)CTCS-2级是基于轨道电路(模拟或数字轨道电路)传输信息的列车运行控制系统。

(4)CTCS-3级是基于无线通信网络(Global System for Mobile Communications-Railway,简称GSM-R)传输信息,并采用轨道电路等方式检查列车占用的列车运行控制系统。

(5)CTCS-4级则是完全基于无线通信(GSM-R)传输信息的列车运行控制系统。

其中,CTCS-2级以上设备具备超速防护功能。

中国铁路通过既有线提速和高速铁路新线建设的探索实践,系统地掌握并创新了不同速度等级高速铁路的列控技术,相继研发了具有自主知识产权的适应200~250km/h高速铁路运营需要的CTCS-2级列控系统和适应300~350km/h高速铁路运营需要的CTCS-3级列控系统。

铁路列车控制系统包括两个子系统:地面子系统和车载子系统。

(1)地面子系统由以下部分组成:应答器(Balise Transmission Module,简称BTM)、轨道电路、无线通信网络(GSM-R)、列车控制中心(Train Control Center,简称TCC)。

①应答器是一种能向车载子系统发送报文信息的传输设备,既可以传送固定信息,也可连接轨旁单元传送可变信息。

②轨道电路具有轨道占用检查、沿轨道连续传送地车信息功能,应采用无绝缘轨道电路或数字轨道电路。

③无线通信网络是车载子系统和列车控制中心进行双向信息传输的车地通信系统。

④列车控制中心是基于安全计算机的控制系统,它根据地面子系统或来自外部地面系

统的信息,如轨道占用信息、联锁状态等产生列车行车许可命令,并通过地面电子单元(Local Electronic Unit,简称LEU)等车地信息传输系统传输给车载子系统,保证列车控制中心管辖内列车的运行安全。

(2)车载子系统可由以下部分组成:CTCS车载设备、无线系统车载模块。

①CTCS车载设备是基于安全计算机的控制系统,通过与地面子系统交换信息来控制列车运行。

②无线系统车载模块用于车载子系统和列车控制中心进行双向信息交换。

复习思考题

1. 以铁路为代表,我国轨道交通运输技术在哪些方面取得了重要进展?
2. 借鉴国外重载运输技术,我国开行了哪几种重载列车?
3. 试述我国铁路列车控制系统的组成及发展情况。

第二篇 设施设备篇

第4章 线路工程

线路是轨道交通机车车辆运行的基础,它直接承受机车车辆轮对传来的压力。为了保证列车能按规定速度安全、平稳和不间断地运行,使轨道交通运输部门能够高质量地完成客货运输任务,线路必须保持完好状态。线路是由路基、桥隧建(构)筑物和轨道组成的一个整体工程结构。路基、桥梁、隧道等起着承受并传递轨道重量及列车动载荷的作用,都是轨道的基础,路基与桥梁、隧道连接,和轨道一起组成完整贯通的轨道交通线路。

4.1 线路勘测设计与技术标准

4.1.1 铁路勘测设计

本节以客货共线铁路为代表来说明轨道交通线路勘测设计的主要阶段与工作内容。铁路勘测设计是指新建和改建铁路施工前,需要进行的调查研究、技术勘测、总体规划和个体工程设计等工作。根据基建程序要求,铁路建设划分为三个阶段:

(1)前期工作阶段。主要进行方案研究、初测和初步设计工作。

(2)基本建设阶段。主要进行定测、技术设计和施工图设计,最后进行工程施工、验交投产。

(3)投资效果反馈。铁路运营若干年以后,由建设单位会同有关部门,对工程质量、技术指标和经济效益等考察验证,以评价设计和施工质量。

在勘测设计阶段,我国目前大中型铁路建设项目的勘测设计分为决策阶段和实施阶段。决策阶段开展预可行性研究(建设项目立项的依据)和可行性研究(建设项目决策的依据)。实施阶段开展初步设计(确定项目建设规模以及投资的主要依据)和编制施工图(工程实施和验收的依据)。图4-1示意了铁路勘测设计阶段和流程。

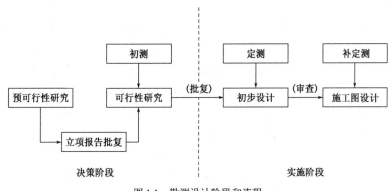

图4-1 勘测设计阶段和流程

铁路工程勘测分为初测和定测两个阶段。初测的主要任务是为初步设计和施工图设计提供所需要的详细资料,即根据线路方案研究所确定的铁路线路走向,测绘沿线的带状地形图,提供选线区域所涉及的地形、地质、建筑材料开采地、将来施工运输条件、水源位置、环境保护等的数据和资料。定测的主要任务是把图纸上的设计图测设到实地上,供施工设计之用。

工程勘测是保障铁路建设正确性、可靠性和安全性的重要工作。随着信息化测量设备的出现和计算机技术的应用,铁路勘测设计技术从理论到实践都发生了很大的变革,虽然广泛应用的铁路勘测设计CAD系统能够在一定程度上满足现场勘测设计的需要,但还没有从根本上实现勘测设计无纸化要求,大量的方案比选工作要依赖于选线人员的实地勘测,反复比较来确定最终方案。这些工作在一定程度上取决于选线人员的实际经验和技术水平,不能很好地利用现代科技手段,已不能满足现代铁路建设的需要。

4.1.2 铁路建设技术标准

1)铁路等级

我国疆域辽阔,地形复杂,人口、资源和生产力分布不均衡,各地区的经济与文化发展水平差异较大,从而造成不同铁路线在路网运输系统中的地位与作用也差异甚大。铁路等级是决定铁路主要技术标准最重要的依据。在满足铁路建设的运输功能基础上,划分不同铁路等级,有利于针对不同运输需求选择相应的技术标准,使铁路运输能力得到经济合理的使用,既保留必要的能力储备,又不至于选用过高的设计技术标准,造成能力过剩。我国《铁路线路设计规范》(TB 10098—2017)(简称《线规》)中规定,新建和改建客货共线铁路(或区段)的等级,应根据它们在铁路网中的作用、性质和远期的客货运量确定。具体规定如下:

①Ⅰ级铁路:指铁路网中起骨干作用的铁路,或近期年客货运量大于或等于20Mt者;

②Ⅱ级铁路:指铁路网中起联络、辅助作用的铁路,或近期年客货运量小于20Mt且大于或等于10Mt者;

③Ⅲ级铁路:指为某一地区或企业服务的铁路,近期年客货运量小于10Mt且大于或等于5Mt者;

④Ⅳ级铁路:指为某一地区或企业服务的铁路,近期年客货运量小于5Mt者。

2)铁路主要技术标准

确定线路等级后,则可以根据线路等级确定线路的技术标准。铁路技术标准主要包括:正线数目、牵引种类、机车类型、牵引质量、最小曲线半径、限制坡度、机车交路、到发线有效长度和闭塞类型等。这些标准是确定铁路能力大小的决定因素,铁路等级不同,在线路平、纵断面设计中所采用的设计标准和装备类型也不一样。主要技术标准的选择是一个综合性的技术问题,需要考虑诸多因素(如线路运量、工程条件、线路在路网中的地位和作用等),需要多专业的通力合作才能做出合理选择。

(1)正线数目

新建和改建铁路正线数目一般有按单线设计、预留双线、按双线设计、增设第三线等情况。选择正线数目的主要依据是线路的运输量及其将来增长速度。对既有的运输负荷极高的双线铁路,为满足运输需求有时候需要增设第三线。

(2)牵引种类

用于铁路的牵引种类包括蒸汽、内燃、电力三种。随着我国1988年停止生产蒸汽机车后,新建铁路均采用电力和内燃牵引种类。在选择牵引种类时,应从以下几个方面考虑:

①贯彻我国铁路牵引动力发展的方针;

②根据国家铁路网和牵引动力规划进行选择;

③根据牵引种类的性能和线路的具体条件因地制宜地选择。

(3)机车类型

机车类型的选择要结合设计线路的平纵断面条件、机车轴式、与线路平面圆曲线半径协调、运输需求、行车速度及输送能力的要求等,通过技术经济比较确定。

(4)牵引质量

货物的牵引质量指一列货物列车牵引的总质量。影响牵引质量的主要因素有:运输需求、与相邻各线的牵引质量的协调性,以及线路其他技术标准等。

(5)最小曲线半径

铁路曲线半径不仅影响行车安全、旅客乘车舒适等行车质量指标,而且影响行车速度、运行时间等技术指标和工程费、运营费等经济指标。最小曲线半径指设计线路曲线半径值的下限标准,需要综合考虑各项指标的影响,因地制宜、合理确定。

(6)限制坡度

单机牵引一定质量的普通货物列车,在持续上坡道上以机车计算速度等速运行的坡度称为限制坡度。对于客货混行的普速铁路,由于货物列车重于旅客列车,限制坡度需要按货物列车的牵引条件决定。

(7)机车交路

承担牵引列车任务的机车,在规定区段内往返运行的回路,称为机车交路。机车交路设计是根据机车类型和交路类型及长度、乘务员工作时间,选定机车运转方式和乘务制度。

(8)到发线有效长度

到发线有效长度一般指货物列车到发线有效长度,它是车站到发线能停放货物列车的最大长度。因此它直接影响货物列车的牵引质量,进而影响列车对数、运能和运行指标。

(9)闭塞类型

闭塞为铁路上为确保列车行车安全避免正面冲突和追尾事故的发生,同时为不断提高铁路运输效率而采取的行车组织方法,常见的闭塞类型有人工闭塞、半自动闭塞和自动闭塞。为确保行车安全,避免行车人员闭塞作业复杂化,防止司机对信号显示的误认,在一个区段内一般采用同一种闭塞类型。

4.2 线路平面与纵断面

4.2.1 铁路线路的平面

在铁路勘测设计中,铁路用线路中心线表示,线路中心线指路基横断面上距外轨半个

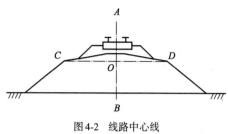

图 4-2 线路中心线

轨距的垂直线 AB 与两路肩边缘水平连线 CD 交点 O 的纵向连线(图 4-2)。

线路中心线在水平面上的投影,称为铁路线路的平面,表明线路的直曲变化。用一定比例尺,把线路中心线及其两侧的地面情况投影到水平面上得到的平面图叫作铁路线路平面图(图 4-3)。铁路线路平面图的要素包括:

①线路中心线(图 4-3 中的粗实线);
②线路里程标和百米标;
③曲线要素及起、终点里程;
④各种主要建筑物;
⑤地形。

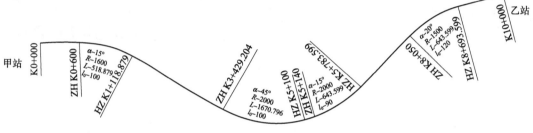

图 4-3 铁路线路平面图(单位:m)

4.2.2 铁路线路的纵断面

线路中心线(展直后)在垂直面上的投影,称为铁路线路的纵断面,表明线路的坡度变化。平道与坡道是线路纵断面的组成要素。

坡度的计算如图 4-4 所示,其计算公式如下:

$$i = \frac{h}{L} \times 1000 = \tan \alpha \quad (4-1)$$

式中:i——坡度值(‰);
  α——坡道角度;
  L——坡道的水平长度;
  h——坡道的垂直高度。

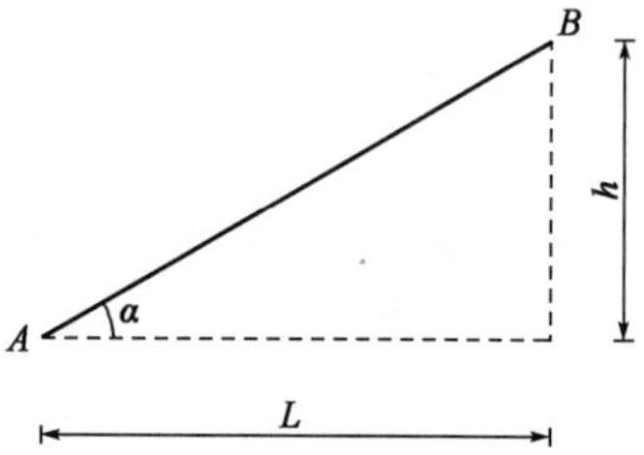

图 4-4 坡度的计算

根据地形的变化,铁路线路分为上坡、下坡和平道。上、下坡是按列车运行方向来区分的,通常用"+"号表示上坡,用"−"号表示下坡,平道用"0"表示。例如,+4‰ 表示线路每 1000m 的水平距离升高 4m;−4‰ 则表示线路每 1000m 的水平距离降低 4m。

如图 4-5 所示,线路纵断面上坡度的变化点,称为变坡点。相邻变坡点间的距离,称为坡段长度。从运营角度来看,纵断面坡段应尽量长些,以利于行车平顺和减少变坡点。但也应考虑地形条件及工程量的大小。一般情况下,纵断面坡段长度不短于远期列车长度的一半,使列车在一个长度范围内不超过两个变坡点,以减少变坡点附加力的叠加影响所引起列车运行的不平稳。

图4-5 变坡点及其影响

车辆经过变坡点时,相邻车辆处在不同坡道上,易产生车钩上下错移。当相邻坡段坡度代数差过大,致使附加应力过大、两车钩上下错移量过大,可能发生断钩、脱钩等事故。为保证列车运行平稳,在相邻坡段间用一圆顺曲线连接,使列车顺利地由一个坡段过渡到另一个坡段,这个纵断面上变坡点处所设的曲线,叫作竖曲线。

线路的空间位置是由它的平面、纵断面和横断面决定的。其中线路的平面表示了线路走向的曲直;线路纵断面表示了线路起伏的状况。线路的平面和纵断面设计一般要遵循以下原则:

①保证行车安全、平顺和快速;
②力求经济技术最为合理;
③满足各建筑物对线路的技术要求。

4.2.3 协调机车牵引性能和线路技术标准

在一定的牵引动力种类下,铁路的运营是通过各部分设施共同作用来完成的。其中,线路技术标准和机车牵引性能对工程投资、输送能力、运营支出等重要指标影响最大。因此,这两者之间相互协调设计得是否恰当,对铁路运营经济效果起着决定作用。例如,在平原地区采用较高的线路技术标准(即较缓坡度、较大的曲线半径等)配合以牵引力中等、速度较高的机车,既不会导致很大的工程量,又可获得较大的输送能力与列车速度;在山区用较陡坡道和较小半径的曲线,以适应复杂的地形,配以牵引力大而速度低的机车或多机牵引,既可避免工程量过大,也可获得足够的输送能力。

对于电力和内燃机车,在同一型号的机车中分别制成不同的齿轮传动比,可以分别使用于平原区和山区线路,以符合上述牵引力与速度的要求。

4.3 路基和桥隧建(构)筑物

4.3.1 路基

路基是为满足轨道铺设和运营条件而修建的土工建筑物,路基的坚固稳定和耐久性以及抵抗各种自然灾害影响的能力,直接影响到轨道交通运输的安全和畅通。

根据设计的路肩高程与地面高程的关系,路基横断面主要包括以下五种形式。

(1)路堤

如图4-6所示,当铺设轨道的路基面高于天然地面时,路基以填筑方式构成,这种路基称为路堤。

(2)路堑

如图4-7所示,当铺设轨道的路基面低于天然地面时,路基以开挖方式构成,这种路基称为路堑。

图4-6 路堤

图4-7 路堑

(3)半路堤、半路堑或不填不挖路基

此外,路基还有介于路堤和路堑之间的半路堤、半路堑或不填不挖路基(分别见图4-8)。

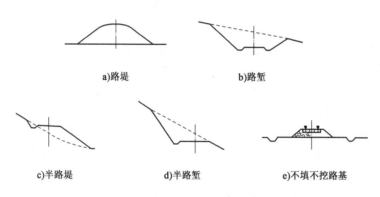

图4-8 路基的各种形式

4.3.2 桥隧建筑物

(1)桥梁

如图4-9所示,桥梁一般为线路跨越水流、山谷的建(构)筑物,但当需要铁路线跨越其他建(构)筑物、站场、公路(道路)或铁路时,也采用桥梁结构,形成跨线桥或立交桥。

桥梁主要由桥面、桥跨结构、墩台及基础三部分组成。桥面是桥梁上铺设轨道的部分;桥跨结构是桥梁承受荷载、跨越障碍的部分;墩台是支撑桥跨结构的部分,包括桥墩和桥台。设于桥梁中部的支座为桥墩,设于桥梁两端的支座为桥台。桥墩与桥台的底部为基础,两个相邻墩台之间的空间叫桥孔,每个桥孔在设计水位处的距离叫作孔径。整个桥梁包括墩台在内的总长度,是桥梁的全长。

图4-9　桥梁

(2)涵洞

如图4-10所示,为了避免轨道交通线路行经地段小溪、渠道、干沟、人或车行小路不因线路路堤的修建而被阻断,常修建涵洞。涵洞设在路堤下部的填土中,其结构横穿路基,是用以通过水流的一种建(构)筑物。

图4-10　涵洞

涵洞主要由洞身(由若干管节所组成)、基础、端墙和翼墙所组成。管节埋在路基之中,具有一定的纵向坡度(从进口向出口),以便排水。端墙和翼墙的作用是便于水流进出涵洞,同时还可以保护路堤边坡,使它不受水流的冲刷。

(3)隧道

如图4-11所示,铁路隧道大多建筑在山体中,用以避免开挖很深的路堑或修建很长的迂回线。此外,还有建在河床、海峡或湖底以下的水底隧道和建在大城市的地下隧道。

(4)明洞

采用明挖法修建的构筑物称为明洞,如图4-12所示。明洞的结构类型,根据地形、地质、回填土状况而定,通常由顶部结构与边墙组成。

图4-11 隧道

图4-12 明洞

4.4 轨道与限界

4.4.1 轨道的组成

路基、桥隧建筑物修成之后,就可以在上面铺设轨道。轨道是机车车辆运行的基础,起着引导机车车辆运行的导向作用,并直接承受由车轮传来的巨大荷载,把这些荷载传给路基或桥隧建(构)筑物。

如图4-13所示,轨道由钢轨、轨枕、联结零件、道床、防爬设备等主要部件组成,它们之间的相对位置是:道床在下(铺在路基面上),钢轨在上,中间为轨枕;相邻钢轨的端部以及钢轨和轨枕之间,用联结零件扣连;线路的联结处铺设道岔;在钢轨和轨枕上,安设必要的防爬设备。

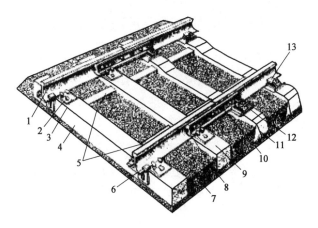

图4-13 轨道的基本组成

1-钢轨;2-普通道钉;3-垫板;4、9-木枕;5-防爬撑;6-防爬设备;7-道床;8-双头夹板;10-螺栓;11-钢筋混凝土轨枕;12-扣板式中间联结零件;13-弹片式中间联结零件

注:图中画了多种类型的部件,仅为示例之用,并非现场线路中的实际使用情况。

道岔是一种使机车车辆能从一股道转入另一股道的线路连接设备,在车站范围内大量铺设。道岔常见类型包括:普通单开道岔、单式对称道岔、三开道岔、交分道岔、交叉设备等,使用最多的为普通单开道岔(简称单开道岔),如图4-14所示。

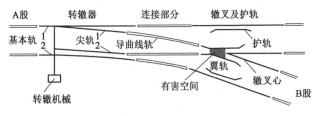

图4-14　普通单开道岔

4.4.2　轨道的类型

根据线路的年运量、最高行车速度等主要运营条件,我国《线规》将正线轨道划分为:特重型、重型、次重型、中型和轻型五种类型,不同轨道对比见表4-1。

轨道类型　　　　　　　　　　　　　　　表4-1

项目			单位	特重型	重型	次重型	中型	轻型
运营条件	年通过总质量		×10^{6}t	≥50	25~50	15~25	8~15	<8
	旅客列车最高行车速度		km/h	≤140	140	≤120	≤120	≤100
								≤80
轨道结构	钢轨		kg/m	75或60	60	60	50	50	50或43
	轨枕	混凝土枕	型号	—	Ⅲ	Ⅲ	Ⅲ或Ⅱ	Ⅱ	Ⅱ
			铺枕根数	根/km	1680~1720	1680	1840	1680	1600	1520
		防腐木枕	型号	—	—	—	Ⅰ	Ⅰ	Ⅰ	Ⅱ
			铺枕根数	根/km	—	—	1840	1760~1840	1680~1760	1600~1680
	碎石道床厚度	非渗水土路基 双层	道厚	cm	30	30	30	25	20	20
			底厚	cm	20	20	20	20	20	15
		岩石、渗水土路基 单层	道厚	cm	35	35	35	30	30	25

注:年通过总质量包括净载、机车和车辆的质量,单线按往复总质量计算,复线按每一条线的通过总质量计算。

4.4.3 无缝线路和新型轨下基础

(1)无缝线路

无缝线路是用许多普通钢轨焊接起来的长钢轨线路,一般将若干根标准长度的钢轨经焊接形成1000~2000m的长钢轨。图4-15为无缝线路的组成示意。

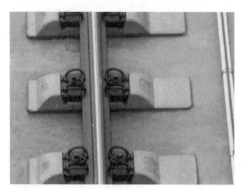

图4-15 无缝线路的组成

一根不受控制、可以自由伸缩的钢轨,当轨温发生变化时,其自由伸缩量为:

$$\Delta L = \alpha \cdot L \cdot \Delta t \quad (m) \tag{4-2}$$

式中:α——钢轨的线膨胀系数,取α=0.0000118m(m·℃);

L——钢轨长度(m);

Δt——轨温变化值(℃)。

由式(4-2)可知轨温变化将会直接影响无缝线路钢轨的伸缩、轨道的稳定。因此,修建无缝线路主要解决的问题,就是如何限制钢轨的自由伸缩。此外,无缝线路还应注意考虑如下问题。

①设置伸缩区和缓冲区:无缝线路常常是由一对长轨及两端各2~4对标准轨组成,即由固定区、伸缩区、缓冲区组成。

②无缝线路的锁定轨温:无缝线路用强力扣件和防爬设备将钢轨扣紧在轨枕上,称为锁定线路,锁定线路时的轨温称为锁定轨温。此时,钢轨内的纵向应力应为零。在实际铺设时,无缝线路的锁定轨温,一般取为稍高于当地历年最高轨温与最低轨温的中间值的数值。

(2)宽混凝土轨枕

如图4-16所示,宽混凝土轨枕的长度与普通轨枕相同,但宽度约为后者的一倍,其作用是扩大轨枕在道床上的支承面积,减少轨道的总下沉量,并能使列车通过时的道床振动加速度有所下降,从而显著提高轨道的承载能力及其稳定性。

(3)整体道床

整体道床就是用碎石加水泥浆或者用混凝土、钢筋混凝土直接在路基面上筑成坚固的轨道基础,常用于隧道内部以代替通常的碎石道床。整体道床坚固耐久,外观整洁,能达到少维修的目的,如图4-17所示。

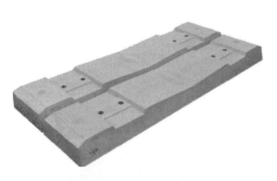

图4-16　宽混凝土轨枕

图4-17　整体道床

4.4.4　限界的定义与分类

(1)限界定义

为了确保机车车辆在铁路线路上运行的安全,防止机车车辆撞击邻近线路的建筑物和设备,而对机车车辆和接近线路的建筑物、设备所规定的不允许超越的轮廓尺寸线,称为限界。

(2)限界分类

铁路基本限界可分为机车车辆限界和建筑接近限界两种,如图4-18所示。

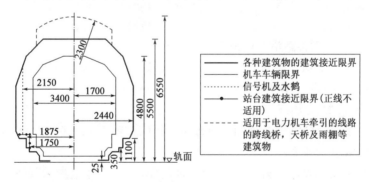

图4-18　机车车辆限界与建筑接近限界(尺寸单位:mm)

机车车辆限界,是机车车辆横断面的最大极限,它规定了机车车辆不同部位的宽度、高度的最大尺寸和底部零件至轨面的最小距离。机车车辆限界和桥梁、隧道等限界起相互制约作用,当机车车辆在满载状态下运行时,列车不会因产生车体摇晃、偏移等现象而与桥梁、隧道及线路上其他设备相接触,以保证行车安全。

建筑接近限界,是一个和线路中心线垂直的横断面,它规定了保证机车车辆安全通行所必需的横断面的最小尺寸。凡靠近铁路线路的建筑物及设备,其任何部分(和机车车辆有相互作用的设备除外)都不得侵入限界之内。

4.4.5 超限限界

一件货物装车后,在平直线路上停留时,货物任何部分的高度和宽度超过机车车辆限界或特定区段装载限界者,称为超限货物。

在平直线路上停留虽不超限,但行经半径为300m的曲线线路时,货物的内侧或外侧的计算宽度仍然为超限的,亦为超限货物。

按货物超限的程度,分为一级超限、二级超限、超级超限三个级别。

4.5 工务工作

在列车不间断地运行和自然条件作用下,线路会发生各式各样的变形或损坏。为了确保列车能按规定的最高速度,安全、平稳和不间断地运行,以及延长线路各组成部分的使用寿命,必须加强线路的养护和维修工作,使线路设备经常保持完好状态,这就是工务部门的基本任务。

工务段是工务部门的基层生产单位,负责领导线路维修工作。每一工务段管辖的线路长度一般单线为150~250km,复线为100~150km。工务段下设若干个领工区,每一领工区再设4~5个工区或机械化维修工队,分别负责管辖范围内的线路维修工作。

4.5.1 线路经常维修

线路经常维修的基本任务是经常保持线路状态的完好,使列车能以规定的速度安全、平稳和不间断地运行,并尽量延长设备使用寿命。线路经常维修工作包括综合维修(计划维修)、紧急补修、重点病害整治和巡道工作。

综合维修是按周期对线路进行综合性修理,以改善轨道弹性,主要内容包括调整轨道几何尺寸、整改和更换设备零部件,从而恢复线路完好的技术状态。我国铁路规定正线、到发线、道岔和主要站线、专用线每年必须做一遍综合维修。

紧急补修是指在综合维修之外的个别地点,由于出现超过容许误差的线路质量问题而必须立即进行的紧急修理工作。

重点病害整治是指彻底消除线路上较长时期存在的、工作量大的某些病害,例如全面整治接头、整治线路爬行、彻底整治路基翻浆冒泥等。

巡道工作是保证线路状态完好,维护行车安全所必需的重要措施。巡道工人的任务是在工区管内负责巡视钢轨、道岔以及联结零件等的状态;查看路基是否有沉陷、塌方、水害、雪害等情况,以及信号及线路标志是否完好等。此外,巡道工人还应对所发现的不良现象尽力做好处理。

4.5.2 线路大修

线路经过较长时间后,各部分会发生磨损和变形,因此有必要进行线路大修。铁路局内一般设有线路、桥隧大修队,负责管内线路、桥隧大中修以及无缝线路的铺设工作。线路的维修养护工作主要包括线路的经常维修和线路的大中修。线路大修施工的内容包括矫正并改善线路的平面和纵断面;全面更换或抽换、修理钢轨;更换或补充轨枕;清筛和更换道床,补充道砟,全面起道并捣固、改善道床断面;整治路基和安装防爬设备等。线路经过大修后,其质量标准应符合设计要求。

4.5.3 线路作业的机械化

在维修作业过程中,各国都在努力研制各种养路机具。例如,大型起道、拨道、捣固联合作业机等。维修作业机械化可使线路维修质量和作业效率大为提高,而维修费用和人力则得到了节省。图4-19为铁路工务工作及有关机械设备。

a) 铁路大型养护机械

b) 道床捣固

c) 轨道探伤

图4-19 铁路工务工作

复习思考题

1. 铁路上坡道的坡度如何表示?
2. 什么是限制坡度?它的大小对运营条件和工程条件有哪些影响?
3. 路基的基本形式与自然地面有何关系?路基的排水设备有哪些?
4. 轨道的组成及作用是什么?我国铁路正线轨道有几种类型?不同的轨道类型其构造有何区别?
5. 简述限界的种类及意义。

第5章 机车与车辆工程

由于车辆通常不具备动力装置,故需要将其连挂成列,由机车牵引沿钢轨运行。为了完成客货列车的牵引和车站的调车工作,运输部门必须保证提供足够数量、牵引性能良好的机车;同时,还必须加强对机车的保养与检修工作,正确组织机车的合理运用。动车组是由动车和拖车或全部由动车所组成的自带动力、固定编组的旅客列车。动车组具有安全可靠、运行快捷、乘坐舒适、编组灵活等特点,是高效率、大密度的旅客运载工具。除高速铁路、城际客运、市郊客运运用动车组外,城市中的地铁列车和轻轨电车也属于动车组范畴。相对于传统的机车车辆牵引模式,动车组在旅客运输方面有突出的优势。

5.1 机车车辆分类

5.1.1 机车车辆的概念与范畴

(1)机车与车辆的概念

①机车。

机车为轨道交通运输提供牵引动力。由于车辆大都不具备动力装置,故需要把客车车辆或货车车辆连挂成为车列,由机车牵引沿着钢轨运行。图5-1a)~c)分别为蒸汽机车、内燃机车和电力机车。

a)蒸汽机车　　　　　　b)内燃机车　　　　　　c)电力机车

图5-1　蒸汽机车、内燃机车和电力机车

②车辆。

车辆是运送旅客和货物的工具,一般没有动力装置,必须把车辆连挂成列,由机车牵引才能沿钢轨运行。

③动车。

动车全称为动力车辆,是轨道交通系统中装有动力装置的车辆,包括机车和动力车厢两大类。动车装配有驱动车轮,而与之相对应的无驱动装置车辆就是拖车。动车组若要在轨道上正常运行,就必须有动车为整列车提供足够牵引力。

(2)机车车辆的范畴

世界各地使用的机车车辆的范围非常广泛,包括以下类型:

①机车;②货车车辆;③客车车辆;④动车及动车组;⑤地铁(动车组居多);⑥轻轨;⑦轨道安装机器(起重机等);⑧检修电车。

5.1.2 车辆分类

1)按用途分类

车辆按用途分类,分为客车和货车。

(1)客车

①供旅客乘坐的车辆。

主要有硬座车、软座车、硬卧车、软卧车及双层车等。

②为旅客服务的车辆。

a.餐车:供旅客在旅行中就餐用的车辆,车内设有厨房、餐室等设施。

b.行李车:运送旅客行李及物品的车辆,车内设有行李间及行李员办公室等设施。

③特种用途的车辆。

特种用途车辆主要有邮政车、空调发电车、公务车、医疗车、卫生车、文教车等。

图5-2展示了餐车、硬卧车、硬座车和邮政车。

图5-2 餐车、硬卧车、硬座车和邮政车

(2)货车

货车是供运送货物的车辆。货车类型很多,按用途可分为通用货车、专用货车和特种用途货车三种。

①通用货车。

通用货车是装运普通货物的车辆,其货物类型多且不固定,也无特殊要求,所占比例较大,一般有敞车、棚车、平车、冷藏车和罐车等。

a.敞车:主要用来运送煤炭、矿石、钢材等不怕湿的货物,必要时可在所装运的货物顶面加盖防水篷布。此外,敞车也可代替棚车装运货物。因此,敞车具有很大的通用性,是货车中数量最多的一种。

b.棚车:主要用来运送日用品、粮食、仪器等比较贵重的和怕晒、怕湿的货物。大多数棚车是通用型的。

c.平车:主要用来运送钢材、木材、汽车、机器等体积或重量较大的货物,也可借助集装箱装运其他货物。部分平车装有活动墙板,可用来装运矿石等散粒货物。

d.冷藏车:主要用来运送鱼、肉、水果、蔬菜等鲜活易腐货物。

e.罐车:主要用来运送油、酸、水等各种液体、液化气体及粉末状固体货物。粉末状固体货物用压缩空气使粉状货物液态化进行卸车,可提高装卸效率,减少粉尘污染,并可节约大量的袋装用纸,具有很好的经济效益。

②专用货车。

专用货车一般指只运送一种或很少几种货物的车辆。其用途比较单一,同一种车辆要求装载的货物重量或外形尺寸比较统一,有时在铁路上的运营方式也比较特别,如固定编组、专列运行等。专用货车一般有矿石车、水泥车、集装箱车、家畜车、粮食车、长大货物车(长大平车、落下孔车、凹型车、钳夹车)、活顶棚车等。

a.矿石车:车体有固定的侧、端墙和卸货用的特殊车型以运送矿石、煤炭等货物。部分车体下部呈漏斗形,并设底门卸(又称漏斗车),还有一部分车体能向一侧倾斜,由侧门卸货(又称自翻车)。

b.水泥车:为密封式罐型车体,车顶装有水泥的仓孔,设气卸式卸货装置,用压力空气卸货,供运送散装水泥之用。

c.集装箱车:无车底板和车墙板,车底架上设固定式、翻转式锁闭装置和门止档,以便锁闭集装箱,供运送各种系列集装箱之用。

d.长大货物车:车体长度在19m以上,无墙板,可运载货物70t以上,用以装运各种长大重型货物,如大型机床、发电机、化工合成塔等。长大货物车按其结构形式可分为钳夹式长大货车、凹底平车、落下孔车等。由于这些车的载重及自重都较大,为适应线路允许的轴重要求,车轴数较多。

③特种用途货车。

按特种用途设计制造的货车,其结构和用途都有所不同,如检衡车、救援车、除雪车等。

图 5-3 展示了敞车、冷藏车、罐车和上卸式粉状货物装卸车,图 5-4 展示了长大平车、落下孔车、凹形车和钳夹车。

2)按轴数分类

车辆按轴数分有四轴车、六轴车和多轴车。

(1)四轴车(我国大部分铁路车辆均采用这种形式)的每两根车轴分别组成两个相同的转向架,能相对于车底架做自由转动。因此,相比于两轴车,四轴车缩短了车辆的固定轴距,使之能顺利地通过曲线。

a）敞车

b）冷藏车

c）罐车

d）上卸式粉状货物装卸车

图5-3　敞车、冷藏车、罐车和上卸式粉状货物装卸车

a）长大平车

b）落下孔车

c）凹形车

d）钳夹车

图5-4　长大平车、落下孔车、凹形车和钳夹车

（2）六轴车及多轴车：对于载重较大的车辆，为使每一车轴施加在线路上的重量不超过线路强度所规定的吨数（称为"轴重"），可以做成六轴车或多轴车。

3）按车辆载重量分类

车辆按载重量分有50t、60t、75t、90t等多种类型。

5.1.3 机车分类

1）按用途分类

机车（图5-5）按用途分类，可分为客运机车、货运机车、调车机车。不同用途机车的特点不同，客运机车要求速度高，货运机车需要牵引力大，而调车机车要具有机动灵活的特点。

a)韶山9G型干线客运电力机车

b)HXD3大功率货运电力机车

图5-5　韶山9G型干线客运电力机车和HXD3大功率货运电力机车

调车机车主要用于轨道交通站场内或专用线上车辆的解体、编组、转线等调车作业，而客运机车和货运机车用于牵引客货车辆在轨道线路上运行，属于干线机车（也称本务机车）。

2）按牵引动力分类

机车按牵引动力分有蒸汽机车、内燃机车、电力机车。

蒸汽机车是利用蒸汽机，把燃料（一般用煤）的化学能变成热能，再变成机械能，而使机车运行的一种机车。1814年，英国人乔治·斯蒂芬森发明了第一台蒸汽机车，从此开始，人类加快了进入工业时代的脚步，蒸汽机车成为这个时代文化和社会进步的重要标志和关键工具。

内燃机车是以内燃机作为原动力的一种机车。内燃机车的热效率在30%左右，机车的整备时间短，持续工作的时间长，适用于长交路；用水量少，适用于缺水地区；初期投资比电力机车少，而且机车乘务员劳动条件好，便于多机牵引。但内燃机车最大的缺点是对大气和环境有污染。

电力机车是指从供电网（接触网）或供电轨中获取电能，再通过电动机驱动车辆行驶的火车机车。电力机车运行所需的电能由电气化铁路的供电系统提供，而自身携带发电能源和装置的电传动内燃机车和燃气机车等则不属于电力机车范畴。

5.2 机车车辆的基本构造

5.2.1 车辆基本构造

铁路车辆种类繁多，但其结构大致相似，主要包括车体及内部设备、走行部、车钩缓冲装置、制动装置等基本部分。

(1)车体及内部设备

车体是旅客乘坐或装载货物的部分,车体一般和车底架构成一个整体,其结构与车辆的用途有关。车底架是车体的基础,承受车体和所装货物的重量,并通过上下心盘将重量传递给走行部。列车在运行时,车体还承受机车牵引力和列车运行中所引起的各种冲击力,所以必须具有足够的强度和刚度。

货车车底架如图5-6所示,由中梁、侧梁、枕梁、横梁、纵梁及端梁等组成。中梁位于车底架的中央,为车底架的骨干;两端的端梁安装车钩缓冲装置,是主要承受垂直载荷和纵向作用力的杆件;枕梁起到车底架和转向架摇枕衔接的作用;在枕梁下部安装的上旁承和上心盘,分别与转向架摇枕上的下旁承和下心盘相对,并将载荷传给走行部。

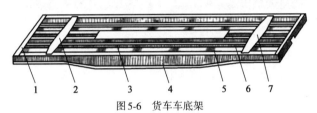

图5-6 货车车底架

1-端梁;2、7-枕梁;3-纵梁;4-侧梁;5-横梁;6-中梁

客车车底架构造和货车车底架相似。客车两端必须设置通台,所以两端各有一个通过台架。

下面简要介绍几种常见车体。

①棚车:车体由地板、侧墙、端墙、车顶、门和窗组成。

②敞车:车体无车顶,由地板、侧墙、端墙组成。

③平车:车体只有地板,没有固定的侧墙和端墙。

④冷藏车:车体与棚车车体外形相似,但为了减少太阳辐射热,车体外表涂成银灰色,墙板夹层装有隔热材料,车内装有加温、制冷、测温和通风装置。

⑤罐车:车体外形为一个卧放的圆筒,具有较大的强度和刚度。罐体上设有安全阀,当外界温度发生变化时,罐体内的压力超过一定数值,安全阀能自行打开,将罐内气体放出;罐内压力低于一定数值时,通过安全阀向罐内补气,以保证运行安全。

⑥客车:车体采用薄壁筒形结构,由底架、侧墙、车顶、内外端墙、门窗等组成。为了满足旅客在旅行生活中的需要,车体内部设有坐卧设备、车电设备、通风设施和空调取暖设备等。新型客车的结构不断改善和提高,全车结构采用铝合金型材、玻璃钢、不锈钢等新材料。空调双层客车载客定员大幅度提高,适用于繁忙的城际、旅游区段等的旅客运输。

货车由于类型不同,内部设备也因此千差万别,但一般来说比客车简单。如棚车中的拴马环、床托等分别为运送大牲畜及人员所设。其他如冷藏车、家畜车等各有其特殊的内部设备。各类货车车体如图5-7所示。

图5-7 各类货车车体

(2)走行部

为了使每根车轴的载荷不超过线路和桥梁的承载能力,又能使多轴车辆安全、灵活地在轨道上运行,故将两个或两个以上的轮对,按规定的固定轴距,用专门的钢架连成一组,并装有弹簧等配件,形成独立的结构,这种独立结构称为转向架。

①转向架。

转向架是车辆的重要部件之一,它承受并传递车体自重和载重,引导车辆沿轨道运行,并顺利地通过曲线,缓和或消减来自线路的冲击和振动,提高车辆运行的平稳性。

转向架是由两组轮对和轴箱油润装置、侧架、摇枕、弹簧减振装置等组成的一个整体。通过摇枕上的下心盘、中心销和车底架枕梁上的上心盘对接。图5-8所示为铸钢侧架式转向架。

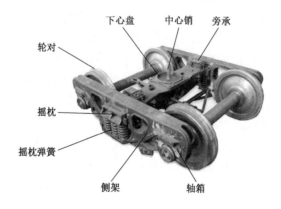

图5-8 铸钢侧架式转向架

②轮对。

两个车轮紧密地压装在一根车轴上组成轮对。轮对承受车辆的全部载荷,并在负重的情况下以较高的速度引导车辆在钢轨上行驶。

车轮与钢轨头部直接接触的表面,称为踏面。踏面具有一定的斜度,可使车辆的重心落在线路中心线上,以减少或避免车辆的蛇行运动,使轮对较顺利地通过曲线,减少车轮在钢轨上的滑行。车轮内侧外缘凸起的部分叫轮缘,它的作用是引导车辆沿钢轨运行,防止车辆脱轨,保证车辆在线路上安全运行。

③轴箱油润装置。

轴箱油润装置将轮对和侧架联结在一起,并将车辆的重量传给轮对。轴箱油润装置的主要作用是保护轴颈,使轴承与轴颈间得到润滑,减少摩擦,防止在高速运行条件下发生热轴,保证车辆安全运行。

④侧架、摇枕及弹簧减振装置。

货车转向架的构架是由左右两个独立的侧架与摇枕组成,侧架和摇枕是货车转向架的主要部件,不仅承受、传递各种作用力,而且把转向架各零部件组成一个整体。图5-9为摇枕、侧架和轮对示意图。

a)摇枕　　　　　　　　b)侧架　　　　　　　　c)轮对

图5-9　摇枕、侧架、轮对

(3)车钩缓冲装置

车钩缓冲装置(图5-10)使机车和车辆或车辆之间连挂一起,并且传递牵引力和制动力,缓和列车运行或调车作业时所产生的冲击力。车钩缓冲装置包括车钩、缓冲器两部分,安装在车底架中梁的两端。

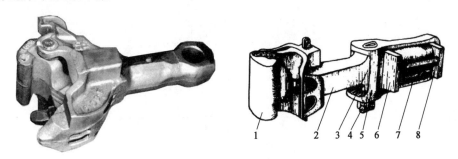

图5-10　车钩缓冲装置

1-钩舌;2-钩身;3-钩尾;4-钩尾销;5-钩尾框;6、8-从板;7-缓冲器

(4)制动装置

为了保证行车安全,满足运行的列车或移动的车辆减速和停车的要求,机车和车辆都必须装设制动装置。

空气制动机应有的功能包括:足够的制动力;制动力均匀一致(四个轮子压力相同、同车辆制动力一致、整个列车制动一致);在长大下坡道,保持制动力不衰减;具有紧急制动能力;当列车在运行中分离时,应能制动停下。这一工作过程可以简述为"减压制动,加压缓解"。

我国广泛使用闸瓦摩擦式制动装置,如图5-11所示,其制动方式为:在闸瓦压力作用下,闸瓦压紧滚动的车轮踏面,与车轮踏面产生摩擦,从而将列车运动的动能转换为摩擦热能消散于大气,达到列车减速或停车的目的。

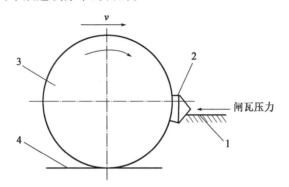

图5-11 闸瓦摩擦式制动装置

1-转向架侧架;2-闸瓦;3-车轮;4-钢轨

闸瓦压紧车轮踏面,阻止车辆或列车运行的作用,称为制动作用;消除制动的作用,称为缓解作用;列车由开始制动到停车,所走行的距离称为制动距离。为了保证列车的安全,能使列车在规定的距离内停车,制动装置必须具有足够的制动能力。

闸瓦摩擦式制动装置由制动机和基础制动装置两部分组成。产生制动原力的部分,称为制动机;将制动原力扩大并传递到闸瓦上的装置称为基础制动装置。制动机根据其动力来源不同,又分为自动空气制动机、电空制动机和手制动机三种。图5-12为列车制动装置系统。

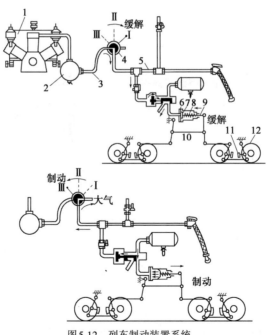

图5-12 列车制动装置系统

1-空气压缩机;2-总风缸;3-总风管;4-制动阀;5-制动主管;6-制动缸;7-制动缸鞲鞴;8-制动缸缓解弹簧;9-制动缸鞲鞴杆;10-基础制动装置;11-闸瓦;12-车轮

5.2.2 车辆代码、标记和技术经济参数

1)车辆代码(车辆编号)

为了对车辆进行识别与管理,适应全国铁路用微机联网管理的需要,铁路部门对运用中的每一辆车都进行编码,且每一辆车的编码是唯一的,代码为车种、车型、车号三段。

(1)车种代码:原则上由该车种汉语拼音名称中选取一个或两个大写字母构成。客车用两个字母表示,货车用一个字母表示。

(2)车型代码:必须与车种代码连用,它是为区分同一车种中结构、装载量等不同的车辆而设,一般由1~2个数字构成,必要时其后还可以再加大写拼音字母。如:C62B中,C为车种,62为重量系列,B为材质区别。

(3)车号代码:采用七位数字代码,因车种、车型不同,使用数字规定了区分范围。

客车:软座车起讫号码为10000~19999;
　　　硬座车起讫号码为20000~49999;
　　　软卧车起讫号码为50000~59999;
　　　硬卧车起讫号码为60000~89999。

货车:棚车起讫号码为3000000~3599999;
　　　敞车起讫号码为4000000~4899999;
　　　平车起讫号码为5000000~5099999。

车辆编号示意:C62A4785930,C是车种,表示货车是敞车;62是辅助型号,表示重量系列,A也是辅助型号,表示车辆的材质区别;4785930是车号。

车号代码是车辆的重要标识,必须涂刷在车辆显眼的位置(如侧墙)上。我国铁路车辆具体编码见表5-1。

铁路车辆基本型号　　　　表5-1

顺序号	车种	基本型号	顺序号	车种	基本型号
1	棚车	P	12	软座车	RZ
2	敞车	C	13	硬座车	YZ
3	平车	N	14	软卧车	RW
4	罐车	G	15	硬卧车	YW
5	保温车	B	16	行李车	XL
6	守车	S	17	邮政车	UZ
7	集装箱车	X	18	餐车	CA
8	家畜车	J	19	公务车	GW
9	水泥车	U	20	试验车	SY
10	特种车	T	21	代用座车	ZP
11	长大货物车	D	22	应做双层客车	YZS

2)车辆标记

为了表示车辆的类型和特征,满足运用、检修和统计上的需要,每一铁路车辆上均应具有规定的各种标记。铁路车辆标记一般分为运用标记、产权标记和检修标记。

3)铁路车辆技术经济参数

(1)自重、载重及容积

自重为空车时车辆本身的质量,以吨为单位,保留一位小数;载重即车辆允许的最大装载质量,以吨为单位;容积是货车内部可容纳货物的体积。以车体内部长、宽、高的乘积表示。

(2)车辆全长及换长

车辆全长是指车辆两端的车钩在锁闭位置时,两端钩舌内侧间的距离(图5-13),以米为单位。11m是P1型棚车的全长,以此作为换算的标准车长度。

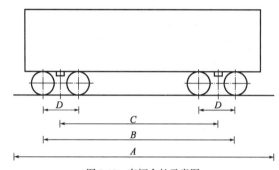

图5-13 车辆全长示意图

A-车辆全长;B-全轴距;C-车辆定距;D-固定轴距

换长是为了编组列车时统计工作的方便,将车辆全长换算成辆数来表示的长度,换算时以长度11m为计算标准。即:换长=车辆全长/11m,计算中保留一位小数,尾数四舍五入。

(3)自重系数

车辆自重与标记载重的比值为自重系数。自重系数小,说明机车对运送每一吨货物所做的功少,经济效益好,所以自重系数越小越好。因此,制造大吨位的货车,以压缩车辆的自重系数,有利于降低货运成本,满足货物重载运输的需要。

(4)轴重

车辆总重与轴数之比为轴重,即车辆每一轮对加于轨道上的压力。车辆的轴重受轨道和桥梁结构强度(允许的荷载)的限制,不允许超过规定数值。目前,我国铁路允许的最大轴重为23t。

(5)单位容积

车辆设计容积和标记载重之比,是表明车辆载重力与容积能否达到充分利用的指标。

(6)每延米轨道载重

每延米轨道载重为车辆总质量与车辆全长之比(单位为t/m)。它是车辆设计中与桥梁、线路强度密切相关的一个指标。《铁路桥涵设计规范》(TB 10002—2017)中车辆每延米轨道载重最大可达到8t。线路允许荷载我国规定一般不得超过6.6t/m。

(7)构造速度

构造速度为车辆设计时，按安全及结构强度等条件所允许的车辆最高行使速度。车辆实际运行速度一般不允许超过构造速度。

5.2.3 机车基本构造

1)内燃机车

内燃机车是以内燃机作为原动力的一种机车,按传动方式的不同可分为电力传动内燃机车和液力传动内燃机车两种类型。内燃机车主要由柴油机、传动装置、走行部、车体、车底架、车钩缓冲装置、制动装置和辅助装置等部分组成。

2)电力机车

电力机车的牵引动力是电能,但机车本身没有原动力,而是依靠外部供电系统供应电力,并通过机车上的牵引电动机驱动列车前进。电力机车是靠顶部升起的受电弓从接触网上取得电能后并转换成机械能牵引列车运行的。

电力机车优点为:功率大,牵引质量大;起动速度快;爬坡性能强;易实现多机牵引。采用电力机车牵引车辆的铁路称为电气化铁路。电气化铁路由牵引供电系统和电力机车两部分组成,如图5-14所示。

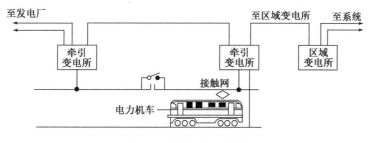

图5-14 电气化铁路示意图

5.3 机车车辆的运用与检修

5.3.1 车辆运用管理

车辆运用管理包括:掌握车辆的购置和配属;制订车辆检修制度,编制和执行车辆检修计划;设置车辆运用管理机构,进行除厂修外的全部车辆定期检修、入库检修、乘检和临修等工作。

1)车辆配属

(1)固定配属车辆

铁路有关部门对客车和一部分货车实行固定配属制度。实行固定配属的货车包括机械冷藏车,标记载重90t和90t以上的长大货车,固定装卸地点循环使用的专列罐车、矿石车或煤车,以及少数专用货车。这些车辆由配属车辆段负责保管和检修。

旅客列车还实行包乘包修负责制。列车均由配属车辆段派出检车乘务员和车电乘务员随车值乘进行乘检,即对运行中的客车施行技术检查和日常保养,排除一般故障,以确保列车运行安全和车内设备状态良好。

机械冷藏车组和有些固定地点循环使用的货物列车也实行包乘制。

(2)非固定配属车辆

除上述列车外,其他货车不实行配属制度,由各车辆段按区段负责对运行中以及在调车和装卸作业中发生的车辆故障进行检查和修理。

2)运用管理机构

铁路车辆运用管理的基层单位是车辆段。车辆段在负责管理的区段内设置客车技术整备所、列车检修所、站修所等。

车辆段,按专业分工分为客车车辆段、货车车辆段、客货车混合车辆段和机械保温车辆段。车辆段除负责客货车的段修外,还领导管界内客车技术整备所、列车检修所、站修所等机构进行客货车的辅修、轴检等检修工作。车辆段一般设在编组站、国境站、枢纽站、货车大量集散的地点和始发站与终到站等客车较多的地点。车辆段内设有相应的检修车间和工段,并有必要的修理台位及其他设备。

3)运用管理指标

衡量拥有车辆数量的主要指标有运用车数和非运用车数等。其中,运用车是指使用中的客货车辆,包括编组在列车中的车辆以及在装卸站和编组站进行作业的车辆。非运用车是指修理中和待修的车辆以及铁路自身业务使用或其他用途的非营业车辆。

标志车辆使用强度的主要指标如下。

(1)周转时间:货车在两次装车之间的平均时间,以日数(24h)表示。

(2)日车公里:货车平均每日运行的公里数,即单位周转时间内的走行里程,以公里每日表示。

(3)空车率:货车空车的走行里程与货车重车的走行里程之比。

(4)平均静载重:平均每辆货车的装载(净)质量。

(5)平均动载重:平均每辆货车走行1km所完成的货物周转量。

(6)车辆检修率:车辆因技术状态不良,按规定从运用车中扣出送工厂或车辆段修理,在每日18点进行统计时仍未修竣交验者,称为检修车。检修车占全部保有车辆数的百分数称为车辆检修率,检修率按客货车分别统计。

5.3.2 车辆检修

铁路车辆检修有两种制度:状态检修("状态修")和计划检修("计划修")。前者根据车辆运用的技术状态不定期地进行,后者则是按周期(按时间或按走行里程)进行。我国铁路主要采取定期检修制度,客车检修有厂修、段修、辅修三级修程;货车检修有上述三级加轴检共四级修程。表5-2和表5-3分别为我国客车和货车定期检修周期表。

客车定期检修周期表　　　　　　　　　　　　　　　　　　　　　　表5-2

车种	检修周期		
	厂修(年)	段修(年)	辅修(月)
国际联运车	4	1	6
主型车,新型车,进口车中的硬卧车、硬座车、软卧车、行李车、邮政车、合造车	6	—	
各型餐车、空调发电车、合造车	6	—	
25型硬座车、硬卧车、软座车、软卧车、餐车、行李车、发电车	7.5	1.5	
双客硬座车、硬卧车、软座车、软卧车、餐车、合造车	7.5	1.5	
部属客车	10	2.5	
公务车、试验车、维修车、卫生车、文教车、发电车、特种车等不常用车	10	2.5	

货车定期检修周期表　　　　　　　　　　　　　　　　　　　　　　表5-3

车种	厂修(年)		段修(年)	辅修(月)	滑动轴承轴检(月)
	普通钢	耐候钢			
冰冷车	4	6	1	6	3
酸碱类罐车、液化石油气罐车、液氯罐车		8			
棚车、敞车、平车、矿石车、罐车、家畜车、粮食车、水泥车、或与车、守车、载重60t的凹型平车	5	8	1		
不常用的专用车、载重90t及以上的火车	8	1.5	2		

1)厂修

厂修对车辆进行全面检查和修理,使其零部件达到厂修规程的要求,以恢复车辆的基本性能。厂修通常在车辆修理厂进行。

2)段修

段修对车辆进行全面技术检查,修复损坏和磨耗的零部件,使其达到段修规程的要求,保证车辆的技术状态能安全地运用到下次厂修。段修在车辆段进行。

3)辅修

辅修为对车辆的检修,同时对其他部分作辅助性修理。辅修工作通常在站修线或库检线进行,一般对制动装置和轴箱油润部分进行检修。

4)轴检

轴检按辅修要求对车辆的轴箱油润部分和其他部分进行检修。摘车轴检在站修线进行;不摘车轴检在列车中进行。两种轴检均应保证在下次辅修到期前不发生轴箱油润故障。

为使车辆经常保持良好的技术状态,在定期检修之间的运用期内,相关部门还必须对车辆进行日常维修工作。日常维修工作由列车检修所和站修所承担。列车检修所对经过本站中转或到达本站的列车中所有车辆进行技术检查和修理,同时还负责扣修定检到期的车辆。站修所的任务是进行货车的摘车修理、轴检和辅修工作。

5.3.3 机车运用管理

1)运用管理机构

中国国家铁路集团有限公司(以下简称"国铁集团")机辆部是全路机务工作的主管部门,各铁路局分别设有机务段,机务段是机务部门的基层单位。机务段是设在铁路沿线负责机车检修和运用工作的基层生产单位,一般设在编组站或区段站。机务段的任务包括以下方面。

(1)机车运用方面:机务段负责计划和组织本段机车和乘务组完成邻接区段的列车牵引工作或安排其固定在某个车站上担任调车工作,并对日常运用机车进行整备和日常保养。

(2)机车检修方面:机务段进行段修范围内的机车定期检修和日常维修工作。

机务段一般分为以下三种类型。

(1)客运机务段(以旅客列车牵引为主):如中国铁路北京局集团有限公司北京机务段(京局京段);

(2)货运机务段(以货运列车牵引为主):如中国铁路哈尔滨局集团有限公司齐齐哈尔机务段(哈局齐段);

(3)综合机务段(以货运列车牵引为主,部分旅客列车牵引为辅):如中国铁路沈阳局集团有限公司通辽机务段(沈局辽段)。

2)机车运用

机车运用上的一个特点是,机车只要离开机务段,就要受车站有关人员的调度和指挥。所以机务部门和行车部门的关系特别密切,必须协调配合才能安全、优质地完成运输任务。

(1)机车交路与机车运转制

机车固定担当运输任务的周转区段,称为机车交路。机车交路按用途分为客运机车交路和货运机车交路;按区段长短分为短交路和长交路;按机车运转制分为肩回运转制、循环运转制、半循环运转制、环形小运转制交路。

①肩回运转制:如图5-15所示,机车由机务段出发,从机务段所在站牵引列车到折返段所在站,进入折返段进行整备及检查,然后牵引列车返回机务段所在站,再进入机务段进行整备及检查。这种每往返一次,就要进入机务段一次的运用方式叫肩回运转制。采用这种运转制时,机车一般在1~2个牵引区段上往返运行。

②循环运转制:如图5-16所示,机车从机务段出发,在一个牵引区段(如乙—甲)往返牵引列车后回到机务段所在站(乙站)、机车不入段,只在到发线上进行整备作业,然后仍继续牵引同一车列或换挂另一个已经准备好了的车列,运行到另一个牵引区段(如乙—丙)的折返段所在站(丙站),再从丙站牵引列车返回甲站。这样,机车在两个区段上牵引列车循环运转,平时不进机务段,直到定期检修到期时才入段检修,这种运用方式叫作循环运转制。

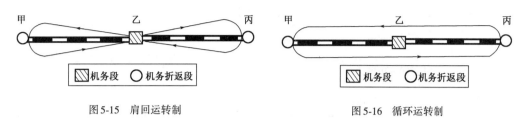

图5-15 肩回运转制　　　　　图5-16 循环运转制

我国铁路区段上,担当牵引任务的机车交路多采用肩回运转制,个别区段采用循环运转制。

采用肩回运转制时,机车要在段内进行整备,车站不需另设整备设备。采用循环运转制时,由于机车很少进机务段,节省整备时间,机车交路可以延长,使内燃、电力机车的牵引性能充分发挥,从而提高机车运用效率,加速机车周转。但是,循环运转制一般只在上下行都有大量不需要改编的中转列车经过机务段所在站时才能采用。

(2)乘务制度

机车乘务制度是机车乘务员使用机车的制度。机务段在为邻接区段提供机车的同时,还要负责计划和组织机车乘务组的工作。现行的机车乘务制度基本上可以归纳为包乘制和轮乘制两类。

①包乘制:每台机车配备2~3个固定的乘务组值乘,优点是机车乘务组对机车非常熟悉,有利于机车的操纵和维修保养。但是,机车运用和乘务组的组织工作比较复杂,常会因为安排不当或运行秩序被打乱而影响机车的运用效率。

②轮乘制:机车由各个乘务组轮流值乘,机车乘务组值乘的机车是不固定的,这样可以有效地使用机车和合理安排乘务员的作息时间,以较少的机车或乘务组,完成较多的运输任务。

5.3.4 机车检修

机车经过一定时期的运用后,各部件都会发生磨耗、变形或损坏。为了保证机车的正常运用,延长使用期限,除了机车乘务组的日常检查和保养外,还必须进行各种定期检修。机车的检修可分为定期修理和临时修理两种。按机车检修地点的不同又可分为厂修和段修两种。

1)机车的定期检修

机车的定期检修除大修在机车工厂进行以外,其余的检修一般都在机务段内进行。因此,机务段除了机车整备设备以外,还必须具有机车的检修设备,如各种检修库及辅助车间等。机车类型不同,它们的检修周期和检修内容也不一样。内燃、电力机车分为大修、中修、小修、辅修4级修程,其中中修、小修、辅修为段修。

各种修程所包括的内容,在有关的规程中都有具体规定。一般来说,机车的大修是全面恢复性修理,大修后的机车基本上需达到新车的水平;中修的主要目的是修理走行部;小修主要是为了对有关设备进行测试和维修等;辅修是属于临时性的维修和养护。认真做好检修工作,对保证机车的正常运行和延长使用寿命,具有十分重要的意义。

表5-4为我国铁路内燃机车检修周期表。

内燃机车检修周期表　　　　　　　　　　表5-4

修程	DF4型客货机车	DF3、DF1型调机小运转机车	附注
大修	(80±10)万 km	8~10年	小修公里或者期限可以伸缩20%
中修	23万~30万 km	2.3~3年	
小修	4万~6万 km	4~6个月	
辅修	不小于2万 km	不少于2个月	

2)机车的临时修理

机车临时修理(简称临修)是指机车在两次定检间发生的临时修理。机车发生临时修理按发生次数计算。

5.4 动车组及其检修设施

5.4.1 动车组定义

动车组是由动车和拖车或全部由动车所组成的自带动力、固定编组的旅客列车。动车组中带有动力的车辆称为动车(Motor Car),不带动力的车辆称为拖车(Trailer Car),列车两端都带有司机室,可在线路上往复运行。动车组按动力类型分为电力动车组[Electric Multiple Unit,简称EMU,如图5-17a)所示]与内燃动车组[Diesel Multiple Unit,简称DMU,如图5-17b)所示],按动力配置分为动力集中式与动力分散式。

a)电力动车组

b)内燃动车组

图5-17　电力动车组和内燃动车组

动车组具有安全可靠、运行快捷、乘坐舒适等特点,是高效率、大密度的旅客运载工具。除高速铁路、城际铁路、市郊铁路运用动车组外,城市中的地铁列车和轻轨电车等也属于动车组范畴。基于上述特点,相对于传统的机车车辆牵引模式,动车组在旅客运输方面有着优势。

"动车组"这个词是我国自己命名的,最接近的翻译为"Train Set with Power Car"——带有动车的列车编组。

动车组一般由一至多节动车和零至多节拖车按特定编组方式连挂成列。正常运营状态下的动车组有相对固定的编组方式,编组中的每类,甚至每节车辆都有自己的用途与定位。随意与其他型号或系列的车辆混编,甚至仅仅是编组内车辆顺序、方向排列不当,都可能破坏动车组的运营能力。

5.4.2 动车组检修

1)动车组的检修周期

动车组实行计划性的预防检修。检修分为5个等级,一级和二级检修为运用检修,三级、四级、五级检修为定期检修。

定期检修在动车段内进行。运用检修可在任一动车组运用所内进行,执行统一的检修标准。运用所承担检修后动车组的运用安全和质量责任。

动车组的检修周期如下。

①一级检修周期:运行里程4000km或48h;
②二级检修周期:15d;
③三级检修周期:120万km;
④四级检修周期:240万km;
⑤五级检修周期:480万km。

2)动车组检修基地

国外高速铁路特别是日本高速铁路实行检修基地、运用段和动车运用所三级系统布局的技术路线和组织方案,对动车组的运用、整备和检修实行一体化管理的思想值得借鉴。

检修基地、运用段和动车运用所三级系统布局需根据路网布局和运营要求统筹考虑。检修基地是路网性检修中心,专业化程度高,负责厂修性质的检修业务,与检修基地相配套还应在各客运专线设置动车段,在各线主要客运站设置动车组运用所。三级系统布局的原则具有以下优点,一是有利于动车组实现集中检修,分散存放;二是大幅度减少因动车组日常检修造成的车体空送,提高动车组的运营能力和使用效率;三是提高主要客运站的始发能力,有利于安排列车开行方案。

我国在北京、广州、上海、武汉相继修建动车组检测、检修基地,也就是动车段(图5-18)。它是动车组列车停放、整备、检查和检修的场所,是集传统的机务段、车辆段、列车段、生活段功能于一体的现代化高速列车的检修维护基地。

图5-18 动车段

复习思考题

1. 铁路车辆如何分类?
2. 铁路车辆的基本构造包括哪几部分?
3. 货车走行部由哪几个部分组成?简述各部分的作用。
4. 车辆走行部采用转向架形式有什么优点?
5. 车辆车钩缓冲装置由哪几部分组成?其作用是什么?
6. 简述空气制动装置的缓解作用和制动作用。
7. 简述铁路机车的交路与运转制。
8. 试述机车、车辆、动车的区别。

第6章　车站工程

运输的目的是安全、迅速、经济、便利地运送旅客和货物,为国家的经济建设和人民需求服务。在完成运输任务的过程中,车站起着重要的作用。车站作为基本的生产单位,发挥了运输基地的作用,同时也是对外窗口,承接客货运输任务。除了办理客货运的各项作业外,车站还办理与列车运行有关的各项作业,并且配备了客货运、列车运行的各项技术设备。本章主要介绍车站的各种基本设施以及不同车站具体作业内容及区别。

6.1 车站的概念与分类

6.1.1 车站、区间与分界点

为了保证行车安全和必要的线路通过能力,铁路上每隔一定距离需要设置一个车站。车站是为客货运服务的,它把每一条铁路线划分成若干个长度不同的段落,每一段落称为区间,而车站就成为相邻区间之间的分界点。分界点和区间是组成铁路线路的两个基本环节。

1)分界点

分界点包括车站、线路所和通过色灯信号机(图6-1)。车站除了正线以外,还配有其他线路(到发线、调车线、牵出线、货物线及站内指定用途的其他线路等),所以把车站称为有配线的分界点。此外,还有一种无配线的分界点,它包括非自动闭塞区段上的线路所和自动闭塞区段两车站间划分为若干个闭塞分区处所设置的通过色灯信号机。

图6-1　车站、线路所、通过色灯信号机

2)区间

依据分界点的不同,区间也有不同的分类。车站与车站之间的区间称为站间区间,车站与线路所之间的区间称为所间区间,自动闭塞区段上通过色灯信号机之间的路段称为闭塞分区。

(1) 站间区间

在单线上,以进站信号机柱的中心线为车站与区间的分界线。单线铁路站间区间如图 6-2 所示。

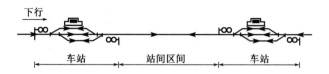

图 6-2　单线铁路站间区间

在双线或多线区间的各线上,分别以该线的进站信号机柱或站界标的中心线为车站与区间的分界线。双线铁路站间区间如图 6-3 所示。

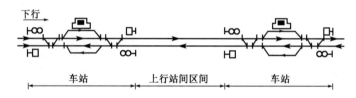

图 6-3　双线铁路站间区间

(2) 所间区间

两线路所间或线路所与车站间,以该线上的通过信号机柱的中心线为所间区间的分界线。设有进站信号机的线路所,所间区间的分界方法与站间区间相同。双线铁路所间区间如图 6-4 所示。

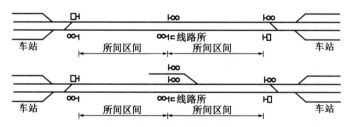

图 6-4　双线铁路所间区间

在自动闭塞区段,由于区间设有通过色灯信号机,不再设置提高通过能力的线路所。但在区间内有分歧道岔的地点,亦应设置线路所,办理列车经分歧道岔运行的作业。

(3) 闭塞分区

自动闭塞区间同方向相邻的两架色灯信号机间,以该线上的通过信号机柱的中心线为闭塞分区的分界线。双线铁路自动闭塞分区如图 6-5 所示。

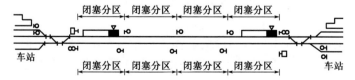

图 6-5　双线铁路自动闭塞分区

6.1.2 车站的作用与分类

1）车站的作用

①车站是铁路办理旅客运输与货物运输的基地。旅客购票、候车、乘降和货物的承运、保管、装卸、交付以及相关的作业都是在车站进行的,可以说车站是铁路与旅客、货主联系的纽带。

②车站是铁路运输的基本生产单位。在车站,除了办理客货运输各项作业外,还办理和列车运行有关的各项作业。如:列车的接发、会让与越行,车列的解体与编组,机车的换挂与整备,车辆的检查与修理等。因此,车站不仅是铁路内部各项作业的汇合点,也是提高铁路运输效率和运输安全的保证。

③车站是铁路对外的窗口。合理地布置和有效地运用车站能够使旅客出行获得尽可能好的体验,车站也体现着铁路服务水平和工作效率。

2）车站的分类

车站所担负的任务量、业务性质不同,其办理的作业、服务的对象及重点也有所不同。因此,车站有不同的类型。

①按业务性质不同,车站分为客运站、货运站、客货运站。

②按技术作业不同,车站分为中间站、区段站、编组站。区段站和编组站总称为技术站。

③按所担负的任务量和在国家政治上、经济上的地位不同,车站分为特等、一、二、三、四、五等站。

6.1.3 车站线路种类与线间距

1）车站线路种类

车站线路按用途分为正线、站线、段管线、岔线及特别用途线,车站线路图如图 6-6 所示。

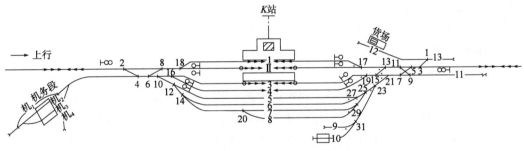

图 6-6 车站线路图

①正线:是指连接车站并贯穿或直股伸入车站的线路。

②站线:是指到发线、牵出线、货物线、调车线及站内指定用途的其他线路。

a. 到发线:用于接发旅客列车与货物列车。

b. 牵出线:用于进行调车作业时将车辆牵出。

c. 货物线:用于货物装卸时的货车停放。

d.调车线:用于车列解体、编组和车辆存放。

e.指定用途的其他线路:主要有机车走行线、车辆检修线、驼峰迂回线、推送线、溜放线、禁溜线等。

③段管线:是指机务、工务、车辆、电务、供电等段专用并由其管理的线路。

④岔线:是指在区间或站内接轨,通向路内外单位的专用线路。

⑤特别用途线:是指为保证行车安全而设置的安全线和避难线。

a.安全线:是为防止列车或机车从一进路进入另一列车或机车占用的进路而发生冲突的一种安全隔开设备。

b.避难线:是在长大下坡道上能使失控列车安全进入的线路。

2)线间距

线间距是指两相邻线路中心线之间的距离。线间距应能保证行车和车站工作人员工作时的安全。线间距的大小是根据铁路限界、相邻线路办理作业的性质、相邻线路间是否装设信号机以及留有适当余地等因素而确定的。我国铁路规定:站内正线与到发线之间、正线和到发线与其他站线之间的最小线间距为5m;相邻两股道均需通过超限货物列车、线间设有高柱信号机时,最小线间距应为5.3m;此外,复线区间正线的最小线间距规定为4m,曲线部分的线间距应根据计算进行适当加宽。

6.2 中间站

6.2.1 中间站的作业和设备

中间站是铁路上数量最多的车站,一般位于中小城镇,在联系工业和农业、加强城乡居民的往来和物资交流中起着重要的作用。此外,中间站还可以提高铁路区段通过能力,保证行车安全。

1)中间站的作业

①列车的到发、通过、会让和越行,这是中间站主要的行车工作。

②旅客的乘降和行李、包裹的承运、保管、装卸与交付。

③货物的承运、装卸、保管与交付。

④沿途零担摘挂列车的车辆摘挂和到货场或专用线取送车辆的调车作业等。

⑤中间站如有工业企业线接轨或者作为加力牵引起终点以及机车折返站时,还需办理工业企业线的取送车、补机的摘挂、待班和机车整备、转向等作业。在客货运量较大的个别中间站,还有始发、终到旅客列车及编组始发货物列车的作业。

2)中间站的设备

中间站的设备应根据作业性质和工作量大小而定,包括以下设备。

①客运设备:包括旅客站舍(售票房、候车室、行包房)、旅客站台、雨棚和跨越设备(天桥、地道、平过道)等。

②货运设备:包括货物仓库、货物站台和货运室、装卸机械等。

③站内线路:包括到发线、牵出线和货物线等,它们分别用于接发列车、进行调车和货物装卸作业。

④信号及通信设备:包括信号机、信号表示器、站内电话、对讲机械、广播及扩音设施等。

此外,某些中间站还设有机车整备和列车检查设备等。

中间站一般采用横列式布置图,图6-7为单线横列式中间站布置图;图6-8为双线横列式中间站布置图。这两种形式都具有保证旅客安全、零担货物装卸和车辆摘挂作业方便、列车待避条件好、有利于工务养护和方便改扩建的优点。

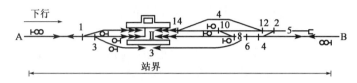

图6-7 单线铁路中间站布置图

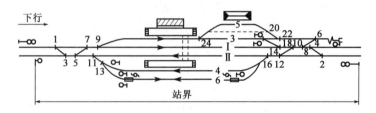

图6-8 双线铁路中间站布置图

车站咽喉区是指车站两端道岔集中的地方。咽喉区的长度通常是指进站最外方道岔基本轨接缝(顺向道岔为警冲标)至最内方出站信号机(或警冲标)的距离。

6.2.2 会让站和越行站

在我国铁路上,还有数量不多的,主要用来提高线路通过能力而设置的车站,称为会让站和越行站。会让站和越行站均包括在中间站之内。先到站的列车在车站停车,等待反方向的列车到站,两个列车互相交会,后到站的列车先行离开,叫做会让;先到站的列车在车站停车,等待一个同方向的后到站列车通过本站或到达本站停车后先行离开,叫做越行。

1)会让站

单线铁路上的中间站,主要办理列车的到发、会车、让车,仅办理少量的客货运业务。会让站应铺设到发线并设置通信、信号设备及旅客乘降、办公房屋等设备。在会让站上,既可以实现会车,也可以实现越行。

2)越行站

越行站为双线铁路(也称作复线铁路)上的中间站,主要办理同方向列车的越行业务。因此,越行站应铺设到发线并设置通信、信号设备及旅客乘降、办公房屋等设备,在正常情况下,双线铁路的每一条正线规定只开行某一方向的列车,必要时办理反方向列车的转线,也办理少量客、货运业务。

6.2.3 站界、股道和道岔的编号及股道有效长

1）站界

为了保证行车安全并明确工作责任，车站和它两端所衔接的区间应有明确的界限。如图 6-7 所示，在单线铁路上，以车站两端进站信号机柱的中心线为界，通常称为"站界"。

2）股道和道岔编号

为了便于车站生产指挥作业上的联系和对设备维修管理，应对站内线路和道岔进行统一编号。同一车站或车场内的线路和道岔不得有相同的编号。

（1）股道编号方法

站内正线用罗马数字编号（Ⅰ、Ⅱ……），站线用阿拉伯数字编号（1、2……）。

单线铁路应当从站舍一侧开始顺序编号位于站舍左、右或后方的线路，在站舍前的线路编完后，再由正线方向起，向远离正线顺序编号，如图 6-9 所示。

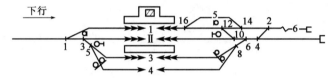

图 6-9　单线铁路车站线路、道岔编号

双线铁路按照下行正线一侧用单数，上行正线一侧用双数，从正线向外顺序进行编号，如图 6-10 所示。

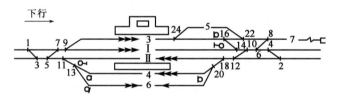

图 6-10　单线铁路车站线路、道岔编号

（2）道岔编号方法

①道岔用阿拉伯数字从车站两端由外向里依次编号，上行列车到达一端用双数，下行列车到达一端用单数；

②站内道岔，一般以车站站舍中心线作为划分单数号和双数号的分界线；

③每一道岔均应编为单独的号码，对于渡线、交分道岔等处的联动道岔，则应编为连续的单数或双数；

④当车站有多个车场时，每一车场的道岔必须单独编号。

3）股道的有效长度

股道有效长度（有效长）是指线路全长范围内可以停留机车车辆而不妨碍信号显示、道岔转换和邻线行车的部分。股道有效长度的起止范围主要由警冲标、道岔的尖轨尖端（无轨道电路时）或道岔基本轨接头处的钢轨绝缘（有轨道电路时）、出站信号机（或调车信号机）、车挡（为尽头式线路时）等因素确定。

货物列车到发线的有效长度，应根据规定的列车长度及列车停车时的附加距离（规定

为30m)等因素确定。我国铁路采用的货物列车到发线有效长度在Ⅰ、Ⅱ级铁路上为1050m、850m、750m或650m，Ⅲ级铁路上为850m、750m、650m或550m。开行重载列车为主的铁路可采用大于1050m的到发线有效长度。

采取何种有效长度，应根据运输能力、机车类型及所牵引列车长度等，结合地形条件，并考虑与相邻各铁路到发线有效长度相配合等因素确定。

6.3 区段站

6.3.1 区段站作业和设备

1)区段站的作业

区段站多设在中等城市和铁路网上牵引区段(机车交路)的起点或终点。区段站的主要任务是为邻接的铁路区段供应及整备机车或更换机车乘务组，为无改编中转货物列车办理规定的技术作业，并办理客货运业务及一定数量的列车解编作业。

根据所担负的任务，区段站要办理的作业可以归纳如下。

①客运业务：与中间站办理的业务内容相同，只是数量较大。

②货运业务：与中间站办理的业务大致相同，但作业量较大。

③运转作业。

a.与旅客列车有关的运转作业：区段站主要办理通过旅客列车的接发作业。部分车站还办理局管内或市郊旅客列车的始发、终到作业及个别车辆的甩挂作业。

b.与货物列车有关的运转作业：区段站主要办理无改编中转列车的接发和有关作业；对区段列车和摘挂列车，要进行解体和编组作业；同时还办理向货场、工业企业线取送作业车等；某些区段站还担当少量的始发直达列车的编组任务。

④机车业务：主要是换挂机车和乘务组，对机车进行整备、修理和检查等。

⑤车辆业务：办理列车的技术检查和车辆的检修任务。在少数设有车辆段的区段站上，还办理车辆的段修业务。

所有到达区段站的货物列车，按所进行的作业性质，可以分为两类：一类是到达本站不解体，只作技术检查和机车换挂等作业，然后继续运行的列车，叫作无改编中转列车；另一类是到达本站后，要将列车解体，这种列车叫作改编列车(解体列车)。

2)区段站的设备

为了保证上述作业的完成，在区段站上应设有如下设备。

①客运业务设备：主要有旅客站房、站台、雨棚及跨越线路设备等。

②货运业务设备：货场及其有关设备，如装卸线、货物站台、仓库及装卸机械等。

③运转设备：

a.旅客运转设备：专供旅客列车使用的旅客列车到发线及客车车底停留线等。

b.货物运转设备：专供货物列车使用的货物列车到发线、调车线、牵出线(有时设简易驼峰)，机车走行线及机待线等。

④机务设备：在机务段(机务折返段)所在的区段站上，如采用循环运转制时，在到发场

应设有机车整备设备。采用长交路轮乘制时可设置机车运用段或换乘点。

⑤车辆设备：包括车辆段、列车检修所和站修所等。

6.3.2 区段站的布置

1）横列式区段站

上、下行到发线（场）平行布置在正线一侧，调车场在到发场一侧的区段站，称为横列式区段站。

图6-11为单线铁路横列式区段站布置图。单线铁路横列式区段站布置的优点是布置紧凑、站坪长度短、占地少、设备集中、管理方便、作业灵活性大、对各种不同地形的适应性强。缺点是一个方向的列车机车出入段走行距离长、对站房同侧的货物取送车和正线有交叉干扰。

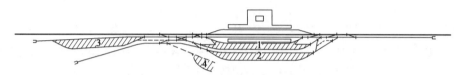

图6-11 单线铁路横列式区段站布置图
1-到发场；2-调车场；3-机务段；4-物流中心

图6-12为双线铁路横列式区段站布置图。双线铁路横列式区段站布置的优点是设备集中，管理方便，占地少，投资省，作业灵活。缺点是交叉较多，由于机务段设在站对右位置，因此，下行货物列车机车出入段走行距离比较长。

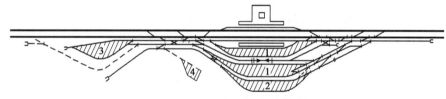

图6-12 双线铁路横列式区段站布置图
1-到发场；2-调车场；3-机务段；4-物流中心

2）纵列式区段站布置图

当上、下行到发场分设在正线两侧，并逆运行方向全部错移，在其中一个到发场一侧，设一个双方向共用的调车场时，称为纵列式区段站布置图，如图6-13所示。

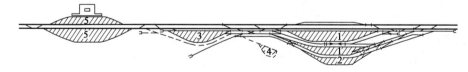

图6-13 双线铁路纵列式区段站布置图
1-到发场；2-调车场；3-机务段；4-物流中心；5-客运车场

纵列式区段站布置的优点是作业上的交叉干扰较横列式少；机车出入段走行距离短，当机车采用循环运转制时，到发线上的整备设备比较集中；对站舍同侧的主线或工业企业线的接轨也比较方便。缺点是站坪长度长、占地多、设备分散、投资大、定员较多、管理不便，以及一个方向货物列车的机车出入段要横切正线等。

6.4 编组站

6.4.1 编组站的作用及任务

编组站是铁路网上办理大量货物列车解体和编组作业并设有比较完善调车设备的车站,它按照列车编组计划的要求,编解各种类型的列车,且多数是直达列车和直通列车,为合理的车流组织服务。从这个意义上讲,编组站实际上就是一个编组列车的工厂。

编组站的主要任务和作用有:
①解编各种类型的货物列车;
②组织和取送本地区的小运转列车;
③设在编组站的机务段,还需供应列车动力,以及整备、检修机车;
④设在编组站的车辆段及其下属单位(站修所、列检所)还要对车辆进行日常维修和定期检修。

6.4.2 编组站在作业和设备上的特点

1)编组站作业特点

区段站主要办理中转列车的作业,解体和编组的列车数量少,而且大多是区段列车或摘挂列车;而编组站主要办理大量列车的解体和编组作业,而且其中多数是直达列车和直通列车。

2)编组站设备特点

在货物运转设备方面,编组站的调车场和调车设备的规模和能力往往比区段站大得多。

3)编组站设备类型

①调车设备:包括调车驼峰、调车场、牵出线、辅助调车场等几部分,用以办理列车的解体和编组作业。调车设备是编组站的核心设备,无论在数量上和技术装备上规模都比较大并且相比其他车站更为完善。

②行车设备:即接发货物列车的到发线,用以办理货物列车的到达和出发作业。根据其作业量的大小和不同的作业性质,可设置到发场或到达场、出发场(包括通过车场)。

③机务设备:即机务段。编组站一般应设机务段且规模比较大,供本务机车和调车机车办理检修和整备作业。为了减少另一方向列车机车出入段走行公里,必要时还可修建第二套整备设备。

④车辆设备:包括列检所、站修所和车辆段。

6.4.3 编组站布置图及主要类型

凡以一套调车设备为核心,配合到、发车场组成的车站图型,称为一个改编设备系统的布置图。由于它的驼峰调车方向是与主要改编车流运行方向一致,所以也简称为单向布置图。而设有两个改编系统时,在一般情况下,两个系统的主要驼峰应顺着各自的主要改编车流运行方向,故这种布置方式又称为双向布置图。编组站布置示意图见图6-14。

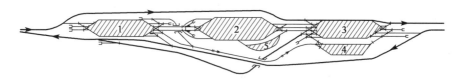

a) 单向纵列式

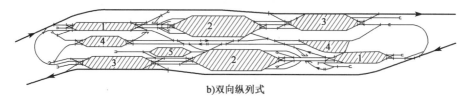

b) 双向纵列式

图6-14 编组站布置示意图

1-到发场；2-调车场；3-出发及通过车场；4-机务段；5-车辆段

按改编系统的主要车场相互配列的位置不同，编组站可分为：

①纵列式编组站：所有主要车场顺序排列。例如：到达场、调车场、出发场顺序纵列布置，简称三级三场编组站。

②横列式编组站：上、下行到发场与调车场并列配置。例如：上、下行到发场横列于调车场两侧或一侧，简称一级三场或一级二场编组站。

③混合式编组站：部分主要车场纵列、部分车场横列。例如：到达场与调车场纵列，上、下行出发场横列于调车场两侧或一侧，简称二级四场或二级三场编组站。

其中"级"是指车场排列形式，一级式为车场横列，二级式为到达场、编组场纵列，而三级式为到达场、调车场、发车场顺序排列。"场"是指车场，站内有几个车场，就叫几场。

如图6-15所示，阜阳北站的站型为单向纵列式三级四场，包含到达场(12股道)、编组场(32股调车分类线)、下行出发场(14股道)、上行西到发场(9股道)。

图6-15 阜阳北三级四场纵列式编组站

图6-16为单向一级三场横列式编组站布置图，图6-17为双向二级六场纵列式编组站布置图。

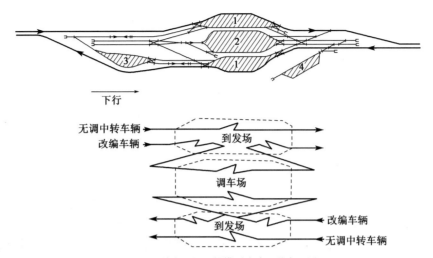

图 6-16 单向一级三场横列式编组站布置图

1-到发及通过车场；2-调车场；3-机务段；4-车辆段

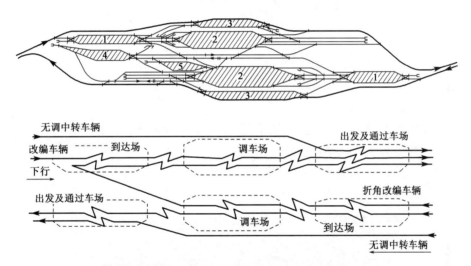

图 6-17 双向二级六场纵列式编组站布置图

1-到达场；2-调车(编发)场；3-出发及通过车场；4-机务段；5-车辆段

我国铁路编组站按站型分类举例如下。

（1）双向

①三级八场：阜阳北、丰台西；

②三级七场：武汉北、株洲北、襄阳北；

③三级六场：哈尔滨南、沈阳南、石家庄、郑州北、南仓、徐州北；

④三级五场：南翔、广州北；

⑤二级六场：济南西、包头西(预留)；

⑥二级五场：山海关、向塘西、四平、青岛西、贵阳南；

⑦二级四场：哈尔滨、牡丹江、通辽南(预留)、沈阳西；

⑧一级四场:长春。

(2)单向

①三级五场:南京东;

②三级四场:昆明东、江岸西;

③三级三场:鹰潭、衡阳北、柳州南、兰州西;

④二级四场:三间房、太原北、大同西、宝鸡东、西安东、武昌南、淮南西、怀化南、武威南。

6.4.4 编组站调车设备

调车工作是技术站(尤其是编组站)的主要任务。调车作业的效率与安全除了与调车人员的技术水平和熟练程度有关外,主要取决于所采用的调车设备和技术设施。调车工作按使用设备的不同可以分为牵出线调车和驼峰调车,驼峰与平面牵出线纵断面如图6-18所示。

图6-18 驼峰与平面牵出线纵断面比较图

1)调车设备种类

①平面牵出线:一般设于平道上,调车时,车辆溜放的动力来源于调车机车的推力。牵出线设于调车场尾部,适合于车列的编组作业。

②驼峰:调车时,车辆溜放的动力以其本身的重力为主,调车机车的推力为辅,适合于车列的解体作业,驼峰示意图见图6-19。

图6-19 驼峰

2)驼峰的平、纵断面

驼峰的范围是指峰前到达场与调车场头部之间的一部分线段。它包括推送部分、溜放部分和峰顶平台,如图6-20所示。

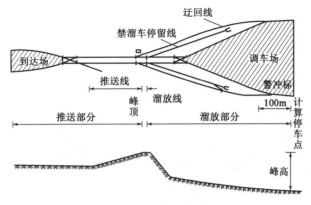

图6-20 驼峰组成图

①推送部分:指从到达场最外方道岔至峰顶平台的线路范围。

②溜放部分:由峰顶至编组场头部各股道警冲标后100m(机械化驼峰)或50m(非机械化驼峰或简易驼峰)处的线路范围。

③峰顶平台:推送部分与溜放部分的连接处,设有一段平坦地段,叫作峰顶平台。

3)驼峰的分类

驼峰按日均解体作业量分可分为:大能力驼峰(>4000辆/d)、中能力驼峰(2000～4000辆/d)、小能力驼峰(<2000辆/d);根据设备条件分可分为:简易驼峰、非机械化驼峰、机械化驼峰、半自动化驼峰和自动化驼峰。

4)驼峰调速工具

驼峰调速工具是为了提高驼峰改编能力,保证作业安全效率所必需的设备,以控制溜放车辆速度。我国铁路采用的调速工具主要有压力式钳型减速器和重力式减速器两种形式。

①压力式钳形减速器:利用空气作为动力,由钢轨两侧的制动夹板挤压车轮进行制动,如图6-21所示。

图6-21 压力式钳形减速器

②重力式减速器：主要借助于车辆本身的重量使制动夹板产生对车轮的压力而进行制动，如图6-22所示。

图6-22　重力式减速器

此外，驼峰调速工具还包括减速顶这是一种不需要外部能源的、可以自动控制车辆溜放速度的调速工具如图6-23所示。

图6-23　减速顶

两种减速器构造原理分别见图6-24、图6-25。

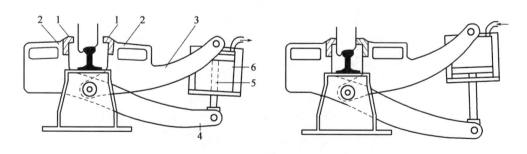

图6-24　压力式钳形减速器构造原理图
1-夹板；2-制动梁；3、4-杠杆；5-活塞杆；6-缸体

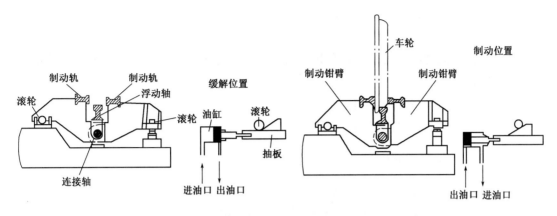

图 6-25 双轨条重力式减速器原理图

6.4.5 编组站自动化

1)驼峰自动化

驼峰自动化是强化铁路编组站最有效的措施之一,也是编组站现代化的主要内容和重要标志。驼峰调车作业的自动化,不仅能提高驼峰作业效率和编组站的改编能力,而且能保证作业安全,改善工人劳动条件和减轻劳动强度。

驼峰自动化主要包括:车辆溜放速度的自动调节和自动控制(核心内容);车辆溜放进路的自动选排和自动控制;驼峰机车推送速度的自动调节和自动控制;摘解制动软管和提钩作业的自动化等。

2)编组站综合自动化

编组站综合自动化系统主要包括货车信息处理和作业过程控制两部分。编组站作业综合自动化系统是以信息处理为核心的编组站的调度指挥、计划编制、统计分析及作业控制系统,实现了实时管理和实时控制。

从国内外铁路的运营实践来看,编组站作业的综合自动化,能使编组站的工作条件、作业效率、作业安全和工作质量得到很大的改善,对于加强编组站的生产能力,全面提高编组站的运营管理水平,均有显著的效果。编组站综合自动化是铁路运输现代化的标志之一,也是我国铁路编组站的发展方向。

6.5 铁路枢纽

6.5.1 铁路枢纽的功能

铁路网的交会点或终端地区,由各种铁路线路、专业车站以及其他为运输服务的有关设备组成的总体,称为铁路枢纽。

铁路枢纽的基本作业包括以下内容。

①枢纽地区本身的客货到发任务；
②客货流从一条铁路转运到各接轨铁路的中转任务；
③各铁路方向之间的无改编列车和改编列车的转线，以及担当枢纽地区车流交换的小运转列车的作业；
④直通、管内和市郊旅客列车的作业；
⑤供应运输动力、进行机车车辆的检修等作业。

6.5.2 铁路枢纽的设备

铁路枢纽的主要设备包括以下内容。
①铁路线路：引入线路、联络线、环线、工业企业专用线等；
②车站：客运站、货运站、编组站、工业站、港湾站等；
③疏解设备：铁路线路与铁路线路的平面和立交疏解、铁路线路与城市道路的立交桥和道口以及线路所等；
④其他设备：机务段、车辆段、客车整备所等。

上述设备应在分析枢纽内容、货流的基础上，配合城市规划、地形条件以及既有铁路设备的状况，进行总体规划与建设。

6.5.3 铁路枢纽的布置

铁路枢纽是由铁路新线建设和城市及工业发展等原因逐步形成和发展起来的。因此，枢纽所在地区的政治与经济特征、在地理上和路网中的位置、城市和工业建设等要求对它所承担的运输生产任务有着密切的关系。

枢纽布置图型选择的因素比较复杂，规划人员必须根据各个枢纽的具体条件，确定合理的布置图型。根据枢纽范围内专业车站和铁路线路在总图结构上的特征，并结合一定的车流条件，可有多种形式的枢纽图型。图6-26为混合型铁路枢纽布置图。

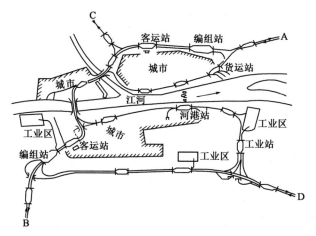

图6-26 混合型铁路枢纽布置图

复习思考题

1. 什么是铁路车站？铁路车站的作用是什么？
2. 什么是铁路区间？什么是铁路区段？
3. 什么是中间站？中间站的主要作业和设备是什么？
4. 什么是会让站？什么是越行站？
5. 车站线路应如何进行编号？车站道岔应如何进行编号？
6. 什么是车站线路的有效长？确定线路有效长的主要因素有哪些？
7. 什么是区段站？区段站的主要任务是什么？
8. 区段站办理的主要作业和设置的主要设备有哪些？
9. 区段站布置图的常见类型有哪些？各有何特点？
10. 什么是编组站？编组站的主要任务是什么？
11. 编组站在作业和设备上有何特点？
12. 编组站布置图的基本类型有哪些？
13. 调车驼峰由哪几部分组成？各部分的线路范围是什么？
14. 驼峰自动化主要包括哪些内容？
15. 什么是铁路枢纽？铁路枢纽有哪些主要设备？

第7章 通信与信号工程

信号与通信设备是组织指挥列车运行,保证行车安全,提高运输效率,传递信息及改善行车人员劳动条件的关键设施。信号设备是轨道交通系统主要技术装备之一,其装备水平和技术水准是轨道交通系统现代化的重要标志。本章介绍铁路通信与信号的基础知识、基本原理与应用情况,特别是信号基础设备、车站联锁设备及区间闭塞、行车指挥自动化及列车运行控制等方面组成的铁路通信与信号技术体系。

7.1 铁路通信与信号设备

7.1.1 铁路信号设备

铁路信号设备是铁路信号、车站联锁、区间闭塞等设备的总称。它的主要作用是保证列车运行与调车工作的安全和提高铁路通过能力。

(1)铁路信号:向有关行车和调车人员发出的指示和命令。

(2)车站联锁设备:用于保证站内行车与调车工作的安全,并提高车站的通过能力。

(3)区间闭塞设备:用于保证列车在区间内运行的安全,并提高区间的通过能力。

7.1.2 铁路通信设备

铁路通信设备是指挥列车运行、组织铁路运输生产和铁路业务联络而迅速、准确地传输各种信息的通信系统的总称。

铁路通信按其传输方式、区域、业务性质有以下分类。

(1)按传输方式分类:有线通信、无线通信。

(2)按区域分类:长途通信、地区通信、区段通信、站内通信。

(3)按业务性质分类:公用通信、专用通信、数据传输。

GSM-R(铁路数字移动通信系统)机车综合无线通信设备(图7-1)用于铁路GSM-R系统,安装在机车上供司机使用。该设备替代铁路原有的无线列车调度通信系统,为机车和地面之间提供语音和数据的传输通道。

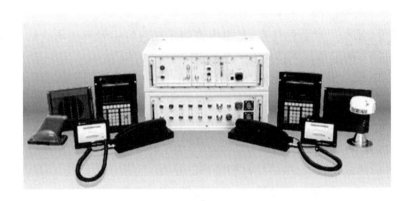

图7-1　GSM-R机车综合无线通信设备

7.2 铁路信号

7.2.1 铁路信号的分类

铁路信号按人体感官辨别分为视觉信号、听觉信号两类。

(1)视觉信号：是以物体或灯光的颜色、形状、位置、数目或数码显示等特征表示的信号，如用信号机、机车信号、信号旗、信号牌、信号灯、火炬等表示的信号。

(2)听觉信号：是以不同的信号器具发出音响的强度、频率、音响长短和数目等特征表示的信号，如用号角、口笛、响墩发出的音响及机车、铁道车鸣笛等发出的信号。

视觉信号有固定信号、手信号和移动信号。在固定地点安装的铁路信号叫固定信号，它是铁路的主要信号，是用不同颜色的灯光或壁板位置等显示的。用手拿信号灯、信号旗或用手势显示的信号称为手信号；临时设置在铁路线路旁边的信号牌、信号灯等称为移动信号。

7.2.2 固定信号的分类

(1)按设置部位分类：地面信号和机车信号。

①地面信号为设于车站或区间固定地点的信号机和信号表示器，用于防护站内或区间安全。

②机车信号设于机车司机室内，一般用来复示地面信号机，便于司机随时观察。随着列车速度的提高，司机来不及瞭望地面信号机，机车信号将取代地面信号。

(2)按用途分类：信号机和信号表示器。

①信号机可以表达固定信号的显示，具有防护意义。

②信号表示器是向行车人员传达行车或调车意图的信号，或对信号进行某些补充说明，表示与行车有关设备的位置和状态，没有防护意义。如发车表示器。

(3)按停车信号的显示意义分类：绝对信号和容许信号。

①绝对信号是指当显示停止运行的信号时,列车和调车车列必须无条件遵守的信号显示。

②容许信号(显示一个蓝色灯光)是指准许列车在色灯信号机显示红灯时列车限速通过,并准备随时停车的信号。

(4)按地位分类:主体信号机和从属信号机。

①主体信号机是能独立地显示信号,指示列车或调车车列运行条件的信号。

②从属信号机是本身不能独立存在,只能附属于某种信号机的信号机,如预告信号机、复式信号机等。

(5)按信号机构造分类:色灯信号机和臂板信号机。

(6)按安装方式分类:高柱信号机、矮型信号机、信号桥等。

7.2.3 固定信号机及其显示

常用的固定信号机主要有臂板信号机、色灯信号机和机车信号机。

1)臂板信号机

臂板信号机是以信号臂板的形状、颜色、数目、位置表达信号含义的信号机,大多用人力操纵、导线传动。它白天用臂板的不同位置、夜间用不同颜色的灯光显示信号,如图7-2所示。按每一信号机上装设臂板的数目来分,臂板信号机有单臂板和三臂板信号机两种主要类型。这种信号机操作繁琐、效率低、可靠性差,也不利于实现自动化,因此,我国铁路已经不再采用。

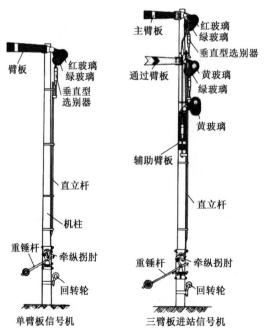

图7-2 壁板信号机示意图

2)色灯信号机

色灯信号机(图7-3)不管白天还是在夜间都是用不同颜色的灯光来显示信号。当今各国大多采用色灯信号机。按照制作结构的不同,色灯信号机可以分为透镜式和探照式两种。

透镜式色灯信号机的一组透镜能显示出一个颜色的灯光,如果要显示多种颜色的信号灯光,就要有多组透镜,所以又称它为多灯式。

探照式色灯信号机的一组透镜能显示出三个颜色的灯光,所以又称为单灯式。探照式色灯信号机存在结构复杂,制作工艺要求严格,维修困难等缺点,已经较少使用。

3)几种主要固定信号机的设置地点和用途

(1)进站信号机:设在进站线路最外方道岔尖轨尖端(逆向道岔)或警冲标(顺向道岔)不小于50m的地点。如因站内需要经常

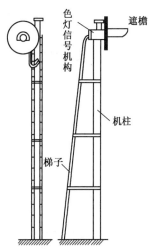

图7-3 色灯信号机构造图

利用正线进行调车作业,或因地形等其他条件使信号显示距离达不到规定要求时,可以将信号机适当外移,但一般不应超过400m。若因信号显示不良而外移时,则最大不宜超过600m。进站信号机是用来防护车站安全的,指示列车能否由区间进入车站以及进入车站的相关条件,显示距离不得小于1000m。

(2)出站信号机:在车站每一发车线路警冲标内方(逆向道岔为尖轨尖端外方)的适当地点,它是用来防护区间的安全,指示列车能否由车站进入区间,高柱出站信号机显示距离不得小于800m。

(3)预告信号机:应设在距主体信号机不小于800m的地点,它的作用是向司机预告主体信号机(如进站信号机、通过信号机等)的显示。必要时(在非自动闭塞区段上未安装机车信号时,在通过、遮断信号机前方,在采用进站色灯信号机时或进站信号机的显示距离不足、瞭望条件受限制等情况下)应设置预告信号机。

图7-4示意了进站、出站、预告信号机的设置位置。

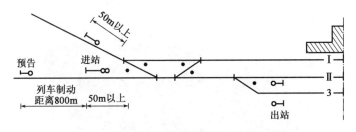

图7-4 进站、出站、预告信号机设置位置示意图

(4)通过信号机:通过信号机设在自动闭塞区段的闭塞分区分界处或非自动闭塞区段的所间区间的分界处(图7-5)。它的作用是用来防护自动闭塞区段的闭塞分区或非自动闭塞区段的所间区间,指示列车能否进入它所防护的分区或区间。

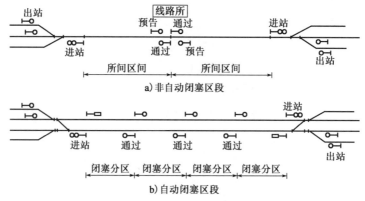

图7-5 通过信号机设置位置示意图

(5)进路信号机:在有多个车场的车站,为了防护从一个车场到另一个车场之间的进路,指示列车能否由这一个车场开往另一个车场,应当设置进路信号机。

(6)调车信号机:设在调车作业繁忙的线路上,如到发线、咽喉道岔区,以及从非联锁区到联锁区的入口处(图7-6)。它的作用是指示调车机车进行作业,一般采用矮型色灯信号机(图7-7)。

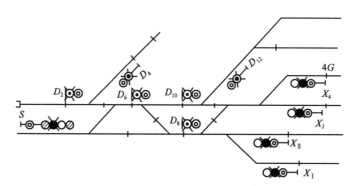

图7-6 调车信号机设置位置

图7-7 调车信号机

(7)驼峰信号机:在驼峰调车场的峰顶上,用来指示调车车列能否向峰顶推送和用多大速度推送而设置的信号机。为了能让车列后部的机车司机看清信号显示,在到发线的适当位置,还应装设驼峰辅助信号机。若驼峰辅助信号机的显示距离不能满足作业要求时,可再装设驼峰复示信号机。图7-8示意了驼峰信号机的设置位置。

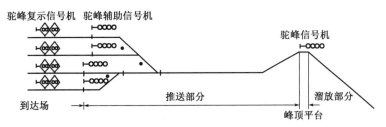

图7-8 驼峰信号机设置位置示意图

(8)复示信号机:进站、出站、进路信号机,因受地形、抛物影响,达不到规定的影响距离时,应装设复示信号机。

以上固定信号机的信号显示方式和意义见表7-1。

铁路主要信号机的显示意义 表7-1

信号名称	色灯信号机	信号显示	信号显示意义
进站信号机	半自动闭塞、三显示自动闭塞	○	准许列车按规定速度经正线通过车站,表示出站及进路信号机在开放状态,进路上的道岔均开通直向位置
		⊘	准许列车经道岔直向位置,进入站内正线准备停车
		⊘⊘	准许列车经道岔侧向位置,进入站内准备停车
		⊘⊘	准许列车经过18号及其以上道岔侧向位置,进入站内越过次一架已经开放的信号机,且该信号机所防护的进路,经道岔的直向位置或18号及其以上道岔的侧向位置
		●	不准列车超过该信号机
		○⊘	准许列车经过道岔直向位置,进入站内越过次一架已经开放的接车进路信号机准备停车
		●⊚	准许列车在该信号机前方不停车,以不超过20km/h的速度进站或通过接车进路,并须准备随时停车

续上表

信号名称	色灯信号机	信号显示	信号显示意义
进站信号机	四显示自动闭塞	绿	准许列车按规定速度经道岔直向位置进入或通过车站,表示运行前方至少有三个闭塞分区空闲
		绿黄	准许列车按限速要求越过该信号机,经道岔直向位置进入站内正线准备停车
		黄黄	准许列车按限速要求越过该信号机,经道岔侧向位置进入站内准备停车
		绿黄	准许列车经过18号及其以上道岔侧向位置,进入站内越过次一架已经开放的信号机,且该信号机所防护的进路,经道岔的直向位置或18号及其以上道岔的侧向位置
		红	不准许列车越过该信号机
		黄	准许列车按规定速度越过该信号机,经道岔直向位置进入站内,表示次一架已经开放一个黄灯
		红月白	准许列车在该信号机前方不停车,以不超过20km/h的速度进站或通过接车进路,并须准备随时停车
出站信号机	三显示自动闭塞	绿	准许列车由车站出发,表示运行前方至少有两个闭塞分区空闲
		黄	准许列车由车站出发,表示运行前方至少有一个闭塞分区空闲
		红	不准列车越过该信号机
		白	准许列车由车站出发,开往半自动闭塞区间或自动站间闭塞区间
		月白	兼作调车信号机时,准许越过该信号机调车
	四显示自动闭塞	绿	准许列车由车站出发,表示运行前方至少有三个闭塞分区空闲
		绿黄	准许列车由车站出发,表示运行前方有两个闭塞分区空闲
		黄	准许列车由车站出发,表示运行前方有一个闭塞分区空闲
		红	不准列车越过该信号机
		白	准许列车由车站出发,开往半自动闭塞区间或自动站间闭塞区间
		月白	兼作调车信号机时,准许越过该信号机调车

续上表

信号名称	色灯信号机	信号显示	信号显示意义
出站信号机 半自动闭塞		○（绿）	准许列车由车站出发
		●（红）	不准列车越过该信号机
		○（白）	准许列车由车站出发，开往次要线路
		◎（月白）	兼作调车信号机时，准许越过该信号机调车
进路信号机 接车进路信号机		—	显示与进站信号机相同。 兼作调车信号机时，点亮一个月白色灯光，准许越过该信号机调车
进路信号机 发车进路信号机		○（绿）	准许列车由车站经正线出发，表示出站和进路信号均在开放状态
		⊘（黄）	准许列车运行到次一架信号机之前准备停车
		○○（绿黄）	表示该信号机列车运行前方至少有一架进路信号机在开放状态
		●（红）	不准列车越过该信号机
		◎（月白）	兼作调车信号机时，准许越过该信号机调车
通过信号机 三显示自动闭塞		○（绿）	准许列车按规定速度运行，表示运行前方至少有两个闭塞分区空闲
		⊘（黄）	要求列车注意运行，表示运行前方有一个闭塞分区空闲
		●（红）	列车应在该信号机前停车
		●（蓝） ◎	容许信号显示一个蓝灯，准许列车在通过信号机显示红灯的情况下不停车，以不超过20km/h的速度通过，运行到次一架通过信号机，并随时准备停车

续上表

信号名称	色灯信号机	信号显示	信号显示意义
通过信号机	四显示自动闭塞	○	准许列车按规定速度运行,表示运行前方至少有三个闭塞分区空闲
		○/	准许列车按规定速度运行,要求注意准备减速,表示运行前方有两个闭塞分区空闲
		/	要求列车减速运行,按规定限速要求越过该信号机,表示运行前方有一个闭塞分区空闲
		●	列车应在该信号机前停车
		●/◎	容许信号显示一个蓝灯,准许列车在通过信号机显示红灯的情况下不停车,以不超过20km/h的速度通过,运行到次一架通过信号机,并随时准备停车
	半自动闭塞	○	准许列车按规定速度运行
		●	不准列车越过该信号机
禁止信号		●	不准列车越过该信号机
		无显示	不着灯时,不起信号作用
预告信号		○/	表示主体信号机在开放状态
		/	表示主体信号机在关闭状态
		/	表示遮断信号机显示红色灯光
		无显示	不着灯时,不起信号作用
调车信号机		◎	准许越过该信号机
		◎	装有平面溜放调车区集中联锁设备时,准许溜放调车

续上表

信号名称	色灯信号机	信号显示	信号显示意义
调车信号机		◉	不准越过信号机调车
驼峰信号机		○	准许机车车辆按规定速度向驼峰推进
		○	指示机车车辆加速向驼峰推进
		⊘	指示机车车辆减速向驼峰推进
		●	不准机车车辆越过该信号机或指示机车车辆停止作业
		●	指示机车车辆自驼峰退回
		◎	指示机车到峰下
		◎	指示机车车辆去禁溜线或迂回线

注：黄灯-⊘；绿灯-○；红灯-●；白灯-◉；蓝灯-◎；着灯-⊘○；闪光-⊘○。

4) 信号机的定位状态

信号机有关闭和开放两种状态。信号机经常保持的显示状态为信号机的定位。信号机定位的确定，一般是考虑保证行车安全，提高运输效率或信号显示自动化等因素。

①进站、进路、出站信号机对行车安全起着极其重要的作用，规定显示停车信号，以红灯为定位。

②调车信号机显示禁止调车信号，以蓝灯为定位。

③预告信号机附属于主体信号机，仅能表示主体信号机的显示状态，故显示注意信号，以黄灯为定位。

④驼峰信号机用以指示溜放作业和下峰调车，显示停止信号，以红灯为定位。

⑤自动闭塞的每架通过信号机，都是其运行前方信号机的预告信号机。为提高区间通过能力，保证列车经常在绿灯下运行，规定通过信号机以显示绿灯为定位。进站信号机前方第一架通过信号机兼有预告信号机的作用，故以显示黄灯为定位。

⑥非自动闭塞区段的通过信号机，兼有防护接车、发车的作用，以显示红灯为定位。

⑦复示信号机以无显示为定位。

7.2.4 机车信号

机车信号也是一种固定信号,固定安装在司机室中(图7-9),一般用来复示地面信号机的显示,便于司机随时观察。

图7-9 机车信号

按照从地面向机车传递信息方式的不同,机车信号分为两种类型:连续式和接近连续式。

(1)连续式机车信号

连续式机车信号主要用在自动闭塞区段,利用自动闭塞分区的轨道电路向机车上传送信息。因此,在整个区间正线上,机车信号能连续地反映前方地面信号机的显示。

(2)接近连续式机车信号

接近连续式机车信号用于半自动闭塞区段和自动站间闭塞区段,在进站信号机外方制动距离附近的固定地点设置发送设备,并从固定地点到进站信号机之间又加装一段轨道电路。因此,从固定地点开始一直到进站信号机处为止,都连续不断地向机车上传送地面信号的信息,使机车信号机连续复示进站信号机的显示。这对于瞭望条件困难和运输繁忙的非自动闭塞区段是非常有益的。

两种机车信号与地面信号的显示方式见表7-2。

机车信号的显示方式　　表7-2

连续式(三显示)		连续式(四显示)		接近连续式	
机车信号	地面信号机	机车信号	地面信号机	机车信号	地面信号机
○	○	○	○	○	○
○	○	○	○○	○	○
○或○ 注1	○○或○○	○	○	○或○ 注2	○○或○○

续上表

连续式(三显示)		连续式(四显示)		接近连续式	
机车信号	地面信号机	机车信号	地面信号机	机车信号	地面信号机
◐	●	◐	◐ ◐	◐	●
●	已越过红灯信号机	●	●	●	已越过红灯信号机
◎	不复示地面信号机的显示	●	已越过红灯信号机	◎	不复示地面信号机的显示
		◎	不复示地面信号机的显示		

注：1. 在交流计数制的自动闭塞区段为一个黄灯。
    2. 用交流计数制式的轨道电路时为一个黄灯。
    3. ○-绿色灯光；◐-黄色灯光；-双半黄色灯光；◐-一半黄色一半红色灯光；●-红色灯光；◎-白色灯光；◐-一半绿色一半黄色灯光。

7.2.5 移动信号及手信号

当线路上出现临时性障碍或进行施工，要求列车停车或减速时，应按照规定设置移动信号，安放响墩、火炬或用手信号进行防护，以保证行车安全。

（1）移动信号

移动信号相对于固定信号而言，是可以根据需要移动，临时设置的信号。移动信号分为停车信号、减速信号和减速防护终端信号（图7-10）。

①停车信号：昼间——红色方牌；夜间——柱上红色灯光。
②减速信号：昼间——黄色圆牌；夜间——柱上黄色灯光。
③减速防护终端信号：昼间——绿色圆牌；夜间——柱上绿色灯光。

图7-10 移动信号

（2）手信号

铁路手信号也是一种移动信号，是有关行车人员用手持信号旗或信号灯作出各种规定动作来表示停车、减速、发车、通过、引导信号等各种命令（图7-11）。信号旗有绿、黄、红3种基本颜色；信号灯有绿、黄、红、白4种基本灯光。

①停车信号：昼间——展开的红色信号旗；夜间——信号灯的红色灯光。
②减速信号：昼间——展开的黄色信号旗；夜间——信号灯黄色灯光。
③发车指示信号：昼间——绿旗上下挥动；夜间——展开绿灯上下挥动。
④发车信号：昼间——高举展开的绿旗靠列车方向上下缓动；夜间——高举信号灯的绿色灯光上下缓动。

a) 停车手信号　　　　　　　　　　b) 紧急停车手信号

c) 发车手信号　　　　　　　　　　d) 通过手信号

图 7-11　手信号

（3）响墩及火炬信号

响墩是一种听觉信号。它外形扁圆，内部装有炸药，防护时，将其放在钢轨上，当车轮压上后会发出的爆炸声要求司机立即停车。响墩沿列车驶来的方向于险情处数百米至千米外装上若干个，向列车报警。巡道工将它用铅条固定在钢轨上，列车碾过，就会发出巨响。

火炬是一种在风雨天气都能点燃并发出火光的视觉信号，司机发现火炬信号的火光时应立即停车。停车后如无防护人员，机车乘务人员应立即检查前方线路，如无异状，可按规定速度继续运行。

图 7-12 分别为响墩信号和火炬信号。

a) 响墩信号　　　　　　　　　　b) 火炬信号

图 7-12　响墩信号及火炬信号

7.2.6 信号表示器及信号标志

(1)信号表示器

信号表示器也是一种信号装置,但它没有防护意义,而是用来表示与行车有关设备的位置和状态,或表示信号显示的某种附加含义。例如道岔表示器(道岔表示器用于反映道岔所处的状态,便于扳道员确认进路和调车人员办理调车作业)、脱轨表示器、进路表示器、发车线路表示器、车挡表示器等。

(2)信号标志

信号标志设在铁路沿线,用来表明线路所在地点的某种情况或状态,以便司机和其他有关行车人员能够及时、正确地进行作业。包括:警冲标、司机鸣笛标、作业标。

①警冲标(图7-13)是用来指示机车车辆停车时,不准机车车辆向道岔方向或线路交叉点方向越过,以防止停留在该线上的机车车辆与邻线上的机车车辆发生侧面冲突的标志。另外,出站道岔上设置的警冲标用来确定站界标位置。警冲标设在两股道汇合的地方,在直线段设在距离相邻线路中心各为2m处。线间距离不足4m时,设在两线路中心线最大间距的起点处。

②司机鸣笛标(图7-14)设在道口、大桥、隧道或视线不良地点的前方500~1000m处。司机见到这种标志时,应当鸣笛示警。

③作业标(图7-15)设在施工线路及其邻线距施工地点两端500~1000m处,司机见到此标志时须提高警惕并长声鸣笛。

图7-13 警冲标

图7-14 司机鸣笛标

图7-15 作业标

7.3 轨道电路

7.3.1 轨道电路组成及作用

轨道电路是以铁路线路的两根钢轨为导体,两端安装机械绝缘(或电气绝缘),接上送电和受电设备所构成的电路。它可以反映线路和道岔区段是否有车占用,钢轨是否完整,监督线路占用情况,以及将列车运行与信号显示联系起来。轨道电路的送电设备设在送电端,由轨道电源和限流电阻组成。轨道的受电设备,一般采用轨道继电器,由它来接收轨道电路的信号电流。钢轨是轨道电路的导体,为减少钢轨接头的接触电阻,钢轨接头处一般还增设轨端接续线。钢轨绝缘是为了分隔相邻轨道电路而装设的。轨道电路的基本组成如图7-16所示。

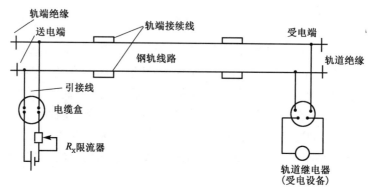

图7-16 轨道电路的基本组成

7.3.2 轨道电路的基本原理

当设有轨道电路的某段线路空闲时,轨道电路上的继电器有足够的电流通过,吸起被磁化的衔铁,闭合前接点,从而接通色灯信号机的绿灯电路,显示绿色灯光,表示前方线路空闲,允许机车车辆占用。

当机车车辆进入该线路区段时,由于轮对电阻很小,轨道电路短路,继电器吸力减弱,释放衔铁,使之搭在后接点上,接通信号机的红灯电路,显示禁行信号。轨道电路的这一工作性能,能够防止列车追尾和冲突事故,确保行车安全。

轨道电路的另一个重要作用是能发现钢轨发生断裂。在充当导线的钢轨安全无事时,轨道电流畅通无阻,继电器工作也正常。一旦钢轨折断或出现阻碍,切断了轨道电流,就会使继电器因供电不足而释放衔铁接通红色信号电路。此时,线路虽然空闲,信号机仍然显示红灯,从而防止列车在钢轨断裂处发生颠覆事故。

7.4 车站联锁与区间闭塞

7.4.1 联锁的概念及设备

1)联锁的定义

在车站内,列车和调车车列在站内运行所经过的路径,称为进路(图7-17),包括列车进路和调车进路。列车的进出站和站内的调车工作通常是根据防护每一进路信号机的显示状态进行的,而被防护的进路又是靠操纵道岔排列,因此,在有关信号机和道岔之间,以及信号机和信号机之间应建立起一种互相制约的关系,才能保证车站内列车和调车作业的安全,信号、道岔、进路之间的这种相互制约关系叫作联锁,为完成这种联锁关系而安装的技术设备叫联锁设备。

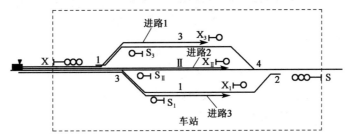

图7-17 列车进路

2)联锁的基本作用

(1)防止建立会导致机车、车辆相冲突的进路;

(2)使所有道岔均锁闭在与进路开通方向相符合的位置;

(3)确保信号机的显示状态与所建立的进路相符合。

3)联锁设备技术要求

(1)当开放某一进路时,必须先将进路上的所有道岔扳到正确位置后,防护这一进路的信号机才能开放;

(2)当防护某一进路的信号机开放以后,这一进路上的全部道岔应被锁闭,不能再扳动;

(3)当某一进路的信号机开放以后,与之敌对进路的信号机应全部关闭,不能开放;

(4)主体信号机开放前,预告信号机不能开放,在正线出站信号机开放前,进站信号机不能显示正线通过信号。

值班员可以通过控制台上的各种按钮控制现场设备(信号机、道岔等),并通过控制台上的站场表示盘,来监视现场设备的工作状态。车站联锁设备的组成框架如图7-18所示。

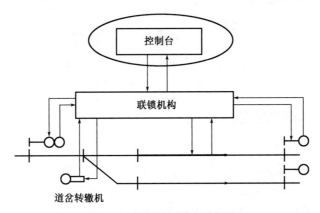

图7-18 车站联锁设备组成框图

车站联锁设备应能及时、迅速地排列进路,并实现信号机和道岔之间的相互制约关系,同时还应能迅速及时地使进路解锁。因为只有加速建立和解锁进路的过程才能提高车站的通过能力。本节通过下面一个案例,说明联锁的原理,如图7-19所示。

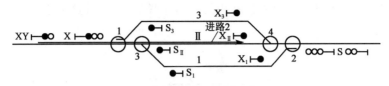

图 7-19 联锁案例

某一会让站,若有一下行旅客列车从车站正线通过,必须保证下列条件:

①在开放进站信号机 X 之前,必须先使进路上的所有道岔 1、3、4、2 都开通到 Ⅱ 道的位置;

②在道岔开通后,出站信号机 $X_Ⅱ$、进站信号机 X、预告信号机 XY 依次开放,显示正线通过信号;

③当进站信号机 X 开放以后,这一进路上的所有道岔都被锁闭,不能扳动;

④当进站信号机 X 开放以后,敌对进路信号机 S_1、$S_Ⅱ$、S_3、S 和 X_1、X_3 都被锁闭,不能再开放。

只有做到了以上几点,才能保证这一旅客列车安全通过车站。

4)联锁设备的分类

联锁设备包括集中联锁和非集中联锁。集中联锁包括继电联锁和计算机联锁,非集中联锁包括臂板电锁器联锁和色灯电锁器联锁。编组站、区段站和电源可靠的其他车站,有条件的均应采用集中联锁。新建铁路线上不具备条件时,可采用非集中联锁。图 7-20 示意了继电集中联锁设备的基本组成。

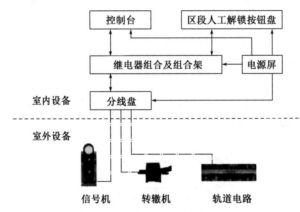

图 7-20 继电集中联锁设备组成框图

7.4.2 区间的概念及分类

1)区间的定义

为保证行车安全和铁路线路的通过能力,铁路线路分成若干个长度不等的段落,每一段线路叫作一个区间。在单线铁路上,以两个车站的进站信号机柱的中心线为车站与区间的分界线。在双线铁路或多线铁路上,分别以各线路的进站信号机柱或站界标的中心线为车站与区间的分界线。

2)列车在区间内的行车方法分类

(1)时间间隔法

在早期最先使用的行车方法是时间间隔法,如图 7-21 所示,列车按照事先规定好的时间由车站出发,使前行列车和追踪列车之间必须保持一定时间间隔。当先行列车出发后,经过一定的时间,才允许后续列车出发。由于先行列车可能在途中减速或因故停留在区间,而且列车运行速度可能与计划不一致,故此方法很不可靠而容易出现行车安全事故,目前已不再使用。

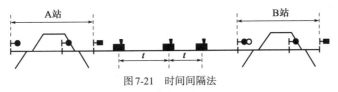

图 7-21　时间间隔法

(2)空间间隔法

空间间隔法是控制前行列车和追踪列车之间保持一定距离的行车方法。如图7-22所示,一般以相邻两车站之间作为一个区间,或将区间的铁路线路划分为若干个独立的分区(即"闭塞分区"),在每个闭塞分区内同一时间只准许一列列车运行,这样使前行列车和追踪列车之间必须保持一定距离。这种行车方法能严格地把列车分隔在不同空间,可以有效防止列车追尾和正面冲突事故的发生,确保列车运行安全。这种方法也是我国目前采用的闭塞方法。

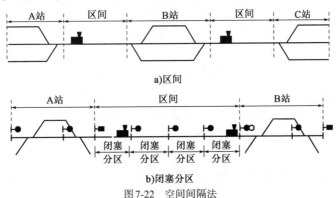

图 7-22　空间间隔法

7.4.3　闭塞的概念及设备

1)闭塞的定义

闭塞为铁路上为确保列车行车安全,避免列车正面冲突和追尾事故的发生,同时为不断提高铁路运输效率而采取的行车组织方法。

单线铁路在一个区间内,为防止同时进入相对运行的列车发生冲突,以及避免两列同向运行的列车(包括双线区间)发生追尾事故,规定区间两端车站值班员在向区间发车前必须办理行车联络手续,叫作行车闭塞(简称闭塞)手续,用来保证列车在区间内运行安全。提高区间通过能力的区间信号设备叫闭塞设备,闭塞设备必须保证一个区间内,在同一时间里只能允许一个列车占用这一基本原则的实现。

2)闭塞设备的分类

我国铁路闭塞设备分为人工闭塞、半自动闭塞、自动站间闭塞和自动闭塞。

(1)人工闭塞

人工闭塞是指以路签、路牌或路票作为行车凭证的闭塞方式。闭塞区间的两端车站,各设置路签(路牌)闭塞机,采用机-电结合的锁闭方式,在接车站许可的情况下,发车站有权取出路签(路牌),作为列车在区间行车的凭证,同时区间处于闭塞状态;当列车到达接车站,司机交出由发车站带来的路签(路牌),才允许解除闭塞。这种闭塞制式已基本淘汰,被其他闭塞方式替代。

(2)半自动闭塞

半自动闭塞需人工办理闭塞手续,列车凭出站信号机的显示发车,但列车出发后,出站信号机能自动关闭。列车占用区间的凭证是出站信号机或通过信号机的显示。采用半自动闭塞时,由于出站信号机受到对方站闭塞机的控制,在保证行车安全方面有一定的优越性。但是当铁路的运量不断增大,要求进一步提高区间通过能力时,半自动闭塞也有局限性。在区间有车占用的情况下,列车在区间丢失或车辆溜逸进入区间时,设备都不能发现并导向安全;此外,在区间线路故障或有车占用的情况下,设备还能用事故复原解除闭塞,从而严重影响行车安全。因此,繁忙区段应采用自动闭塞来代替半自动闭塞。

(3)自动站间闭塞

自动站间闭塞是在有区间占用检查设备的条件下,其区间不划分闭塞分区,不设通过信号机,不必人工办理闭塞手续,列车凭信号显示发车后,出站信号机自动关闭的闭塞方法。其特征是:有区间占用检查设备;站间或所间区间只准开行一列车;办理发车进路时自动办理闭塞手续;自动确认列车到达和自动恢复闭塞。

(4)自动闭塞

自动闭塞是由运行中的列车自动完成闭塞任务的一种设备,将两个相邻车站之间的区间正线划分成若干小段——闭塞分区,通过每个分区起点设置的一架色灯信号机进行防护。由于闭塞分区内钢轨上装设轨道电路,因而能够正确反映列车的运行情况和钢轨是否完整,并及时传给通过信号机显示,向接近它的列车指示运行条件,行车安全有了进一步的保证。因为通过色灯信号机的显示是随着列车的运行通过列车自动控制的,不需要人工操作,所以叫自动闭塞。自动闭塞不需要办理闭塞手续,简化了办理接发列车的程序,既提高了通过能力,又大大减轻了车站值班员的劳动强度。

目前,我国铁路上采用的自动闭塞主要有单线双向自动闭塞(在线路两侧均设有通过色灯信号机)和复线单向自动闭塞(每条线仅一侧设信号机)两种。自动闭塞又分为三显示和四显示的自动闭塞(图7-23)。四显示是在三显示红、黄、绿灯的基础上又加入一个黄绿灯。

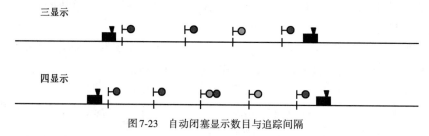

图7-23　自动闭塞显示数目与追踪间隔

三显示自动闭塞用红、黄、绿三种颜色的灯光来指示列车运行的不同条件。铁路线采用三显示自动闭塞时,两列车至少要间隔2个闭塞分区才能保证在绿灯下运行。

四显示自动闭塞的信号机预告列车前方三个闭塞分区的状态,两列车至少要间隔3个闭塞分区才能保证在绿灯下运行。高速列车按规定速度越过黄绿显示的通过信号机后必须减速;而低速运行的列车越过黄绿显示的通过信号机时则不必减速。实际上对于低速列车来说黄绿显示的意义相当于绿灯显示,而对于高速列车来说是将两个闭塞分区作为一个制动距离来对待,将黄绿显示视为注意信号,在越过黄绿灯后准备在红灯前停车。这样可以解决线路上以不同速度运行的列车的行车要求。

自动闭塞设备虽然比较先进,但比其他闭塞设备的初期投资高,因此,应当根据具体情况选用。在我国铁路上,复线区段应采用自动闭塞。

7.5 铁路通信设备

7.5.1 铁路通信网络

铁路通信网络是铁路的重要基础设施,是保障铁路安全运营的重要工具,在铁路运输生产和经营管理中发挥了重要作用。随着铁路运输逐步走向信息化与智能化,铁路通信网络主要由铁路传输网与数据通信网两部分共同组建。铁路传送网以光传送技术为主体,全路光传送网分为骨干层、汇聚层和接入层3层结构,全面覆盖业务汇聚点、枢纽节点、铁路交汇点、车站等各类节点。铁路数据通信网则承载了铁路数字移动通信系统(GSM-R)/通用分组无线业务(GPRS)、综合视频监控、旅客信息服务以及各类铁路运营管理信息系统等多种业务,已形成覆盖国铁集团和18个铁路局的调度中心、客运专线以及所有干线、大部分普速铁路车站的网络。

中国铁通集团有限公司(简称中国铁通)为全国铁路运输提供有线调度通信、列车无线调度通信、站场通信、应急通信、数据传输、铁路电视会议、列车及站场广播、专用程控电话、铁路电报等通信业务和信息化通信服务。中国铁通为铁路列车调度指挥系统(TDCS)提供了全国铁路干线通信网及基层接入网,依托列车无线调度通信系统,提供调度命令无线传送和无线车次号校核两大业务。

7.5.2 铁路专用通信设备

铁路通信按传输方式可分为有线通信和无线通信,按服务区域可分为长途通信、地区通信、区段通信和站内通信等,按业务性质可分为公用通信、专用通信及数据传输等。铁路专用通信一般是指专门用于组织、指挥铁路运输及生产的专用通信设备。这些设备专用于某一目的,接通一些指定用户,一般不与公务通信的电报、电话网连接。

1)列车有线调度电话

列车有线调度电话供行车调度员与其管辖区段内所有的分机进行有关列车运行通话使用。在列车调度回线上,只允许接入与列车运行直接有关的车站值班员、车站调度员、机车调度员等的电话。

列车有线调度电话的显著特点是调度员可以对个别车站呼叫,称作单呼;也可以对成组车站呼叫,称作组呼;或者对全部车站集中呼叫,称作全呼。不仅列车调度员可以与车站互相通话,任何车站也可以方便地对列车调度员呼叫并通话。

2)无线调度电话

(1)列车无线调度电话

列车有线调度电话仅供列车调度员和车站值班员之间进行通信联系,而列车无线调度电话则可供列车调度员、机车调度员、车站值班员等调度指挥人员和列车司机相互通话。这对于提高运输效率、缩短运行时间、及时掌握和调整列车运行都有重大作用。同时列车在运行过程中,发生临时故障,或区间线路、桥梁出现不正常现象时,司机可以及时报告调度员或邻近的车站值班员,也可直接通知邻近区段的司机,以便及时采取措施,更好地确保行车安全。

(2)站内无线调度电话

站内无线调度电话是为车站调度员、驼峰值班员等站内编组和解体作业的指挥人员和车站调车机车司机相互通话而设置。在车站调度员室和驼峰值班员室装有固定无线电台,在调车机车和驼峰机车司机室内装有机车电台。通过站内无线调度电话,车站调度员可以直接和调车机车司机取得联系,及时了解现场作业情况及存在问题,并向有关人员提出解决问题的措施。特别是在天气不良、辨认信号比较困难的条件下,依靠站内无线调度电话可以更好地防止事故的发生,确保调车安全。

3)列车确报电报、电话

列车确报电报、电话是供相邻编组站及编组站与区段站之间及时传递有关列车编组顺序的资料使用,以便对方站能正确、及时地掌握车流的情况。

4)专用电话系统

铁路专用电话系统是为沿线各基层单位如车站、工区、领工区等相互间以及与基层系统的上级机构相互间联系使用。如:车务专用电话、电务专用电话、工务专用电话、会议电话等。

5)局线和干线长途电话、电报

局线长途电话、电报是为铁路局范围内各单位相互之间公务联系用的通信设备。干线长途电话、电报是为国铁集团和铁路局及铁路局相互之间进行公务联系用的通信设备。

6)铁路站场通信系统

铁路站场通信系统是铁路专用通信的一部分,主要是解决站场工作人员相互联系通信的设备,包括站场电话系统、站场扩音对讲系统、站场无线电话系统和客运广播系统。

7)地区电话

地区电话为同一城市中各铁路单位相互之间公务联系用的电话,即铁路部门的市内电话。

7.5.3　其他常见通信方式

1)卫星通信(特殊微波通信)

卫星通信指利用人造地球卫星作为中继站转发或反射无线电波,在两个或多个地球站之间进行的通信。它实际也是微波通信,具有通信距离远、覆盖面积大、通信质量高等优点。

2)载波电话

长途通信距离很远,架设线路费用很大,而铁路不同单位之间联系频繁,通话次数多。

载波电话通过调制和解调来实现一对线路能容纳好多对人同时通话而互不影响。这是载波电话在铁路局线和干线的长途电话、调度电话、会议电话中获得广泛应用的原因之一。

3)电报

铁路自动电报交换机和传真业务交换机通过报路和各种接口与智能电报终端、传真机和微机终端连接,构成了各种电报通信网。

4)光缆通信

光缆通信是一种利用光在光导纤维中传输的通信技术。是铁路通信网的骨干,特别是高速铁路运输管理更需要光纤网络大容量、高速度数据传输的支撑。

5)微波通信

微波是直线传播的,需要中继站传输。其优点是通信频带宽,容量大,抗干扰强,抗灾能力强,可维护性强,建设速度快,造价低、易加密。是铁路干线长途通信网的重要组成部分。

复习思考题

1. 铁路信号设备包括哪些?
2. 试述轨道电路的组成、作用及工作原理。
3. 什么叫联锁?
4. 什么叫闭塞?有哪些闭塞方式?
5. 铁路专用通信设备包括哪些?

第三篇
运营管理篇

第8章　列车牵引计算

列车牵引计算是轨道交通系统行车组织的基础，它以理论力学为基础，以科学实验和运营实践经验为依据，分析列车运行过程中的各种力学现象和原理，并用以解算轨道交通运营和设计上的一些主要技术问题和技术经济问题，包括列车运行方程、列车运行速度和运行时分、列车制动距离等。本章将介绍列车牵引计算的重要环节，即列车运行中对列车有直接影响的各种外力，并在此基础上讲解列车运动方程、制动距离等内容。

8.1 列车受力分析

8.1.1 机车牵引力

由动力传动装置引起、用以牵引列车前进的外力，称为机车牵引力，它的大小可以由司机控制。根据机械功传递过程，牵引力有轮周牵引力和车钩牵引力之分。

1）轮周牵引力

对于轮轨制式轨道交通，机车牵引力只能来自钢轨和轮周的接触点，称之为轮周牵引力。轮周牵引力形成的必要条件有两个：

(1) 动轮上有动力传动装置传来的旋转力力矩；

(2) 动轮与钢轨间接触并存在摩擦作用。

轮周牵引力形成过程为：由原动机产生原动力，经能量传递机构传递至机车动轮，形成旋转力矩 M，并且在轮轨接触点 C 产生了动轮对钢轨的作用力 F' 和钢轨对动轮的反作用力 F[图8-1a]；将 F 简化到动轮中心 O 点，可得力 F_1 和力偶 (F_2, F)[图8-1b]；当力偶 (F_2, F) 与旋转力矩 M 平衡，则 F_1 使动轮发生以轮轨接触点 C 为瞬间转动中心的滚动，再通过动轮作用于钢轨上，在轮轨间摩擦的作用下，钢轨反作用力使机车作平移（前进）运动。

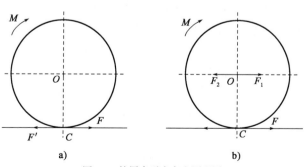

图8-1　轮周牵引力产生原理图

在列车牵引计算中,通常用轮周牵引力 F 作为机车牵引力的计算标准。因此,凡未特别说明者,机车牵引力均指轮周牵引力,列车单位牵引力则指列车中的机车牵引力与列车总重之比。

2)车钩牵引力

机车轮周牵引力传递到机车后钩上,牵引客、货车辆的牵引力称为车钩牵引力。其值等于轮周牵引力减去机车全部运行阻力。多用于计算机车牵引试验或按车钩强度检算牵引质量。

8.1.2 列车运行阻力

列车运行时,不由人工操纵、阻止列车运行的外力叫作列车运行阻力。在列车牵引计算中,根据阻力产生的原因,列车运行阻力分为基本阻力和附加阻力;根据列车组成,分为机车运行阻力和车辆运行阻力。按阻力的性质,又有总阻力和单位阻力之分。单位阻力指作用在机车车辆上的阻力与它受到的重力之比,计算单位为 N/kN(规定取至两位小数)。

1)基本阻力

基本阻力是列车在任何情况下运行都存在的阻力。引起基本阻力的因素很多,主要归纳为以下几方面。

(1)轴承阻力

当轮对滚动时,轴颈与滑动轴承间会发生相对运动,轴颈与滑动轴承在接触面处互相摩擦产生的阻抗称为轴承阻力。轴承阻力大小受多种因素影响,除轴重外,摩擦系数是最重要的因素。滚动轴承的摩擦系数较滑动轴承小,因此,我国客车车辆已淘汰了滑动轴承,新型货车也开始采用滚动轴承。

(2)滚动阻力

车轮在轨面滚动时引起阻碍列车运行的阻力称为滚动阻力。它与轨面的变形程度、轴重及钢铁材质等因素有关。采用高强度的重型轨和增加轨枕的铺设密度,可以减少滚动阻力。

(3)滑动阻力

轮对在钢轨上滚动的同时还存在着纵向与横向的滑动,因而在轮轨间产生了阻碍列车运行的滑动阻力。减少滑动阻力的关键是加强轨道与轮对的检修,提高保养质量。

(4)冲击和振动阻力

由于存在钢轨接缝、轨道不平顺、轮轨擦伤等原因,列车运行时会引起轮轨间的冲击和机车车辆振动的加剧,消耗机车牵引力。这类阻力归于冲击和振动阻力。减少此类阻力的有效措施是铺设无缝线路、采用高强度的轨道结构。

(5)空气阻力

列车运行时,带动周围空气运动所形成的阻碍列车运行的阻力,称为空气阻力(W_α)。空气阻力决定于列车速度、列车外形和尺寸。实验表明,空气阻力的计算式为:

$$W_\alpha = C_x S \frac{\rho v^2}{2} \quad (\text{N}) \tag{8-1}$$

式中:C_x——空气阻力系数,决定于列车外形;
S——列车最大截面积(m^2);
ρ——空气密度(kg/m^3);
v——列车速度(m/s)。

由于空气阻力与列车速度的平方成正比。因此,高速列车要求采用流线型车体,以降低C_x值,从而减少列车空气阻力。

上述五种阻力的共同特点是都随着列车速度大小而有不同的变化。一般在低速时,列车基本阻力以轴承阻力为主;速度提高后,轮轨间滑动(摩擦)、冲击与振动、空气阻力所占比例逐渐加大;高速时,列车基本阻力则以空气阻力为主。

由于影响基本阻力的因素极为复杂,在实际运用中很难用理论公式来推导求算。因此,列车牵引计算中采用试验后归纳的经验公式。无论是机车还是车辆,其单位基本阻力w_0为:

$$w_0 = A + Bv + Cv^2 \quad (N/kN) \tag{8-2}$$

式中:A、B、C——试验测定的常数;
v——列车运行速度(km/h)。

2)附加阻力

附加阻力主要取决于线路运行条件,受机车车辆类型的影响很小。因此,附加阻力按列车实际运行条件计算,主要有坡道附加阻力、曲线附加阻力、隧道空气附加阻力。

(1)坡道附加阻力

列车在坡道上运行时,在重力作用下,会沿轨道方向产生一个水平分力,即坡道附加阻力W_i。列车在上坡道运行时,坡道附加阻力与列车运行方向相反,阻力是正值;列车在下坡道运行时,坡道附加阻力与列车运行方向相同,阻力是负值(实际上是加速力)。

若该坡道的坡度值为i(坡段终点对起点的高度差与两点间水平距离的比值,单位为‰),那么坡道单位附加阻力w_i近似按照式(8-3)计算:

$$w_i = i \quad (N/kN) \tag{8-3}$$

其中,单位坡道阻力等于该坡道坡度的千分数。例如,$i=3‰$时,单位坡道阻力$w_i=3N/kN$;若为下坡道$i=-3‰$时,此时$w_i=-3N/kN$。

(2)曲线附加阻力

列车在曲线上的运行阻力大于同样条件下在直线上的运行阻力,其增大的部分称为曲线附加阻力。由于曲线附加阻力与曲线半径、列车运行速度、外轨超高、轨距加宽量、机车车辆的固定轴距和轴重等许多因素有关,通常采取试验方法,按其主要因素——曲线半径R制定经验公式。列车的单位曲线附加阻力w_r的计算公式如下:

$$w_r = \frac{600}{R} \quad (N/kN) \tag{8-4}$$

式中:600——用试验方法确定的常数。

① 列车长度小于或者等于曲线长度

$$w_r = \frac{600}{R} = \frac{600}{57.3 \times \frac{l_r}{\alpha}} = \frac{10.5\alpha}{l_r} \quad (N/kN) \tag{8-5}$$

式中：l_r——曲线长度(m)；

α——曲线的转角(°)。

②列车长度(l_c)大于曲线长度

在这种条件下，列车有一部分车辆位于直线上未受到曲线附加阻力。因此，此时列车的平均单位曲线附加阻力可根据阻力机械功相等的原则分摊计算，即：

$$w_r = \frac{10.5\alpha}{l_r} \times \frac{l_r}{l_c} = \frac{10.5\alpha}{l_c} \quad (N/kN) \tag{8-6}$$

③列车跨越多组曲线（其转角和为$\sum\alpha$）

$$w_r = \frac{10.5\sum\alpha}{l_c} \quad (N/kN) \tag{8-7}$$

(3) 隧道附加空气阻力

列车进入隧道时，由于空气受隧道空间的约束，造成了比空旷地段大得多的空气阻力，其增加部分称为隧道附加空气阻力。

列车的隧道附加空气阻力与许多因素有关，如行车速度、列车和隧道长度、列车迎风面积、隧道的洞门形状及净空面积、列车与隧道表面的粗糙程度等，理论上推导计算公式很难。单位隧道附加空气阻力w_s的经验公式为：

①隧道内有限制坡道

$$w_s = L_s v_s^2 / 10^7 \quad (N/kN) \tag{8-8}$$

②隧道内无限制坡道

$$w_s = 0.00013 \times L_s \quad (N/kN) \tag{8-9}$$

式中：v_s、L_s——分别为列车在隧道内的运行速度(km/h)和隧道长度(m)。

(4) 加算附加阻力

上述三种与线路条件相关的附加阻力，有时单独存在，有时两种或三种并存。为了计算方便，用加算附加阻力w_j表示它们单位附加阻力之和，即：

$$w_j = w_i + w_r + w_s \quad (N/kN) \tag{8-10}$$

由于单位阻力在数值上等于坡道的坡度千分率。因此，这些附加阻力都可用一个相当的坡道附加阻力代替，这个相当的坡道称为加算坡道i_j，在数值上有：

$$i_j = i + i_r + i_s \quad (‰) \tag{8-11}$$

式中：i_r、i_s——分别为曲线、隧道附加阻力换算坡度(‰)。

(5) 起动阻力

起动阻力是包括起动加速力和起动阻力（指运行阻力和运行附加阻力之和）在内的综合值。由于起动时机车车辆所处的状态与运行时不同，所以起动阻力要单独计算，电力与内燃机车单位起动阻力$w_q' = 5N/kN$；货车单位起动阻力w_q''按式(8-12)计算，即：

$$w_q'' = 3 + 0.4 i_q \quad (N/kN) \tag{8-12}$$

式中：i_q——起动地段的加算坡度(‰)，当计算的w_q''小于5N/kN时，取5N/kN。

3) 列车运行阻力计算

列车总阻力为：

$$W = [\sum (Pw_0') + Gw_0'' + (\sum P + G)i_j]g \quad (N) \quad (8\text{-}13)$$

列车单位阻力为：

$$w = \frac{\sum(Pw_0') + Gw_0''}{\sum P + G} + i_j = w_0 + i_j \quad (N/kN) \quad (8\text{-}14)$$

式中：w_0'、w_0''、w_0——分别为机车、车辆、列车单位基本阻力(N/kN)；

  $\sum P$——机车计算质量(t)；

  G——列车牵引质量(t)；

  i_j——加算坡度(‰)；

  g——重力加速度(m/s²)，取9.81m/s²。

若计算起动时的列车起动阻力，需要用机车、车辆单位起动基本阻力 w_q'、w_q'' 替换式中对应的 w_0'、w_0''、w_0。

【例8-1】 一台 DF_4 内燃机车牵引3300t重货列车（均为滚动轴承），列车长度600m。假设列车运行速度为50 km/h，行驶在4‰的上坡道上，且恰遇平面曲线（曲线半径800m，长度358.813m，转角25.7°）。试确定列车当前运行状态的变化（加速、匀速、减速）。

DF_4 内燃机车 P=135t，在 v=50km/h 时的牵引力 F=131.5kN。

$$w_0'' = 0.92 + 0.0048 \times 50 + 0.000125 \times 50^2 = 1.47 \quad (N/kN)$$

$$w_0' = 2.28 + 0.0293 \times 50 + 0.000178 \times 50^2 = 4.19 \quad (N/kN)$$

【解】 计算 v=50km/h 时的列车单位基本阻力。

列车单位基本阻力：
$$w_0 = \frac{330 \times 1.47 + 135 \times 4.19}{(3300 + 135)} = 1.58 \quad (N/kN)$$

附加单位阻力：
$$w_j = 4 + \frac{10.5 \times 25.7}{600} = 4.45 \quad (N/kN)$$

列车总阻力：$W = 0.001 \times (1.58 + 4.45) \times (3300 + 135) \times 9.81 = 203.2$ （kN）

由于 $F-W$=131.5−203.2=−71.7(kN)<0，因牵引力不足，列车将降速。

8.1.3 列车制动力

1)列车制动概述

为了使列车停车或减速，司机通过操纵制动装置，人为施加一个与列车运行方向相反的外力，即制动力。在制动操纵上，制动分常用制动和紧急制动。常用制动是正常情况下为调控列车速度或进站停车所施加的制动，其作用较为缓和，而且制动力可以调节，一般只使用列车制动能力的20%~80%。紧急制动则是在特殊情况下，为保证列车安全让列车尽快停住而施加的制动，其动作往往比较迅猛，使用列车的全部制动能力。

目前机车车辆中采用的制动方式很多，大致归纳如下类型。

(1)按动能转移方式划分

①不可用能制动，主要有摩擦制动和动力制动（如电阻制动）两类。闸瓦制动和盘形制动属摩擦制动，是轨道交通系统中应用最广泛的制动方式。通过闸瓦与车轮踏面或制动盘（装于车轴上或车轮上）与制动夹钳的机械摩擦把列车动能转变为热能消散于大气，并产生制动力。电阻制动是动力制动的一种，被广泛地应用在电力牵引机车、电传动内燃机车和

电动(内燃)动车组上。其基本原理是利用牵引电机的可逆原理,制动时在机车或动车的车轮带动下,牵引电机产生逆作用(即牵引电机变为发电机),并将发电机发出的电能通过电阻器转变为热能散发,产生制动作用。

②可用能制动,指电力牵引机车和电动车组的再生制动。其制动原理与动力制动相近,但它将逆作用产生的电能通过一定的装置反馈回电网,供其他列车使用。显然此方式既节约能源,又能减少制动时对环境的污染,是一种较为理想的制动方式。目前法国的高速列车(法语简称TGV)、瑞典的X2000、中国的CRH动车组和韶山型与和谐号电力机车都将再生制动作为辅助制动手段。

(2)按制动力形成方式划分

①黏着制动,它依赖于轮轨间的黏着力产生制动。铁路采用的空气制动机系统和盘形制动系统都属于黏着制动。其制动力的形成受控于轮轨间的黏着条件。

②非黏着制动,目前主要有磁轨摩擦制动和磁轨涡轮制动。磁轨摩擦制动是在制动时将装在车架下的滑动梁放下,同时用电流励磁,使滑动梁利用磁吸力紧压钢轨而产生阻力,使列车减速(图8-2)。磁轨涡流制动与磁轨摩擦制动相似,但制动时磁轨器不与钢轨接触(相隔5mm间隙)。制动时牵引电动机作为发电机使用,和电磁铁励磁供电,当磁铁在钢轨上方通过时,钢轨表面形成涡流而产生制动力。无论磁轨制动还是磁轨涡流制动都是用电磁力进行制动,因此,其制动力的大小不受轮轨间黏着条件的限制。

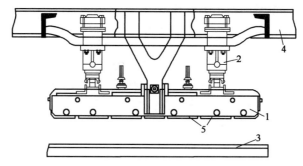

图8-2 磁轨制动示意图

1-电磁铁;2-升降风缸;3-钢轨;4-转向架构架侧梁;5-磨耗板

(3)按制动源动力划分

①空气制动,指以压缩空气为源动力的制动方式,如闸瓦制动、盘形制动等。

②电气制动,指以电为源动力的制动方式,如动力制动、磁轨制动等。

2)空气制动

空气制动系统是轮轨系统列车必备的制动方式。

(1)闸瓦制动力的产生与传递

制动一般在牵引力为零(即列车惰行)情况下进行。空气制动系统通过将制动主管内空气向外排出,使制动缸内的空气压力增加,并将空气压力传递至闸瓦(或制动夹钳)。闸瓦压紧车轮(或制动盘),引起轮轨接触点产生与列车运行方向相反的钢轨反作用力,阻止列车前进。该力即为制动力,如图8-3所示。

(2)闸瓦制动力计算

一个轮对的空气制动力 B_z 可用式(8-15)计算:

$$B_z = \sum K \times \varphi_k \quad (kN) \quad (8-15)$$

式中:$\sum K$——一个轮对所受闸瓦压力总和(kN),机车车辆的闸瓦压力与制动缸大小、制动缸的空气压强、基础制动装置的传动效率等因素有关;

φ_k——轮、瓦间摩擦系数。

(3)制动力的限制

空气制动属于黏着制动,所以制动力也受轮轨间黏着条件的限制。轮对的最大制动力 $B_{z\max}$ 为:

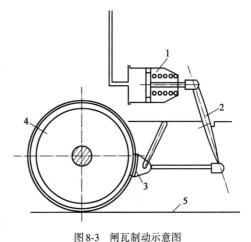

图 8-3 闸瓦制动示意图
1-制动缸;2-基础制动装置;3-闸瓦;4-车轮;5-钢轨

$$B_{z\max} = \sum K \times \varphi_k \leq p_z g \mu \quad (kN) \quad (8-16)$$

式中:p_z——制动轴上的荷载(t);

μ——轮轨间的黏着系数。

当 $B_{z\max} > p_z g \mu$ 时,轮对将在钢轨上发生滑行(车轮被"抱死",不转动),引起轮轨间的剧烈的摩擦。制动力大幅度下降,使制动距离延长,轮轨磨耗加剧。这种现象在列车低速(φ_k 值较大)和空车(p_z 值较小)时最易发生。为了避免这一情况,在标记载重50t及其以上的大型货车制动机上,设置空、重车制动调整手柄,当手柄在空车位时,制动缸会与降压风缸相通,而减少制动的闸瓦压力 K,达到减少制动力 $B_{z\max}$ 的目的。因此,在计算这类大型车辆制动力时,应按空车、重车分别计算。

(4)列车制动力计算

列车中各制动轴产生的制动力的总和,称为列车制动力 B,按式(8-17)计算:

$$B = \sum K \times \varphi_k \quad (kN) \quad (8-17)$$

为便利起见,列车制动力也常按单位制动力进行计算,并以 b 表示(规定取至两位小数),即:

$$b = \frac{B \times 10^3}{(\sum P + G)g} = \frac{1000 \sum (K \times \varphi_k)}{(\sum P + G)g} \quad (N/kN) \quad (8-18)$$

计算列车制动力 B 或列车单位制动力 b 有两种传统的方法:实算法和换算法。

① 实算法。

实算法是根据实算闸瓦压力 K 和与之相对应的实算摩擦系数 φ_k,来求算列车制动力的方法。由于大多数列车是由各种车辆混编而成的,不同车辆的 K 值不同,其所对应的 φ_k 值也将不同,所以列车制动力的求解,应展开成下列形式计算:

$$B = \sum (K \times \varphi_k) = \sum K_1 \times \varphi_{k1} + \sum K_2 \times \varphi_{k2} + \cdots + \sum K_n \times \varphi_{kn} \quad (8-19)$$

式中:$\sum K_1$、$\sum K_2$、$\cdots$、$\sum K_n$——第一种车至第 n 种车的实算闸瓦压力(kN);

φ_{k1}、φ_{k2}、$\cdots$、φ_{kn}——与各闸瓦压力 K_1、K_2、$\cdots$、K_n 相对应的实算摩擦系数。

同理,列车单位制动力计算公式为:

$$b = \frac{1000(\sum K_1 \times \varphi_{k1} + \sum K_2 \times \varphi_{k2} + \cdots + \sum K_n \times \varphi_{kn})}{(\sum P + G)g} \quad (\text{N/kN}) \tag{8-20}$$

由于实际列车编组车型很复杂,列车中的车辆不仅有各种类型的制动机,而且制动倍率也各不相同,再加上实算摩擦系数 φ_k 与初速度和各瞬时速度有关,所以用这种方法来计算列车制动力是比较麻烦的。

② 换算法。

换算法的实质是假定闸瓦摩擦系数与闸瓦压强无关,用一个不随闸瓦压强而变的换算摩擦系数 φ_h 来代替实算摩擦系数 φ_k 以简化计算。同时为使计算结果和原来一致,又将实算闸瓦压力 K 修正成换算闸瓦压力 K_h,修正的原则为:

$$K_h \varphi_h = K \varphi_k \tag{8-21}$$

即

$$K_h = \frac{K \varphi_k}{\varphi_h} \quad (\text{kN}) \tag{8-22}$$

式中:K_h——换算闸瓦压力(kN);

φ_h——换算摩擦系数。

经换算,列车制动力就可以按照下式计算:

$$B = \sum (K \varphi_k) = \sum (K_h \varphi_h) = \varphi_h \sum K_h \quad (\text{kN}) \tag{8-23}$$

a. 摩擦系数计算

a) 实算摩擦系数:中磷闸瓦实算摩擦系数经验公式如下。

$$\varphi_k = 0.64 \frac{K + 100}{5K + 100} \times \frac{3.6v + 100}{14v + 100} + 0.0007(110 - v_0) \tag{8-24}$$

式中:v——制动过程中列车运行速度(km/h);

v_0——制动初始速度(km/h)。

b) 换算摩擦系数:考虑我国各类车辆制动机构成,以闸瓦压力的平均值 $K = 25\text{kN}$ 代入式中,得中磷闸瓦换算摩擦系数 φ_h。

$$\varphi_h = 0.356 \frac{3.6v + 100}{14v + 100} + 0.0007(110 - v_0) \tag{8-25}$$

另外,《列车牵引计算规程》(TB/T 1407—1998)推荐的其他类型闸瓦换算摩擦系数如下。

高磷铸铁闸瓦:

$$\varphi_h = 0.372 \frac{17v + 100}{60v + 100} + 0.0012(120 - v_0) \tag{8-26}$$

低摩合成闸瓦:

$$\varphi_h = 0.202 \frac{4v + 150}{10v + 150} + 0.0006(100 - v_0) \tag{8-27}$$

高摩合成闸瓦按每块闸瓦实算闸瓦压力 $K = 20\text{kN}$ 计算:

$$\varphi_h = 0.322 \frac{v + 150}{2v + 150} \tag{8-28}$$

盘形制动合成闸瓦的换算摩擦系数按每块闸瓦实算闸瓦压力 $K = 20\text{kN}$ 并折算到车轮

踏面的 K 值计算,即:

$$\varphi_\mathrm{h} = 0.358 \frac{v + 150}{2v + 150} \tag{8-29}$$

《列车牵引计算规程》(TB/T 1407—1998)规定:解算中磷、高磷及低摩等闸瓦混编列车的运行时间时,允许采用中磷闸瓦换算摩擦系数进行计算。

b.换算闸瓦压力

为了进一步简化计算,可略去制动初速度修正项,得到中磷铸铁闸瓦换算闸瓦压力 K_h 值。

$$K_\mathrm{h} = 1.8 \frac{K + 100}{5K + 100} K \quad (\mathrm{kN}) \tag{8-30}$$

其他材质的闸瓦或闸片也可以按相同的原则得出简化的换算公式。

8.2 合力曲线与运动方程

8.2.1 单位合力曲线

列车牵引力、阻力和制动力的合力作用结果决定了列车运行状态。当列车在无隧道的平直道上运行时,作用于列车上的合力 C(kN)分以下三种运行工况。

(1)牵引运行:列车受到的力为机车牵引力 F 和运行阻力 W,合力 $C = F - W$。
(2)惰行:列车受到的力仅为运行阻力,合力 $C = -W$。
(3)制动运行:列车受到的力为运行阻力 W 和列车制动力 B,合力 $C = -(W + B)$。

当 $C>0$ 时,列车加速运行;当 $C<0$ 时,列车减速运行;当 $C=0$ 时,列车匀速运行。

单位合力 c 为:

$$c = \frac{C \times 10^3}{(\sum P + G) g} \quad (\mathrm{N/kN}) \tag{8-31}$$

绘制单位合力曲线一般先编制单位合力曲线计算表(表8-1)。利用加算坡道阻力与列车运行速度无关的特点,单位合力曲线先按列车在无隧道的平直线路上运行的情况绘制。在使用该合力曲线时,如遇附加阻力,再考虑其影响。

(1)单位合力计算
①牵引运行工况

$$c = f - w_0 = \frac{\sum F \times 10^3}{(\sum P + G) g} - \frac{[\sum (Pw_0') + Gw_0''] g}{(\sum P + G) g} \quad (\mathrm{N/kN}) \tag{8-32}$$

②惰行工况

$$c = -w_0 = -\frac{[\sum (Pw_0') + Gw_0''] g}{(\sum P + G) g} \quad (\mathrm{N/kN}) \tag{8-33}$$

③制动运行工况

根据制动方式的不同,单位合力分为三种情况。

a.常用空气制动

$$c = -(w_0 + 0.5b) = -\frac{[\sum (Pw_0') + Gw_0''] g}{(\sum P + G) g} - 500\varphi_\mathrm{h} \theta_\mathrm{h} \quad (\mathrm{N/kN}) \tag{8-34}$$

b. 电阻制动

$$c = -(w_0 + b_d) = -\frac{[\sum(Pw_0') + Gw_0'']g + B_d \times 10^3}{(\sum P + G)g} \quad (\text{N/kN}) \qquad (8\text{-}35)$$

c. 电阻与空气制动并用

$$c = -(w_0 + b_d + 0.2b) = -\frac{[\sum(Pw_0') + Gw_0'']g + B_d \times 10^3}{(\sum P + G)g} - 200\varphi_h\theta_h \quad (\text{N/kN}) \qquad (8\text{-}36)$$

式中:b_d、B_d——电阻单位制动力(N/kN)、电阻制动力(kN)。

绘制单位合力曲线需要的资料有:机车类型、机车数量及编挂情况、列车空重车编组情况、牵引质量、列车单位制动能力等。速度分档取值由零开始,一般间隔为10km/h,直至限制速度为止(即机车、车辆构造速度和线路容许最大速度中的较小者)。另外,还应列入机车牵引线上各转折点所对应的速度(表8-1中v=41.2km/h栏)。SS_1型电力机车v=0时,F、w_0均按v=10km/h计算。SS_1型电力机车的单位合力图见图8-4。

SS_1型电力机车单位合力计算表　　　　　　　　表8-1

运行工况		序号	项目	速度 v(km/h)				
				0	10	20	...	41.2	...
牵引运行		1	机车牵引力 F(kN)	415	415	387.5	...	363.2	...
		2	机车单位基本阻力 w_0'(N/kN)	2.47	2.47	2.76	...	3.58	...
		3	机车基本阻力 $W_0'=Pgw_0'10^{-3}$(kN)	3.3	3.3	3.7	...	4.8	...
		4	车辆单位基本阻力 w_0''(N/kN)	1.10	1.10	1.19	...	1.52	...
		5	车辆基本阻力 $W_0''=Ggw_0''10^{-3}$(kN)	29.1	29.1	31.5	...	40.2	...
		6	列车运行总基本阻力 $W_0=W_0'+W_0''$(kN)	32.4	32.4	35.2	...	45.0	...
		7	列车运行合力 $C=F-W_0$(kN)	382.6	382.6	352.3	...	318.2	...
		8	列车运行单位合力 $c=\dfrac{C\times10^3}{(P+G)g}$(N/kN)	13.74	13.74	12.65	...	11.43	...
惰行		9	列车惰行单位合力 $c=-w_0$ $c=\dfrac{W_0\times10^3}{(P+G)g}$(N/kN)	-1.17	-1.17	-1.27	...	-1.62	...
制动运行	空气制动	10	闸瓦简化换算摩擦系数 φ_j	0.356	0.264	0.214	...	0.157	...
		11	紧急制动单位制动力 $b=1000\theta_h\varphi_h$(N/kN)	92.6	68.6	55.6	...	40.8	...
		12	常用制动单位制动力 $0.5b$(N/kN)	46.3	34.3	27.8	...	20.4	...
		13	常用制动单位合力 $c=-(0.5b+w_0)$(N/kN)	-47.47	-35.47	-29.07	...	-22.02	...
	电阻制动	14	电阻制动力 B_d(kN)	—	89.2	178.5	...	305.4	...
		15	电阻单位制动力 $b_d=\dfrac{B_d\times10^3}{(P+G)g}$(N/kN)	—	3.20	6.41	...	10.97	...
		16	电阻制动单位合力 $c=-(b_d+w_0)$(N/kN)	—	-4.38	-7.68	...	-12.59	...
	两种制动并用	17	空气单位制动力 $0.2b$(N/kN)	—	-13.72	-11.12	...	41.2	...
		18	空气与电阻制动单位合力 $c=-(b_d+0.2b+w_d)$(N/kN)	—	-18.10	-18.80	...	-20.75	...

注:i_x=9‰,v_j=43km/h,P=138t,G=2700t,θ_h=0.26。

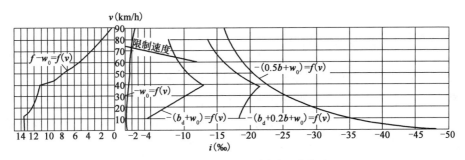

图 8-4　SS_1 型电力机车的单位合力曲线图

(2) 计算加算坡度影响

在使用合力曲线(图 8-4)时,若加算坡度 $i>0$,将速度纵轴向左移 i 个千分数,曲线上各点的单位合力 c 都相应减少了 i 个千分数,即新的单位合力 $c'=c-i$;同理,当加算坡度 $i<0$,将速度纵轴向右移 i 个千分数,曲线上各点的单位合力 c 都相应增加了 i 个千分数,即新的单位合力 $c'=c+i$。

(3) 列车均衡速度

当速度纵轴与三种工况的单位合力曲线中的任一曲线相交时,由于交点处 $c=0$,该点的速度即为列车在该工况和该加算坡道的均衡速度。对于一定的坡度,在牵引或惰行工况时,列车速度总是趋近该工况的均衡速度;而制动工况则相反,即列车速度总是背离该工况的均衡速度。

8.2.2　列车运动方程

列车运动方程是反映机车牵引力、列车运行阻力和列车制动力的合力与列车加(减)速运行状态改变的函数关系式。

列车运行时分的计算公式为:

$$t = \frac{1}{2}\int \frac{\mathrm{d}v}{c} \quad (\min) \tag{8-37}$$

列车运行距离的计算公式为:

$$s = \int v\mathrm{d}t = \frac{1}{120}\int \frac{v\mathrm{d}v}{c} \quad (\mathrm{km}) \tag{8-38}$$

由于单位合力是速度的复杂函数,求解困难,实际工作中采用有限差分法,将速度 v 积分的上、下限区间,划分若干个速度小间隔 Δv,以有限小的速度间隔来代替无限小的速度变化;并假定在每个速度间隔内单位合力为常数,即取 Δv 范围内平均速度的单位合力 c_p 值。这样,列车在 Δv 范围内作匀变速度运动。设 Δv 内的初、末速度分别为 v_1 和 v_2,可得:

$$\Delta t = \frac{v_2 - v_1}{2c_p} \quad (\min) \tag{8-39}$$

$$\Delta s = \frac{4.17(v_2^2 - v_1^2)}{2c_p} \quad (\mathrm{m}) \tag{8-40}$$

8.3 列车制动距离解算

列车制动距离解算是保障轮轨系统运输效率和安全的重要而复杂的问题。制动距离指司机将制动阀手柄置于制动位始至列车停车为止列车所运行的距离,它是综合反映制动装置性能和实际制动效果的主要技术指标。列车制动距离的解算就是在不同线路条件下,研究列车制动能力、运行速度、制动距离三者之间的关系。

8.3.1 列车制动距离计算

由于列车制动系统的特殊结构,在列车司机进行制动时,制动风管的减压逐步传递到机后各车辆,引发制动风缸压强(或闸瓦压力$\sum K$)逐步上升,从而造成列车中各车辆的闸瓦并非立即、同时压上车轮,产生制动力。为了便于计算,根据列车制动机的工作原理,假定全列车的闸瓦都是在一瞬间同时压上车轮,且此刻闸瓦压力从零突变至预定值(图8-5中虚线)。这样,列车制动距离被划分为两段(图8-5):前一段为实施制动到假定瞬间t_k时间内列车靠惯性空走的距离(s_k);后一段从假定瞬间至列车停止的列车不断减速的有效制动距离(s_e)。

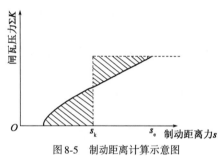

图8-5 制动距离计算示意图

1)空走距离s_k

虽然列车在空走过程中速度是变化的,但为了计算方便,通常假定在空走时间t_k(s)内,列车始终以制动初速度v_0(km/h)均速惰行,即:

$$s_k = \frac{v_0 t_k}{3.6} \quad (\text{m}) \tag{8-41}$$

空走时间t_k应按制动距离等效的原则(即空走距离与有效制动距离之和等于实际制动距离)来确定。其经验公式如下。

旅客列车紧急制动:

$$t_k = 3.5 - 0.08 i_j \quad (\text{s}) \tag{8-42}$$

旅客列车常用制动:

$$t_k = (4.1 + 0.002 rn)(1 - 0.03 i_j) \quad (\text{s}) \tag{8-43}$$

货物列车紧急制动:

$$t_k = (1.6 + 0.065 n)(1 - 0.028 i_j) \quad (\text{s}) \tag{8-44}$$

货物列车常用制动:

$$t_k = (3.6 + 0.00176 rn)(1 - 0.032 i_j) \quad (\text{s}) \tag{8-45}$$

式中:n——牵引辆数;

r——列车管减压量(kPa);

i_j——加算坡道的坡度(‰),当$i_j > 0$时,规定按$i_j = 0$计算。

2)有效制动距离s_e

列车有效制动距离可按分析计算法,划分为若干速度间隔来计算。

$$s_e = \sum \frac{4.17(v_{i+1}^2 - v_i^2)}{c_p} = \sum \frac{4.17(v_{i+1}^2 - v_i^2)}{1000\theta_h\varphi_h + w_0 + i_j} \quad (\text{m}) \tag{8-46}$$

式中：c_p——相对于每次速度间隔的平均速度 $\dfrac{v_i + v_{i+1}}{2}$ 的单位合力(N/kN)。

3) 制动距离 s_b

$$s_b = s_k + s_e = \frac{v_0 t_k}{3.6} + \sum \frac{4.17(v_{i+1}^2 - v_i^2)}{1000\theta_h\varphi_h + w_0 + i_j} \quad (\text{m}) \tag{8-47}$$

4) 计算制动距离

为了确保行车安全，世界各国都根据自己的铁路技术条件（如列车运行速度、牵引重量、信号及制动技术等），规定了最长允许紧急制动距离的标准，即计算制动距离。表8-2 为《铁路技术管理规程》规定的我国铁路列车在 20‰ 以内线路上计算制动距离标准。

列车计算制动距离表　　　　　　　　　　表8-2

列车运行最高速度(km/h)	<120	120~140	>140~160	>160~200
列车性质	客货列车	旅客列车	旅客列车	旅客列车
计算制动距离(m)	800	1100	1400	2000

注：根据计算制动距离，可反解算需要的有效制动距离及制动初速度（限速）。

8.3.2 等效一次计算法

为了简化有效制动距离的分段累计法的复杂性，假定闸瓦换算摩擦系数和制动时的单位基本阻力在制动过程都不随速度而变，即用等效的常量 φ_s 和 w_s 来替代 φ_h 和 w_0，一次性计算出列车制动距离。该方法称之为"等效一次计算法"。

$$s_e = \frac{4.17(v_0^2 - v_z^2)}{1000\theta_h\varphi_s + w_s + i_j} \quad (\text{m}) \tag{8-48}$$

式中：v_z——制动终速(km/h)。

等效值 φ_s 可以在忽略坡度和阻力的影响计算而得：

$$\varphi_s = \frac{v_0^2 - v_z^2}{\sum \dfrac{v_1^2 - v_2^2}{\varphi_h}} \tag{8-49}$$

同理，等效值 w_s 可以在忽略坡度和制动力的影响条件下计算而得：

$$w_s = \frac{v_0^2 - v_z^2}{\sum \dfrac{v_1^2 - v_2^2}{w_0}} \tag{8-50}$$

【例8-2】 某货物列车编组重车50辆，换算制动率为0.33。在加算坡度为6‰的下坡直道上以80km/h实施紧急制动。试按等效一次计算法计算其紧急制动距离。其中：$\varphi_s = 0.147$，$w_s = 1.5\text{N/kN}$。

【解】 空走时间：$t_k = (1.6 + 0.065 \times 50)[1 - 0.028 \times (-6)] \approx 5.7 \text{ (s)}$

空走距离：$\quad\quad\quad\quad s_k = 80 \times 5.7/3.6 \approx 127 \text{ (m)}$

有效制动距离：

$$s_e = \frac{1.47 \times 80^2}{1000 \times 0.33 \times 0.147 + 1.5 + (-6)} \approx 606 \text{ (m)}$$

紧急制动距离： $s_b = s_k + s_e = 127 + 606 = 733$ （m）

8.4 动车组运行计算特点

动车组列车一般指由动车和拖车组成的动力分散型列车,目前已成为城际铁路和城市轨道交通客运的重要交通工具,除列车动力类型有电动和内燃之别外,目前运行中动车组列车仍属于轮轨系统。因此,其运行计算的基本特征与机车加车辆组成的动力集中型列车大同小异。

8.4.1 动车组牵引特性

1）动车组组成

动车组一般由数辆装有动力装置的动车和无动力装置的拖车混编而成。我国目前轮轨(双轨)系统的城市轨道交通列车和运行速度达到或超过200km/h的旅客列车均采用动车组,例如中国生产的CRH2动车组由4M(动车)+4T(拖车)组成(图8-6)。

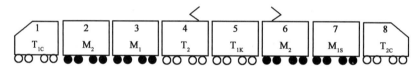

图8-6 CRH2动车组列车构成

T-拖车;M-动车;C-驾驶室车;K-带酒吧车;S-一等车

2）牵引力

(1)牵引力限制

动车组的牵引力来自于其中的各个动车。动车的本质是一个能量转换机构,它通过动力传动装置(牵引电动机)将电能转换为机械能,并通过机械传动装置传递到动车的动轮上,使列车运动或加速。

动车动轮牵引力与机车相同,也受黏着条件的限制,即可实现的最大黏着牵引力 F_μ 为：

$$F_\mu = P_\mu g \mu \quad \text{(kN)} \tag{8-51}$$

式中： P_μ ——动车组所有动轮对钢轨的垂直载荷之和(t)。

(2)牵引力限制

动车组牵引力计算可根据牵引特性曲线取值。CRH1、CRH2全功率牵引特性分别如图8-7和图8-8所示,动车组牵引性能特点有：

①低速区轮周牵引力恒定(图8-7)或随速度升高面略有下降(图8-8),动力分散型高速动车组在启动时及低速范围的牵引力略低于黏着牵引力;

②高速区为恒功率范围,牵引力随速度升高而呈现双曲线关系下降,CRH1和CRH2动

车组的恒功率范围起始点约为50km/h和125km/h(图8-7、图8-8);

③高速动车组大都采用轻质材料,牵引力明显比大功率机车要小。

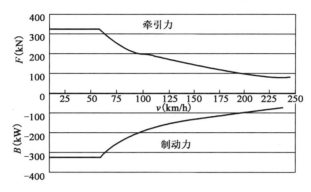

图8-7　CRH1型动车组牵引、制动特性曲线

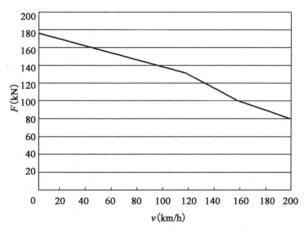

图8-8　CRH2型动车组全功率牵引特性曲线

(3)牵引力计算

根据动车组不同的速度,查动车组牵引特性曲线,可以得出该速度对应的牵引力。若已知v_x对应的牵引力为F_x,则其单位牵引力f_x为

$$f_x = \frac{F_x \times 10^3}{Mg} \quad (\text{N/kN}) \tag{8-52}$$

式中:M——动车组总质量(t)。

3)运行阻力

动车组运行阻力按其产生原因,可分为基本阻力和附加阻力

(1)基本阻力

动车组基本阻力产生的原因同机车车辆。实际运用中,也采用以速度为参变量的一元二次经验公式进行计算。CRH动车组的单位基本阻力计算公式如下。

CRH1动车组:

$$w_0 = 1.12 + 0.00542v + 0.000146v^2 \quad (\text{N/kN}) \tag{8-53}$$

CRH2动车组：
$$w_0 = 0.88 + 0.00744v + 0.000114v^2 \quad (\text{N/kN}) \tag{8-54}$$
CRH3动车组：
$$w_0 = 0.42 + 0.0016v + 0.000132v^2 \quad (\text{N/kN}) \tag{8-55}$$
CRH4动车组：
$$w_0 = 1.65 + 0.0001v + 0.000179v^2 \quad (\text{N/kN}) \tag{8-56}$$

(2)附加阻力

动车组的附加阻力也分为三类：坡道附加阻力、曲线附加阻力、隧道附加阻力。它们的计算方法同一般列车。各类单位附加阻力之和的加算坡道的坡度值为：
$$i_j = i + i_r + i_s \quad (‰) \tag{8-57}$$

(3)动车组阻力

动车组的运行阻力(W)等于基本阻力(W_0)和附加阻力(W_j)之和：
$$W = W_0 + W_j = (\omega_0 + i_j)Mg \quad (\text{N}) \tag{8-58}$$

动车组单位基本阻力：
$$w = w_0 + i_j \quad (\text{N/kN}) \tag{8-59}$$

4)制动力

(1)制动分类

动车组制动按用途可分为如下四类。

①常用制动，指动车组控制列车速度或进站停车所施行的制动。

②非常制动，指动车组在紧急情况下为使列车尽快停住而施加的制动。其特点是使用了电制动和空气制动的联合制动，制动作用迅猛，有时称为快速制动。

③紧急制动，指动车组在紧急情况下仅用空气制动全力制动将列车制停。

④辅助制动，指动车组在某些特殊情况（如救援、回送、常用制动电路发生故障等）下施行的制动。

(2)制动力计算

动车组的制动系统是一种由再生(电)制动和盘形制动组成的复合制动系统。车载计算通过控制单元(Brake Control Unit，简称BCU)优先采用再生制动，盘形制动作为再生制动的后备与补充。CRH2动车组采用"推车优先延迟充气控制"，当动车的再生制动不足以完全承担拖车所需的制动力时，BCU会启动拖车盘形制动作为补充；若拖车的盘形制动仍不能满足自身制动需求时，BCU启动动车的盘形制动作为补充；当再生制动不起作用时，BCU将启动拖车和动车盘形制动。

CRH2动车组在不同速度范围内的制动力情况如下：

①在速度15km/h以下不使用再生制动；

②在速度15~70km/h范围内为变压变频调速(Variable Voltage Varible Frequency，简称VVVF)控制的恒力(或恒转区)；

③在速度70~250km/h范围内，制动力受电机功率的限制，随着速度的升高而减少。

电制动力计算一般参考动车组电制动特性曲线，如图8-9所示，运用线性插值法或曲线拟合法求算。

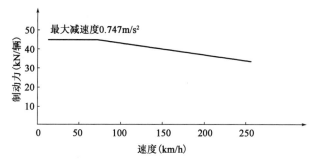

图 8-9 CRH2 动车组再生制动性能曲线

8.4.2 动车组运行计算

1)运动方程

在动车组运行计算中,动车组也简化为一个刚性系统,因此,动车组运动方程推导原理与机车车辆组成的列车方程相同,动车组运动方程的一般形式为:

$$\frac{dv}{dt} = \xi c \tag{8-60}$$

动车组加速度系数 ξ 的值受车型及其回转质量系数 γ(车辆回转动能的折算质量与车辆总质量的比值)而异,可通过试验得出,对于动车组来说,一般规律是动车 γ 值大于拖车;动车和拖车组成列车后,原则上 γ 值按质量加权平均值计算。如动力集中式的动车组 γ 值一般可取 0.06~0.08;动力分散式动车组取 0.08~0.11。根据有限差分法,动车组在每个速度间隔内的运行时间和速度可用下式计算:

$$\Delta t = \frac{60(v_2 - v_1)}{\xi c} \quad (\text{min}) \tag{8-61}$$

$$\Delta s = \frac{500(v_2^2 - v_1^2)}{\xi c} \quad (\text{m}) \tag{8-62}$$

2)动车组制动距离计算

对于动车组来说,制动不仅仅是安全问题,它还是限制动车组速度进一步提高的重要因素。高速动车组除要具备较大的牵引功率外,还必须拥有足够强的制动能力。从能量的角度分析,列车的制动能量和速度的平方成正比,时速 200~250km 的动车组的制动能量约为普速列车的 4~10 倍。

动车组制动时,制动指令由 BCU 将控制信号传送至电空转换阀时会有一定的延迟,从而造成各车的制动缸不可能同时充气、增压。为了简化计算,按照距离等效原则,动车组的制动距离也分为两段:空走距离和有效制动距离。

空走距离:

$$s_k = \frac{v_0 \cdot t_k}{3.6} \quad (\text{m}) \tag{8-63}$$

有效制动距离:

$$s_e = \sum \frac{500(v_2^2 - v_1^2)}{\xi c} = \sum \frac{500(v_2^2 - v_1^2)}{\xi(b + w_0 + i_j)} \quad (\text{m}) \tag{8-64}$$

8.5 列车运行计算电算化

8.5.1 电算化概述

由前所述,列车运行计算涉及较为复杂的计算工作,利用计算机工具进行列车运行计算称之为列车运行计算电算化,简称列车运行电算。

1)列车运行电算模型

列车运行计算模型主要为列车模型和牵引模型。

(1)列车模型

列车运行计算的运动方程所假定条件是:整个列车的质量都集中在列车长度的中心点,且列车是一个刚性系统,这两点假定与实际存在较大的差异。如制定列车区间限速,是以列车头部抵达限速点为准,而非列车中心点。当今高速铁路列车运行时速数百公里,半个列车长度也对列车速度变化有一定的影响。此外,对于由车钩串接成列的列车,每个车辆不可能瞬间同步加速或减速,因此列车更像一个"弹性链"。若将列车中各车辆当作单独的质点,那么,用多质点来描述列车的运动规律更符合实际。

①单质点模型。

将列车视为一个没有尺寸的质点,所有的受力都在质点上。因此,单质点模型的分析计算比较简单,容易实现。以往的手工计算和早期列车牵引电算软件,均采用此类模型。单质点模型的缺点是对列车运行过程描述过于简略,会有一定的计算误差。

②多质点模型。

列车由多个车辆编挂而成。行驶在不同的线路环境中(线路平纵断面不同),各辆车所受力的情况实际上是不同的。因此,以每辆车为一个质点,则可以较好地反映现实情况,相对于单质点模型,多质点模型的受力分析更加复杂,但计算结果误差相对较小。

(2)牵引模型

牵引模型是描述列车牵引过程的数学模型。在列车运行方程基础上,针对列车启动、牵引、惰行、制动不同工况,分别建立相应的列车运行状态计算模型,并且能根据不同的平纵断面情况,通过道岔、信号机等特殊线路设备的限速要求,描述列车运动状态的变化。由于列车运行状态过于复杂,难以建立确定的解析模型。实际工作中基本上采用计算机模拟算法,以时间或距离间隔为步长,近似描述列车运行过程。随着大型、高性能计算机的问世,多质点模型也可以在可接受的时间里得出列车运行计算的结果。

2)列车运行电算模型的发展

随着计算机技术和计算机性能的飞速发展,计算机数据与图形处理能力大大加强,为列车运行计算电算化的优化提供了良好的基础与工具。目前以中国铁道科学研究院车辆研究所开发的TREC-CARS列车运行计算机程序为代表的现代列车运行计算程序,与早期列车牵引电算程序相比,有了质的飞跃,主要表现在以下几方面。

①一次允许计算的线路长度大大增加,适用于现代运算速度快、存贮容量大的高性能计算机,大大提高了基础数据处理能力,从而使一次性计算规模扩大。

②程序整体性好,具有良好的用户界面。程序在Windows系统下运行,所有功能可在统一的中文菜单提示下操作。

③程序应用目的多样化。程序中的列车运行模型采用多质点的列车动力学数学模型,可以对列车中每一节车辆所在线路位置及所受载荷进行分析并计算列车运动状态和过程。

④具有计算机仿真功能。程序采用列车操纵模拟方式,使用者可通过列车操纵指令进行列车运行计算。而且应用计算机动画技术,使列车运行计算过程和结果可以根据用户的要求实现可视化,直观形象地反映列车运行计算的结果。

8.5.2 列车运行计算程序简介

开发列车运行计算程序,涉及大量专业和计算机方面的知识与要求,一般来说要处理好以下4个问题。

1) 数据的准备与格式的设计

列车运行计算需要大量的数据,主要可划分为以下三类。

(1) 机车数据,将不同种类与类别的机车牵引特性和动力制动特性,通过"插值法"或分段函数方法,转化成计算机可以读取的数据。机车的阻力特性只要保存各工况下的阻力计算系数即可。一般可通过数据库设计,事先存于计算机中。

(2) 线路数据,其是列车运行计算中数据量最大的数据,尤其是坡段和曲线的数据随线路长度的增加与平纵断面复杂程度上升而增加。一般按线路名称、线路坡道、线路曲线、线路信号机位置、车站位置等分类进行数据组织。由于这部分数据需要人工输入,程序应提供方便、快速的输入功能。通过数据库的合理设计,达到既节省存贮容量,又方便程序对线路数据的读取与使用目的。

(3) 有关列车、运行和环境的数据,指除机车、线路等相对固定的原始数据之外的一些与列车组成、列车运行要求等有关的数据。如列车初始状态、位置与速度;机车初始手柄位置、列车阻力、牵引质量和列车制动等计算的相关参数;不同车站进出站道岔限速(与在该站是否停车有关);海拔高度与环境温度相关的内燃机车牵引力修正系数等。这类数据比较繁杂,其中一部分为固定数据,可通过编程的方法,预置于计算机中,使用时直接读取。

2) 建立模型

以列车运动方程为基础,以列车运行速度为主要自变量,建立与其相关的牵引力、阻力、制动力、合力等计算模型。通过近似积分解算方法,分段计算列车在线路某一段上的运行时分、运行距离,进而求得从每段(或该线路)计算始点至计算终点的累计时间和累计距离。

3) 算法设计

列车运行计算中,最为复杂的是牵引工况合理切换的选择(含进站限速制动)与某一坡段末速的确定。通过算法的合理设计,实现列车运行计算的自动化,自动减少人工干预的不确定性。算法粗框图见图8-10。在算法中可添加一些子程序,同时计算机车燃料消耗数量等数据。

4) 结果输出

完成列车运行计算后,将数值型的列车运行计算结果,转化为图形化的速度、时分曲线,既可以在屏幕上动态显示计算的结果,还能通过绘图仪或打印机,按用户需要输出图形结果。根据需求还可以添加一些小模块,做到对各区段的平均速度、运行时分及能耗等指标的统计分析,供线路设计中方案比选使用。对需要保留的计算条件与结果数据,以文件方式存贮在磁盘上,便于用户的随时查阅或重新计算。

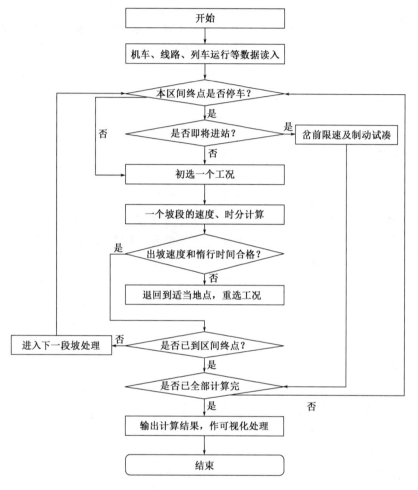

图8-10 列车运行速度、时间计算程序框图

复习思考题

1. 机车牵引力为什么只能来自于轮轨接触点?牵引力产生的必要条件有哪些?
2. 简述单位基本阻力经验公式里 A、Bv、Cv^2 分别主要反映了何种阻力构成。
3. 何谓列车运行的"均衡速度"?为什么说常用制动的均衡速度实质是一种限速?
4. 列车制动过程中的空走时间与线路坡度的关系是什么?
5. 按照动能的转移方式,动车组采用的制动方式有哪几种?
6. 与普速铁路相比,动车组制动的不同意义表现在哪些方面?

第9章 列车运行组织

轨道交通系统在组织旅客和货物运输的生产过程中，列车运行是一个十分复杂和重要的环节，它要利用多种轨道交通技术设备，要求各个部门、各个工种、各项作业之间互相协调配合，才能保证行车安全和提高运输效率。列车运行组织的主要内容包括：车流组织和列车编组计划制订、列车运行图编制和铁路通过能力计算、车站行车组织工作安排、铁路运输生产计划编制等。

9.1 列车的编组

9.1.1 列车的定义、分类及车次

铁路车辆按规定重量、长度及编挂条件编成车列，挂上机车和规定的列车标志并指定有列车车次时，称为列车。

列车按运输性质和用途分为旅客列车、货物列车、行包快运专列以及单机和路用列车（如救援列车、试运转列车等）。为判明列车的性质和等级，便于列车运行组织和管理，每类列车都被给予一定的编号，称为车次。原则上规定开往北京或由支线开往干线的列车为上行列车，编为双号车次；反之为下行列车，编为单号车次。

表9-1列出了我国主要货物列车分类及车次情况。

我国主要货物列车分类及车次　　　　　　表9-1

序号	列车种类	性质或用途	编定车次
1	始发直达列车	在一个或相邻几个车站装车后编组，通过一个及其以上编组站不进行改编作业的列车	85001~85998
2	技术直达列车	在技术站编组，通过一个及其以上编组站不进行改编作业的列车	10001~19998
3	直通货物列车	在技术站编组，通过一个及其以上区段站不进行改编作业的列车	20001~29998
4	区段货物列车	在技术站编组，到达相邻技术站、区段站不进行摘挂作业的列车	30001~39998
5	摘挂列车	在技术站编组，并在相邻区段内各中间站进行摘挂作业的列车	40001~44998
6	小运转列车	在管内各站间开行的列车	45001~49998
7	重载货物列车	牵引质量达到5000t及其以上的列车	70001~72998
8	五定班列	定点、定线、定车次、定时、定价的快运列车	80001~81998
9	快运货物列车	快速运输鲜活易腐及其他急运货物的列车	82701~82798

9.1.2 货物列车牵引定数及换算长度

1)货物列车牵引定数

一定的机车类型和数量,在某一区段所能牵引的列车质量标准,叫作列车牵引定数或牵引质量。列车牵引定数是按机车牵引列车在牵引区段内的限制坡道上以计算速度作等速运行(机车牵引力等于列车阻力)的条件下,根据下列公式计算(重力加速度g的近似值取10m/s²),并通过牵引实验确定的:

$$G = \frac{\lambda_y F_j - P(w_0' + i_x)}{w_0'' + i_x} \quad (t) \tag{9-1}$$

式中:G——机车牵引质量(t);
  F_j——机车的计算牵引力(kN);
  P——每台机车计算质量(t);
  i_x——限制坡度(‰);
  w_0'——机车单位基本阻力(N/kN);
  w_0''——车辆单位基本阻力(N/kN);
  λ_y——机车牵引力使用系数,取0.9。

例如:某区段限制坡度为7‰,机车牵引力为30200kN,该机车的计算质量为$P=138t$,若$w_0'=6N/kN,w_0''=1.2N/kN$,则该区段货物列车的牵引质量应为:

$$G = \frac{0.9 \times 30200 - 138 \times (1.6 + 7)}{1.2 + 7} = 3170 \ (t) \approx 3150t$$

根据计算结果,牵引质量初步定为3150t(以50t为倍数,不足50t时舍去),最后经过起动等多方面的检验最终确定。若货车的平均总质量$q_总$为70t,可求得该区段的货物列车编成数:

$$m_{均} = \frac{G}{q_{总}} = \frac{3150}{70} = 45 \ (辆)$$

2)换算长度

列车的长度一般以换算长度(简称"换长")表示,通常以11m为一个换长。除牵引动力外,列车所编挂的机车、车辆换算长度的总和称为列车换算长度。上例中,当机车车辆的平均换算长度为1.3时,列车的换算长度为45×1.3=58.5。

9.1.3 列车编组顺序表

车站对所编组始发的列车,应按车辆在列车中的编挂顺序将车辆资料填入列车顺序表中,其格式见图9-1。

列车编组顺序表是列车中车辆的清单,也是站车之间、铁路局之间进行车辆及有关单据交接的依据,同时还是车站与铁路局调度所间传递列车确报,以及进行运输统计的主要原始资料。此外,列车编组顺序表还用于可以检查列车的重量和长度、机车车辆的编挂及装载危险、易燃货物车辆的隔离等情况是否符合有关规定。

___站编组 ___站解组 年 月 日 时 分 ___次列车												
自首尾(不用字抹销) 制表者 检查者												
顺序	吨位车种	罐车油种	车号	自重	换长	载重	到站	货物名称	收货人或卸线	发站	篷布	记事
1												
2												
3												
58												
59												
60												
自编组站出发及在途中站摘挂后列车编组												
站车	客车	货车				守车	其他	合计	自重	载重	总重	换长	铁路篷布合计
		重车	空车	非运用车	其中代客							
到达 月 日 时 分 交接 时 分 车长												

图9-1 列车编组顺序表

9.2 车流组织与货物列车编组计划

9.2.1 车流组织

车流是指在一定时期内,在某一方向、某一区段或某一车站上,车辆的去向或到站(流向)和数量(流量)的总称。装车站装出的重车向卸车地点输送就形成重车流,卸车站把卸车后的富余空车向装车地点派送,又形成空车流。重、空车流有目的的移动和相互转化过程,也就是铁路完成货物运输的主要过程。

在铁路上,货车通常是以编成符合一定规格的列车进行长距离运送的。在流向有同有异、流量有大有小、流程有远有近,各站设备条件不尽相同、作业性质与能力互有差异等错综复杂的条件下,如何将发到站各不相同的重车流及不同车种的空车流合理地组织起来,在适当的地点编组各种不同去向和种类的列车,并使之互相配台、互相衔接,保证各站产生的车流都能迅速而经济地运送到目的地,这就是车流组织需要解决的问题。

1)车流组织的基础——货流

在一定时期内,货物由发送地点向到达地点输送就形成货流。货流包含4个主要因素,即流量、流向、运距和构成与分布。流量是以吨计量的货物批量,流向是货物的流动方向,运距是货物从发送地至到达地在路网上的运输距离,货流的构成与分布取决于各地区之间各种产品的生产、供应和销售关系。为了有效地规划和组织铁路货物运输工作,应通过深入细致的经济调查,分析研究货源货流的变化规律,进行货流预测,为编制铁路货物运输计划提供依据。铁路货物运输计划中所规定的发到站别、品类别、货物发送吨,称为计划货流。

(1)货运量(N)为各站货物发送吨数的总和,等于各支货流量的总和,即:

$$N = \sum N_i = \sum n_j \quad (t) \tag{9-2}$$

式中:N_i——各站货物发送吨数(t);
n_j——各支货流量(t)。

(2)各区段的货运密度(D)为通过各区段的货流量的总和,即:

$$D = \sum D_i \quad (t) \tag{9-3}$$

式中:D_i——通过各区段的货流量(t)。

(3)货物周转量(T)为各区段的货流密度与该区段的长度乘积的总和,即:

$$T = \sum D_i L_i \quad (t \cdot km) \tag{9-4}$$

式中:L_i——各区段的长度(km);
D_i——通过各区段的货流量(t)。

(4)货物平均运距(S)为货物周转量(T)与货运量(N)的比值,即:

$$S = \frac{T}{N} \quad (km) \tag{9-5}$$

2)货流转化为车流

货物需要装入适当类型的货车进行输送。根据历年统计资料可求得各车种装运各种货物时的一车平均装载吨数,即货车的净载重。因此,可用下式确定各支货流的日均装车数:

$$日均装车数 = \frac{全年计划货流量}{365 \times 货车平均净载重} \quad (车) \tag{9-6}$$

这样,即可把年度计划货流转化为日均计划重车流。

3)车流转化为列车流

有了各区段上下行重空车流及重空列车编成车数标准后,即可按下式确定各区段开行的货物列车车数n:

$$n = \frac{N_重}{m_重} + \frac{N_空}{m_空} \tag{9-7}$$

式中:$N_重$、$N_空$——分别为各区段下行(或上行)的通过重车流和空车流;
$m_重$、$m_空$——分别为各区段的重、空车货物列车编成车数。

一般情况下,区段内的列车均采用上下行方向成对运行方式,因此所求得的结果也就是各区段日均运行的货物列车对数。上述从货流到车流、从车流到列车流的转化过程,只是原则性地说明了它们之间的关系,而如何经济合理地将车流组成各种列车这一复杂的问题,是通过列车编组计划解决的。

9.2.2 列车编组计划

列车编组计划是全路车流组织的规划,包括装车地直达列车编组方案和技术站列车编组方案两大组成部分,它根据全路车流结构、各站设备能力和作业条件,统一安排各种货物列车的编解作业任务,具体规定各货运站、编组站和区段站编组列车的种类、到站及车组编挂办法。

列车编组计划是铁路行车组织工作的较长时期的基础性计划,它的正确编制与严格执行可以充分发挥各站技术设备的潜力,提高运输效率。

1)装车地直达列车编组计划

在装车地利用自装车流编组,通过一个或以上编组站(或规定有作业的区段站)不进行改编作业的列车,称为装车地直达列车。装车地直达列车能最大限度地减少中间作业环节,从而降低了运输成本,减轻了运行途中有关技术站的改编作业负担,加速了机车车辆周转和货物送达。因此,各国铁路都十分重视,并将其作为铁路首要的车流组织形式。

在制定装车直达列车编组计划时,应认真考虑以下条件:

(1)有一定数量的直达车流,能保证经常开行。

(2)装卸站或企业专用线的货运设备(诸如货位、储仓、装卸线等)具备组织直达列车的能力。

(3)装卸站调车设备及其作业能力可满足编组直达列车的需要。

(4)有足够的空车供应等。

2)技术站列车编组计划

每个车站每天所装的车辆,不可能全部用来组织始发直达列车。凡是没有被装车地直达列车吸收的车流,都应该用摘挂列车或区段小运转列车送到临近的技术站,以便和技术站自装车流合在一起分别编组不同种类和到站的列车。在一般情况下,每个区段都要开行摘挂列车和区段列车,因而编制技术站列车编组计划主要是确定技术直达列车和直通列车的编组问题。

在技术站编组列车时,每一去向的车流都是陆续到达的,必须将各衔接方向到解列车陆续挂来的有调中转车流和本站各装卸地点陆续取出的装卸完的零星车流,按去向分解到固定使用的调车线内,使之凑足规定重量或长度的车列,然后才能进行编组。由于集成成列时先到的车组要等待后到的车组,这就产生了车辆集结过程。一个去向一昼夜的集结车小时消耗总数通常以 cm 表示(c 称为集结参数,按 8~11 取值,m 为列车编成辆数)。这是技术站编组直达列车不利的一面。但是,在技术站所编的直达或直通列车又减少了沿途各技术站的改编过程。从而一昼夜又可得到 $N_直 \sum t_节$ 的车小时节省($N_直$ 为该去向的日均车流量,$\sum t_节$ 为货车无改编通过沿途技术站节省的车小时总数)。显然,当 $N_直 \sum t_节 \geq cm$ 时,组织该去向的直达或直通列车就是有利的。然而这一判别式只是就某一个编组去向而言的,在方向上车流可分可合,无改变运行距离可远可近,单就某一车站某支车流进行检查是远远不够的,还必须就整个方向综合研究各种车流组合方案并结合各站的设备和工作条件,为此,应从中选择既经济又切实可行的技术站列车编组方案。

列车编组计划是科学地组织车流、综合运用全路站场设备的部署,它将车流组织成为列车流。它规定了铁路应开行的货物列车的种类、数量及发到站,至于这些列车如何在各区段内运行的问题,则须通过正确编制与严格执行列车运行图来解决。

9.3 列车运行图

9.3.1 列车运行图的性质和作用

列车运行图是表示列车在轨道区间运行及在车站到发或通过时刻的技术文件,它规定各车次列车占用区间的顺序,列车在每个车站的到达和出发(或通过)时刻、列车在区间的运行时间、列车在车站的停站时间以及机车交路、列车重量和长度等,是全路组织列车运行的基础。

列车运行图实质上是列车运行的图解,它以横轴表示时间,纵轴表示距离,图上的斜线称为列车运行线。为区别每一列车的不同性质和用途,运行图用不同颜色和符号的运行线来表示不同种类的列车,并对每条运行线冠以相应的车次,标在区段的首末两端区间相应列车运行线的上方。上行列车车次为双数,下行列车车次为单数,见表9-2。

列车运行线表示方法   表9-2

列车种类	列车运行线路	说明
旅客列车	————————	红单线
临时旅客列车、旅游列车	——‖——‖——	红单线加红双线
行包快运列车	——○——○——	蓝单线加红圈
货运"五定列车"	——○——○——	蓝单线加蓝圈
快运货物列车、直达列车、货物重载列车	————————	蓝单线
直通货物列车、区段货物列车、小运转列车	————————	黑单线
摘挂列车	——+——|——	黑单线加"+"、"|"
路用列车	——○——○——	黑单线加蓝圈
单机	——△——△——	黑单线加黑三角
货物列车附挂补机	════════	黑单细线加细间隔线
回送客车底列车	——□——□——	红单线加红方块

此外,在列车运行图上还应表明区段名称、各站站名、区间公里、延长公里、闭塞方式、机车类型、列车重量和换长等必要的资料。

9.3.2 列车运行图的分类

1)按时间轴刻度分类

列车运行图按时间轴刻度不同,分为一分格运行图、二分格运行图、十分格运行图、小时格运行图。

如图9-2所示,在一分格运行图上,横轴以1min为单位用竖线进行等分。此种运行图主要在城市轨道交通(地铁、轻轨)线路采用。在二分格运行图上,横轴以2min为单位用竖线进行等分。此种运行图主要在市郊铁路线路采用。在十分格运行图上,横轴以10min为单位用竖线进行等分,并且在运行图上需标注10min以下的数值,此种运行图主要在轨道交通运输企业采用。在小时格运行图上,横轴以60min为单位用竖线进行等分,并且在运行图上需标注60min以下的数值,此种运行图主要在编制旅客列车方案图、机车周转图时采用。

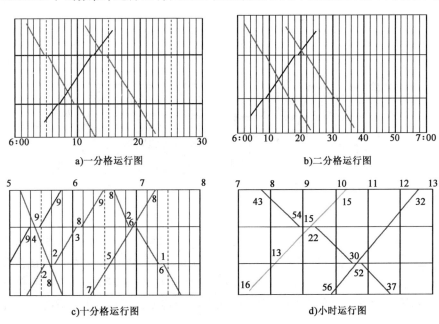

图9-2 按时间刻度划分的列车运行图

2)按区间正线数目分类

如图9-3所示,列车运行图按照区间正线数目的不同,分为单线运行图和双线运行图。

单线运行图的特点是上下行列车均在同一条正线上运行,从而使得列车会让必须在车站上进行。双线运行图的特点是上下行列车分别在各自的正线上运行,互不干扰,因而对向列车可以在区间内或车站上交会,但同方向列车的越行仍须在车站上进行。

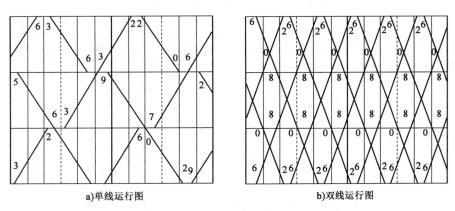

图9-3 单线运行图与双线运行图

3) 按各种列车运行速度分类

列车运行图按各种列车运行速度的不同，分为平行运行图和非平行运行图。

凡同一方向列车在同一区间内的运行速度都相同，因而其运行线互相平行，并在区段内没有列车越行的，称为平行运行图；凡具有不同种类和运行速度的列车运行图，同方向列车的运行线不相平行，称为非平行运行图。非平行运行图也叫普通运行图或商务运行图，是铁路普遍采用的运行图。

4) 按上下行方向列车数目分类

如图9-4所示，列车运行图按上下行方向列车数目是否相同，分为成对运行图和不成对运行图。

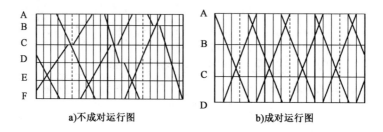

图9-4 不成对运行图和成对运行图

5) 按同方向列车是否追踪运行分类

列车运行图按同方向列车是否追踪运行，分为追踪运行图和非追踪运行图。在自动闭塞区段同方向列车允许以闭塞分区为间隔追踪运行，采用追踪运行图。在非自动闭塞区段，同方向列车只允许以站间区间或所间区间为间隔连发运行，即一般情况下只能采用非追踪运行图。

以上各种运行图分类方法，都是单就某一特点加以区分的，实际上每张运行图都同时具有几个方面的特征，如图9-5所示。

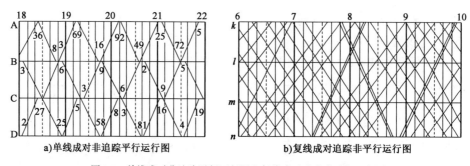

图9-5 单线成对非追踪平行运行图和复线成对追踪非平行运行图

9.3.3 列车运行图的编制

列车运行图的编制工作是一个复杂的过程。我国铁路一般每两年在全路编制一次运行图，在执行中允许根据需要进行局部调整。同时，为适应季节性旅客运输需要，如春节旅客运输和暑期旅客运输旺季等，则须编制增加临时客车和旅游列车的运行图。

列车运行图的编制,必须贯彻国家在这一时期的方针政策,并符合以下要求:

(1)确保列车运行的安全。

(2)适应运输市场需求,迅速、便利地运输旅客和货物。

(3)充分利用运输能力,经济合理地运用机车车辆和安排施工时间。

(4)做好列车运行线与车流的结合。

(5)各站、各区段间运输工作的协调和均衡。

(6)合理安排乘务人员作息时间。

为加快编图进度,列车运行图一般采取集中与分散相结合的方法进行编制:旅客列车运行图采取在国铁集团直接领导下集中编制的方法;货物列车运行图采取先集中编制跨局列车运行图、后分散编制各局管内列车运行图的编制方法。列车运行线的铺画原则上采取先客后货、先快后慢、先直通后管内、先编初步方案再具体铺画详图的方法。

为了保证客货列车按运行图运行和经济合理地运用机车,各铁路局会在编制列车运行图的同时绘制机车周转图。机车周转图是根据该区段所采用的机车运转制和乘务制度,以及列车运行方案编制的机车运用工作计划。

列车运行图在很大程度上反映着整个铁路行车组织工作的水平,提高运行图编制质量,就可以在改善对旅客的服务、加速货物送达,扩大铁路在运输市场竞争中的优势,以及改进机车车辆运用和更好地利用区段通过能力等方面获得显著的技术经济效果。

9.3.4 列车运行图的主要质量指标

列车运行图编制完成后,各铁路局应对运行图编制质量进行全面检查,并在确认完全符合规定要求后计算运行图质量指标。

(1)列车旅行速度 $v_{旅}$,即机车牵引列车在区段内的平均速度:

$$v_{旅} = \frac{L_{区段}}{\sum t + \sum t_{停}} \quad (\text{km/h}) \tag{9-8}$$

(2)列车技术速度 $v_{技}$,即机车牵引列车在各区段的各区间内,每小时平均走行公里数(只计算 $\sum t$,而不考虑 $\sum t_{停}$):

$$v_{技} = \frac{L_{区段}}{\sum t} \quad (\text{km/h}) \tag{9-9}$$

式中:$L_{区段}$——区段长度(km);

$\sum t$——列车在区段内纯运转时间的总和(h);

$\sum t_{停}$——列车在区段内各中间站停留时间的总和(h)。

(3)机车全周转时间 $T_{全}$,即机车在一个牵引区段内往返一次平均消耗的时间。如图9-6所示,当机车交路采用肩回运转制时,机车在一个牵引区段内往返一次,需要经过以下4个过程:

①机车从机务段所在车站牵引列车到折返段所在车站,所花费的时间用 $T_{折}$ 表示。

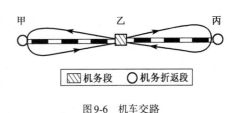

图9-6 机车交路

②机车从折返段所在车站停留后进入折返段,在折返段停留,进行整备作业、日常检查后,再出段开到车站并等待出发,总时间用 $T_标$ 表示。

③机车从折返段所在车站牵引列车返回机务段所在车站,所花费的时间用 $T_旅$ 表示。

④机车从机务段所在车站停留后进入机务段,在机务段停留,机车乘务人员进行交接班,为下一次运行进行整备作业、日常检查后再出段开到车站并等待出发,总时间用 $T_机$ 表示。

机车全周转时间($T_全$)就是以上四部分时间的总和:

$$T_全 = T_折 + T_标 + T_旅 + T_机 \quad (\text{h}) \tag{9-10}$$

(4)机车日车公里 $S_日$,即平均每台机车在一昼夜内完成的走行公里数:

$$S_日 = \frac{24}{T_全} \times 2L_{区段} \quad [\text{km}/(\text{台}\cdot\text{d})] \tag{9-11}$$

9.4 车站行车组织工作

车站(线路所)根据行车闭塞方式及技术设备条件,按规定程序办理列车接、发、通过工作。车站是铁路运输企业的基层生产单位,是客货运输的起始、中转和终到地点,铁路运输生产过程中的绝大部分作业环节都是在车站上进行的,车站工作的质量直接影响着铁路区段,乃至整个路网运输工作的安全性、准确性、连续性和节奏性,决定着全路运输工作任务完成的数量和质量。因此,正确组织车站工作,特别是车站的行车组织工作,对于保证实现安全、正点、畅通、优质、高效等运输生产管理的基本要求有着十分重要的意义。

车站技术管理和作业组织应在车站行车工作细则中具体规定,其主要内容包括:车站技术设备的使用和管理、接发列车和调车工作的组织、列车和车辆的技术作业程序、车站作业计划与调度,以及车站通过能力和改编能力的计算等。

9.4.1 接发列车作业

接发列车作业是铁路运输生产活动的一项重要内容,直接关系到安全正点和运输效率。保证不间断地接发列车,严格按列车运行图行车是对车站接发列车工作组织的基本要求,车站的接发列车工作由车站值班员统一指挥。

1)接车作业

接到发车站闭塞请求(双线为发车预告)时,车站值班员在确认区间空闲后,与邻站办理闭塞手续及确定接车线路(空闲或预计空闲线路),将接车计划通知有关人员并指示检查接车线路。列车由邻站出发后,车站值班员应复诵发车站开车通知和填写行车日志,并及时通知信号员或扳道员(长)停止影响进路的调车作业,而后发布准备接车进路的命令。经确认接车线路空闲、进路道岔位置正确、影响进路的调车工作已经停止后,方可开放进站信号。当接到信号员或扳道员(长)关于列车接近的报告后,车站值班员应通知有关人员迎接列车。车站值班员听取列车整列到达的报告后,随即关闭进站信号,解锁进路并办理闭塞复原手续、开通区间，最后将列车到达时刻通知发车站、填记行车日志和向列车调度员报点。

2) 发车作业

发车站值班员在确认区间空闲后，向接车站请求闭塞（双线为发出发车预告），办理闭塞手续并填记行车日志后，进行准备发车进路工作。首先通知信号员或扳道员（长）停止影响进路的调车作业，接着发布准备发车进路命令，经确认进路准备妥当、影响进路的调车作业已经停止后，方可开放出站信号，指示助理值班员发车。助理值班员确认发车条件具备后，方可显示发车指示信号。列车启动后，车站值班员及时将发车时刻通知接车站并填记行车日志，在接到信号员或扳道员（长）关于列车整列出站的报告后，及时解锁进路，向列车调度员报点。

3) 放行通过或到开列车的作业

当所接发的列车在本站不停车通过或是停站时间很短时，车站的作业内容及办理手续相当于同时办理接车和发车两项工作。布置进路时应同时准备接车和发车进路，但如经由到发线通过或由于车站设备条件限制致使正线亦需分段办理通过进路时，应先开放出站信号，后开放进站信号。

在采用调度集中（Centralized Traffic Control，简称CTC）设备的区段，在分散自律调度集中条件下，车站接发列车作业与列车运行监督调整作为一个整体，由列车调度员集中办理。此时，各车站的接发列车进路由列车调度员通过程序控制集中办理，行车闭塞、列车进路、信号开闭以及填写行车日志、报点等工作均可根据列车运行计划自动完成，车站值班员仅按列车调度员指示负责迎送列车和指示发车工作。当分散自律调度集中条件转变为非常站控条件时，车站的接发列车工作才由车站值班员统一指挥。

9.4.2 货物列车及货车的技术作业

铁路技术站和货运站的主要生产活动是办理各种货物列车及货物车辆的技术作业。

1) 货物列车技术作业过程

(1) 到达解体列车

到达车站后需要进行解体的列车称为到达解体列车。为了压缩等待时间，车站工作人员在列车进站前应做好各项准备工作，如调车区长应根据列车编组确报制定解体调车作业计划，车站值班员应指定接车线路并通知列检组等有关人员提前出动做好接车准备等工作。列车进站时，有关人员要检查列车走行状况，列车停妥后立即开始进行各项技术作业。

(2) 始发编组列车

始发编组列车是指由车站编组站始发的列车。为缩短作业延续时间，车站值班员应提前与有关单位联系，组织机车按时出段，列检人员及时出动。车号员应在车列集合和编组过程中填制出发列车的编组顺序表（图9-7）。在车列转至发车线后，立即进行车辆技术检查及检修、挂机车及试风、货运检查及整理、车号员核对现车及司机（或运转车长）接收票据，以及准备发车等项工作。

___站编组 ___站终到___年___月___日___时___分　　___次列车

自首尾(不用字抹销)　　　　制表者　　　　检查者

顺序	室种	罐车油种	车号	自重	换长	载重	到站	货物名称	发站	篷布	或收 卸货 线人	记事

<table>
<tr><td colspan="18">自编组站出发及在途中站摘挂后列车编组</td></tr>
<tr><td></td><td colspan="5">客　车</td><td colspan="4">货　车</td><td rowspan="3">守车</td><td rowspan="3">其他</td><td rowspan="3">合计</td><td rowspan="3">自重</td><td rowspan="3">载重</td><td rowspan="3">总重</td><td rowspan="3">换长</td><td rowspan="3">铁路篷布合计</td></tr>
<tr><td rowspan="2">站名</td><td rowspan="2">合计</td><td colspan="4">其　中</td><td rowspan="2">重车</td><td rowspan="2">空车</td><td rowspan="2">非运用车</td><td rowspan="2">其中代客</td></tr>
<tr><td>原编组客车</td><td>担当局</td><td>加挂客车</td><td>担当局</td></tr>
<tr><td></td><td></td><td></td><td></td><td></td><td></td><td></td><td></td><td></td><td></td><td></td><td></td><td></td><td></td><td></td><td></td><td></td><td></td></tr>
<tr><td></td><td></td><td></td><td></td><td></td><td></td><td></td><td></td><td></td><td></td><td></td><td></td><td></td><td></td><td></td><td></td><td></td><td></td></tr>
</table>

到达时间　月　日　时　分　　　　交接时间　时　分　车长签字

图9-7　列车编组顺序表

(3)无调中转列车

无调中转列车是指在本站不进行改编作业,而只是在直通场(到发场)进行到发技术作业后,原列出发、继续运行的列车。其技术作业过程的特点是将到达作业和出发作业结合起来进行。当列车接续时间在1h以内时,车列的票据与现车可由到达司机(或运转车长)与出发司机(或运转车长)在现场直接办理交接。如采用长交路或机车循环运转制时,在基本段所在站不更换机车,只需在站线上进行机车乘务组换班和机车整备作业。

2)货车技术作业过程

在车站上停留的运用货车,按其作业性质可以分为中转车和货物作业车两大类。在车站一般不进行装卸作业的运用货车,称为中转车。随到达解体列车到达,需在本站进行货物装卸的运用货车,称为货物作业车。货物作业车的作业过程除了办理与有调中转车相同的技术作业外,在解体与集结过程之间增加“待送及送车,装车或卸车,待取及取车”三项作业过程。

上述各种作业性质的列车和货车在车站办理作业的列车与货车总量中所占的比重,决定于车站的性质。一般说来,编组站主要办理到达解体列车及始发编组列车和有调中转车的作业,区段站主要办理无改编中转列车和无调中转车的作业,而铁路线上大多数车站都要办理一定数量的货物作业车的作业。

9.4.3　车站的调车工作

除了列车在车站到、发、通过及在区间内的运行之外,凡是机车车辆在站线或其他线路上进行的一切有目的的移动,统称为调车。调车工作是车站运转工作的重要组成部分,对编组站而言,调车工作更是它的主要生产活动。

1）调车工作分类

（1）按作业目的划分

①解体调车，是将到达解体的车列或车组按其车辆的去向或其他需要分解到调车场各固定线路上的调车。

②编组调车，是按列车编组计划、列车运行图，以及有关规定和要求，将车辆选编成车列或车组的调车。

③摘挂调车，是对部分改编中转列车进行补轴、减轴、车组换挂作业，以及摘挂列车在中间站进行摘挂车辆的调车。

④取送调车，是将待装、待卸、待修的车辆由调车场送至装卸作业检修地点，以及从上述地点将完成作业的车辆取回调车场的调车。

⑤其他调车，指因工作需要对车列或车组进行转场、转线，对调车场内的停留车辆进行整理，以及机车出入段等调车作业。

（2）按使用设备划分

①牵出线调车，是最基本的调车作业方式，通常采用推送调车和溜放调车两种主要作业方法。推送调车法是利用机车将车辆由一股道调送到另一股道的指定地点，停妥后再摘车的调车作业方法。该方法安全可靠，但效率较低。溜放调车法是使用机车推送车列达到一定的速度，在行进中提钩，使摘离的车组利用获得的动能，溜向指定地点的调车方法。该方法调车效率高，是牵出线上分解车列应采用的主要作业方法。

②驼峰调车，是利用车辆本身的重力，辅以机车的一定推力，使摘下的车辆由峰顶自行溜入峰下调车场指定线路的调车作业方法。这是编组站解体车列采用的主要方法。

2）调车作业计划与指挥

调车作业计划是规定车列解体、编组和车辆取送、甩挂等作业如何操作的具体行动计划，一般由调车区长根据阶段计划任务、到达列车编组确报、驼峰或牵出线利用情况、调车线固定使用方法和活用线路规定、现存车情况及各装卸地点作业进度和调车机工作动态等实际情况，按照车站技术作业过程及安全作业有关规定，对每台调车机车分别进行编制，并以调车作业通知单的书面形式及时下达给有关调车作业人员依照执行。

为了提高调车作业效率，确保调车作业安全，调车工作要固定作业区域、线路使用、调车机车、人员、班次、交接班时间、交接班地点等。在调车作业中，保持参加调车人员行动的一致至关重要，为此必须实行"单一指挥"原则，即在同一时间、同一调车区的调车计划的布置、传达、作业方法的确定、调车机车的行动只能由调车长一人指挥。调车长在调车作业前，必须亲自督促调车组内人员充分做好准备，认真进行检查。只有在确认有关人员均已了解调车作业计划后方可开始作业。

9.4.4 车站工作日常计划

全路的装车数量、去向和车流分布情况每天不同，车站本身的工作条件也经常发生变化，为使车站在每天不同的具体情况下都能使各项工作顺利进行，必须有一个统一的调度指挥系统和周密而切合实际的日常作业计划。技术站的调度指挥系统一般如图9-8所示。

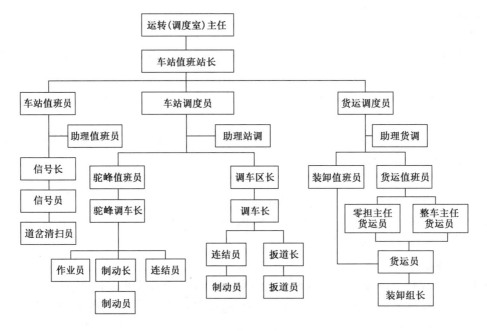

图9-8 技术站调度指挥系统

车站工作日常计划包括班计划、阶段计划和调车作业计划三部分。

(1)班计划

车站班计划是车站作业计划中最基本的计划,是车站完成一个班运输生产任务的作业组织计划。铁路每天的生产活动一般分为两班进行,由当日的18:00至次日6:00为第一班(夜班),由6:00至18:00为第二班(白班),每班连续工作12h,其内容一般包括:编制列车到达计划、列车出发计划、装卸车计划,推算本班应完成的班工作指标及其他临时指定的重点任务等。

班计划编完后由站长或主管副站长负责审批,并立即下达,要求各班组研究制定保证安全、准确完成任务的具体措施。

(2)阶段计划

阶段计划是为保证班计划的实现而对每3~4h车站工作的具体安排,由车站调度员利用车站技术作业图表进行编制。阶段计划主要解决以下3个问题:各阶段车站车流的推算,确定各阶段可以纳入各类作业的有效车流;调车机车运用,编制调车作业计划;车站到发线的运用,编制接发各类列车的到发线运用计划。

(3)调车作业计划

调车作业计划是规定车列解体、编组和车辆取送、甩挂等作业如何操作的具体行动计划。

9.4.5 车站工作主要指标

为了评价车站工作成绩,应规定各项数量指标和质量指标,并对其完成实绩进行系统的统计分析。

车站工作数量指标主要有:装车数和卸车数,货物发送吨数,接发列车数及车数,办理车数等。车站工作质量指标主要包括:

(1)停时

停时为货车一次货物作业平均停留时间,是指货物作业车在本站每完成装或卸一次作业平均停留的时间,其计算公式为:

$$t_{货} = \frac{\sum Nt_{货}}{U_{装} + U_{卸}} \quad (h) \tag{9-12}$$

式中:$\sum Nt_{货}$——当日本站货物作业车的总停留时间(车·h);

$U_{装}$、$U_{卸}$——分别为当日本站货物作业车完成的装车、卸车总次数(车)。

(2)中时

中时为中转车平均停留时间,为有调中转车平均停留时间和无调中转车平均停留时间的加权平均值,即:

$$t_{中} = \frac{\sum Nt_{有} + \sum Nt_{无}}{\sum N_{有} + \sum N_{无}} \quad (h) \tag{9-13}$$

式中:$\sum Nt_{有}$、$\sum Nt_{无}$——分别为当日本站有调、无调中转车的总停留时间(车·h);

$\sum N_{有}$、$\sum N_{无}$——分别为当日本站有调、无调中转车的总数(车)。

(3)货物列车出发正点率

货物列车出发正点率指一定时期内正点出发的货物列车数与出发的货物列车总数的比值,按下式计算:

$$\gamma_{发} = \frac{n_{发}^{正点}}{n_{发}} \times 100\% \tag{9-14}$$

式中:$n_{发}^{正点}$——正点出发的货物列车总数(列);

$n_{发}$——出发的货物列车总数(列)。

9.4.6 车站通过能力和改编能力

车站通过能力是指根据车站现有技术设备,在采用合理的技术作业过程条件下,车站一昼夜所能接发各方向的最大货物列车数和运行图规定的旅客列车数。

车站通过能力取决于咽喉区通过能力和到发线通过能力中较小者。前者是指车站咽喉区各进路咽喉道岔组通过能力之和;后者是指车站到达场、出发场、到发场及直通场中办理货物列车到发作业的通过能力之和。

车站改编能力是指车站的固定调车设备(驼峰、牵出线)在采用合理的调车作业组织与作业方法下一昼夜最多能解体和编组的列车数或车辆数。

影响车站通过能力和改编能力的因素主要包括:

(1)车站技术设备状况;

(2)各项作业占用设备的时间标准及各种列车的比例;

(3)列车运行图与车站技术作业过程间的相互协调,以及车流结构与站场布局间相互适应的情况等。

采用合理的作业组织和先进的工作方法,以减少进路交叉干扰和缩短各项作业占用设备的时间标准,特别是采取可行的技术组织措施促进车站各作业环节之间能力的协调,以及组织各方向列车均衡到发以减少各种作业间的等待时间,将有助于提高车站的通过能力和改编能力,为保持车站的正常作业秩序创造条件。

9.5 运输生产计划

9.5.1 运输生产计划

铁路运输生产计划由铁路月度货物运输计划和铁路运输工作技术计划两部分组成,是铁路日常运输组织工作的基础和编制运输工作日常计划的主要依据。

铁路月度货物运输计划的基本任务是根据国家经济政策和运输政策,明确产供运销关系,正确安排各地区、各部门、各种物资的运量和流向,积极组织合理运输、均衡运输、直达运输,充分发挥运输工具效能,分月完成和超额完成年度运输任务,最大限度地满足国民经济对铁路运输的需要。

铁路运输工作技术计划的基本任务是根据铁路各种运转设备的能力及用户货物运输需求,最大限度地合理安排各区段重、空车流和货物列车列数,确定货车运用主要指标,以及核定各分界口定量交接使用车基数,质量良好地完成铁路月度运输生产任务。铁路运输生产计划是铁路货物运输计划中年度计划在月间的具体安排。

9.5.2 运输工作主要综合性指标

为了评价铁路运营工作成效,铁路部门设置了一系列综合性指标,主要包括以下四种。

1)铁路运输密度($\varepsilon_{换算}$)

铁路运输密度以在一定时期内全路、铁路局或铁路营业线某一区段平均每公里线路所负担的换算吨公里数表示:

$$\varepsilon_{换算} = \frac{\sum C_{HZ} + \sum A_{HZ}}{L_{营业}} \quad (t \cdot km/km) \tag{9-15}$$

式中:$\sum C_{HZ}$——货物周转量(t·km);

$\sum A_{HZ}$——旅客周转量(人·km),1 人·km=1t·km;

$L_{营业}$——铁路营业里程(km)。

2)货车周转时间(θ)

货车周转时间是指运用货车在一次周转中(即在完成一个工作量的全过程中)平均所消耗的时间(天数),可用式(9-16)表示:

$$\theta = \frac{1}{24}(T_{旅} + T_{技} + T_{货}) \quad (d) \tag{9-16}$$

式中:$T_{旅}$——货车在区段的旅行时间(h);

$T_{技}$——货车在各技术站进行中转作业的停留时间(h);

$T_{货}$——在货物装卸站的作业停留时间(h)。

货车周转时间是衡量铁路运输组织工作质量的一项综合性指标,反映着所有与运输有关的各部门的工作效率。加速货车周转可使铁路用同样数量的货车完成更多的运输任务，增加铁路的运输收入。当运输任务一定时，加速货车周转可以减少运用货车的需要量，从而可减少购置车辆的投资及货车检修的运营支出，降低运输成本。此外，加速货车周转在一定程度上加速了货物的送达，从而可加速国民经济流动资金的周转，有利于国家的经济建设和社会发展。

3）货运机车日产量（$\overline{W}_{机}$）

货运机车日产量是指在一定时期内全路、全局或机务段平均每台货运机车一昼夜所生产的总重吨公里数，即：

$$\overline{W}_{机} = \frac{\sum QS_{总}}{M} \quad [\text{t·km}/(\text{台·d})] \tag{9-17}$$

式中：$\sum QS_{总}$——货运机车每日所完成的总重吨公里总和(t·km/d)；

M——所用货运机车台数。

机车日产量是考核机车运用质量的一个综合性指标。为提高机车日产量必须提高机车平均牵引质量及机车日车公里，同时降低机车辅助走行率。采用大型机车、大型货车、电力牵引及实行重载运输应是今后铁路货物运输发展的主要方向。

4）换算吨公里成本（$C_{换算}$）

换算吨公里成本是反映铁路运输成本一般平均水平的综合性指标，按式(9-18)计算：

$$C_{换算} = \frac{E_{年}}{\sum C_{HZ} + \sum A_{HZ}} \quad [\text{元}/(\text{t·km})] \tag{9-18}$$

式中：$E_{年}$——年度运输支出总额(元)，包括用于工资、材料、燃料、电能、机车车辆中修费用，以及固定资产基本折旧和大修折旧提成等年度运营支出的总和。

不断降低运输成本是铁路运输企业的一项重要任务，对于增加企业盈利、提高经济效益加速铁路建设与发展有着重要意义。

复习思考题

1. 简述铁路列车的定义。
2. 什么是货物列车牵引定数和换算长度？
3. 什么是列车运行图？有哪些分类方式？有什么作用？
4. 简述货物列车在技术站的技术作业过程。
5. 车站日常工作计划包括哪些内容？
6. 铁路运输工作有哪些综合性指标？

第10章 旅客运输组织

旅客运输是轨道交通运输的一个重要组成部分,利用旅客列车实现旅客及其凭客票托运行李的位移。随着我国社会经济和城市化进程的迅速发展,人民物质文化生活水平的不断提高,经由干线铁路、城际铁路、市域(郊)铁路、城市轨道交通等运送的客运量大幅度增长。做好旅客运输工作是为社会经济服务的一个重要方面,对促进国家经济建设、文化交流,以及满足人民群众在生活上的需要,都有着十分重要的意义。以铁路运输为例,旅客运输的主要研究任务有:客运设备及其运用、客流预测及客流计划编制、客运站工作组织、行包运输组织等。

10.1 旅客运输的特点与分类

10.1.1 旅客运输的特点

旅客运输的目的是为人们进行经济、文化等社交活动和生活提供必要的出行条件。旅客运输的特点是:

(1)旅客运输的主要服务对象是广大旅客,其次是行李、包裹和邮件。通过售票工作,把旅客组织起来并最大限度地满足他们在旅行中的物质文化生活需求,集人、车、路、站于一体,主要以提供劳务的形式为旅客服务。

(2)旅客运输上下行客流较均衡,但在时间上有较大的波动性。季、月、周、日和一日内各小时之内经常会出现急剧的起伏变化。为应对客流变化的难题,铁路局应对客运技术设备、客运能力、车辆等必须留有一定的后备,在不同的客运量峰值期采用不同的客运组织方式。

(3)列车编组一般固定,始发、终到站以及到发和途中运行时刻也固定。

(4)列车到发线及站台一般应按方向和车次予以固定,不宜随意变动。

(5)旅客车辆一般都是按铁路局固定配属于各客运车辆段。

(6)客运站位置紧靠城市,与市内运输及其它交通工具有密切的配合。

(7)旅客列车重量标准和速度按需求设置并符合技术规定。

旅客根据需要选用一定的运输方式,在一定时间和空间范围内作有目的的移动就形成了客流。所谓客流就是动态旅客的集合,客流信息是旅客运输系统的基本信息。

10.1.2 客流分类与列车种类

1)旅客客流的分类

客流可按不同性质进行分类,如按旅行距离可分为长途、中途、短途客流,按照身份职业可以分为工、农、商、学、兵客流。现在我国铁路采用按旅行距离结合铁路局管辖范围的分类方法,将客流分为直通、管内两种客流。

(1)直通客流

旅行将横跨两个及以上铁路局的客流为直通客流。直通客流运距长、旅时长,要求列车挂卧车、餐车,对服务标准及舒适度有较高要求。由于可以充分发挥铁路运输的特点,铁路在直通客流上占有很大优势。

(2)管内客流

行程在一个铁路局(集团公司)范围以内的客流为管内客流。一般来说管内客流旅行距离短,列车可不挂卧车、餐车,但车上需供应食品。在管内客流上铁路与公路竞争激烈。

(3)市郊客流(特殊的管内客流)

旅客乘车行程通常在 100km 以内,往返于特大城市、大城市和其附近郊区组团之间的客流;客流成分主要是上下班的职工、上学的学生,还有到郊区去休闲旅游的旅客。市郊列车一定程度上发挥着城市客运交通服务的功能。

2)旅客列车的种类

列车运行在一个铁路局范围内时称为管内旅客列车,列车运行超过一个铁路局范围时称为直通旅客列车。

对不同的客流和不同的线路设备条件需开行不同等级的列车。目前,我国现行铁路列车运行图将旅客列车划分为3个等级,即特快旅客列车(含直达特快旅客列车)、快速旅客列车和普通旅客列车(含普通旅客快车和普通旅客慢车)。

旅客列车还可以按照运行速度、运行范围、设备配置、列车作业等级及作业特征等基本条件的不同进行分类:高速铁路动车组旅客列车、城际动车组旅客列车、动车组旅客列车、直达特快旅客列车、特快旅客列车、快速旅客列车、跨局普通旅客快车、管内普通旅客快车,临时旅客列车,临时旅游列车,普通旅客慢车、通勤列车。

(1)高速铁路动车组旅客列车

高速铁路动车组旅客列车指运行速度 250km/h 及以上客运专线上的动车组列车,列车开行最高速度达到 250~350km/h。

(2)城际动车组旅客列车

城际动车组旅客列车指在城际客运专线上运行,以"公交化"模式组织的短途旅客列车,列车开行最高速度达到 250~350km/h。

(3)动车组旅客列车

动车组旅客列车是指运行于既有铁路线的动车组列车,列车的开行最高速度达到 200~250km/h。

(4)直达特快旅客列车

列车由始发站开出后,沿途不设停车站,即(一站)直达终到站的超特快旅客列车,也有称其为"点到点"列车(即始发、终到两点对应)。目前,直达特快旅客列车运行速度一般可以达到 160km/h。

(5)特快旅客列车

特快旅客列车是目前我国铁路运营线上运行速度较快的旅客列车,区间运行速度通常达到140km/h（个别区段列车运行速度达到200km/h，如广深铁路线的"新时速"列车）。特快旅客列车有跨局运行和管内运行之分。

（6）快速旅客列车

快速旅客列车的运行速度仅次于直达和特快旅客列车，区间运行速度一般为120km/h。快速旅客列车也分为跨局运行及局管内运行。

（7）普通旅客列车

普通旅客列车可分为普通旅客快车和普通旅客慢车。又可分为直通和管内的普通旅客列车。列车的运行速度一般在120km/h以下。

（8）临时旅客列车

临时旅客列车是根据客流的需求或特殊需求（救灾等），临时增开的旅客列车。

（9）旅游列车

旅游列车是依据旅游客流的需求，在大中城市和旅游点之间不定期开行的旅客列车。

（10）通勤列车

通勤列车是为了方便沿线铁路职工上下班（就医、子女上学）而开行的旅客列车。

为区别不同方向、不同种类、不同区段和不同时刻的列车，需要为每一个列车编定一个标识码，即车次。我国铁路的旅客列车车次主要采用字母和阿拉伯数字为标识。车次形式为：列车种类标识符加车次号码。旅客列车种类标识符由0~2位字母组成，车次号码由1~4位数字组成。因故折返旅客列车，在原车次前冠"F"。旅客列车车次总位数最多为7位。旅客列车的种类及车次范围见表10-1。

旅客列种类表　　　　　　　　表10-1

旅客列车分类	字头	最高运行速度(km/h)	车次范围	
高速铁路动车组旅客列车	G	350	北京—上海	G1~G999
			武汉—广州	G1001~G1057
			上海—南京	G7001~G1003
			上海—杭州	G7301~G7449
			武汉—长沙	G1101~G1103
城际动车组旅客列车	C	350	京津城际	C2001~C2282
动车组旅客列车	D	250	跨局列车	D1~D4000
			管内列车	D4501~D7300
直达特快旅客列车	Z	160	—	
特快旅客列车	T	140	跨局列车	T1~T5000
			管内列车	T5001~T9998
快速旅客列车	K	120	跨局列车	K1~K2000
			管内列车	K7001~K9850
普通旅客快车		—	1001~5998	
普通旅客列车		—	6001~7598	
通勤列车		—	7601~8998	

续上表

旅客列车分类	字头	最高运行速度(km/h)	车次范围	
临时旅客快车	L	—	跨局列车	L1~L998
			管内列车	L7001~L9850
旅游列车	Y	—	跨局列车	Y1~Y498
			管内列车	Y501~Y998

为确保行车安全,维护运输秩序和车次编码的规范化,铁路部门规定:全路向北京、支线向干线或指定方向为上行方向,车次编为双数;反之为下行,车次编为单数。一些列车在运行全程中若上下行发生变化时需变换车次。例如:从哈尔滨出发至上海的车次为K58(哈尔滨—天津)/K55(天津—上海),从上海出发至哈尔滨的车次为K56(上海—天津)/K57(天津—哈尔滨)。

10.1.3 旅客列车的编组

旅客列车的编组是固定的,在每次运行图实行期间,都是按旅客列车编组表执行,一般不变动。编组固定是指每对列车的编组车辆、编组结构及车辆编挂次序是固定的。因此,形成了旅客列车的固定车底。车底的组成根据客流密度、列车种类、机车功率、线路坡度、站线长度和站台长度等因素加以确定,每对列车都不尽相同。

编制旅客列车编组表,目的是具体确定每对旅客列车的编组情况,内容包括列车的发到站、车次、车辆和客运乘务的担当段、编组辆数、车厢顺序号、编挂车种、定员、总吨数、车底需要组数等事项。旅客列车编组表的示意图如图10-1所示。

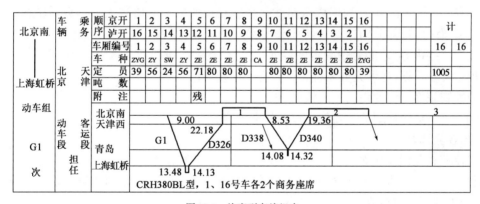

图10-1 旅客列车编组表

10.2 旅客运输计划

10.2.1 旅客运输计划的分类及内容

1)旅客运输计划的分类

旅客运输计划分为长远计划、年度计划和日常计划三种。其中前两项计划由国铁集团和铁路局计划部门编制,日常计划由国铁集团客运部门和铁路局编制。

长远计划包括五年或更长时间,是纲领性的战略计划。它以国民经济和社会发展长期计划为依据,主要规定旅客运输的发展方向、技术政策、旅客列车的速度、重量及有关的主要指标,其主要内容有:远期的客货运输量和周转量,重大的技术政策和战略措施,新线建设、旧线改造,机车车辆购置等重大基本建设项目,投资规模,人才培养、劳动生产率、经济效益的增长速度等内容。

年度计划是根据长远计划的要求和当年的具体情况制定的执行计划,属于是任务计划,是确定旅客列车行车量和客运机车车辆需要数以及客运设备改建、扩建的主要依据。

日常计划是根据客流的日常波动而编制的调整性工作计划,是在年度计划的指导下进行旅客运输作业的月、旬、日、班计划,属于是作业计划。

2)旅客运输计划的内容

一般计划的内容用指标系列来描述,指标是计划内容的数值表示。各种计划中相互联系的指标,构成铁路旅客运输计划的指标体系。一个完整的指标,由指标名称、计量单位、所属时间、所处空间、指标数值等部分组成。

年度旅客运输计划包括旅客发送量、运送量、平均行程、周转量等指标。长远计划的指标项与年度计划基本相同。

(1)旅客发送量,指计划期内全路、各铁路局始发的全部旅客人数。

(2)旅客运送量/客运量,指计划期内全路、各铁路局运输的全部旅客人次。

(3)旅客平均行程,指计划期内每名旅客平均乘车的里程。

(4)旅客周转量,指计划期内全路或一个铁路局所完成的旅客人公里数。旅客周转量按照直通、管内、市郊分别计算,然后计算总和。

依靠这些内容,才能合理确定旅客列车对数、行驶区段和列车编组,为编制旅客列车运行图提供可靠依据,达到充分发挥客运设备使用效能的目的。

3)编制旅客运输计划的主要依据

编制旅客运输计划的主要依据包括如下内容:

(1)客流调查资料

客流调查是编制旅客运输计划的基础。根据客流调查资料,可以预测客运量的变化和发展情况。对于大批团体客流和节假日客流,可通过专门的客流调查直接确定流量和流向,从而为制订计划客流提供可靠的资料。

(2)旅客运输统计报告资料

旅客运输统计报告资料是掌握旅客运输变化规律的重要资料。该资料能够对历史数据变化趋势进行分析,把握旅客运输时间、空间变化特征。旅客运输统计报告资料主要包括由旅客运输部门掌握的日常统计分析资料与由统计部门编制的客流统计资料(旅客发送量及票价统计表、旅客运输量及周转量统计报表、分界站旅客输出、输入及通过人数统计报表、区段平均旅客密度统计表)等。

通过客流经济调查,并结合客运统计报告资料的分析,即可了解吸引地区客流产生的一般规律,也可为编制旅客运输计划、客流计划提供一定的原始资料。这些情况不仅是编制客运长期计划、年度计划的重要依据,也是编制旅客列车运行图,掌握日常客流变化和改善客运设备,进行客运基本建设的必要资料。

10.2.2 客流调查

为了正确编制旅客运输计划和客流计划,必须对社会的政治、经济、文化发展情况具有一个较为全面的了解,即必须在客流吸引范围内,进行客流调查。客流调查应以影响客流发展与变化的主要因素为对象。通过调查,应收集计划和实际情况两种资料,即本年度预计完成的客流资料和客流各项统计报告实际资料。

1)影响客流变化的主要因素

影响客流变化的主要因素包括以下8个方面:
(1)社会政治、经济、文化的发展;
(2)生产力布局的改变,国家重点基建项目的兴建;
(3)人民物质、文化生活水平的提高;
(4)人口的自然增长;
(5)国家和地区性的团体活动;
(6)现有铁路的加强、改建及新线的修建,车站通过能力的提高,客流吸引范围的扩大改变;
(7)各种现代化交通运输工具的发展和合理分工的变化;
(8)运价制度的变革,运价的提高或降低。

2)客流调查范围的划定

客流调查可以在列车上进行,也可以在车站及其铁路沿线的吸引区内进行。车站的客流调查范围可分为直接吸引范围和间接吸引范围。

(1)直接吸引范围

直接吸引范围是指车站直接服务的土地范围(生成客流),这个区域可用垂直平分线划出它的大致范围,如图10-2所示,图上 F、G、H、I 包围的地区就是 D 站直接吸引范围。用垂直平分线划出的吸引范围,还需考虑地形、地貌等条件,对旅客由各经济点、工业点、居民点至 D 站的距离、旅费、在途时间、方便程度等因素要进行具体分析,经过修正后,最后确定吸引区的边界。

(2)间接吸引范围

间接吸引范围是指车站直接吸引范围以外,由其他交通工具接驳运输服务所形成的更广阔客流吸引范围。间接吸引范围按最短通路原则划定。

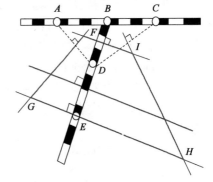

图10-2 直接吸引范围示意图

3)客流调查的分类

客流调查一般分为综合调查、节假日调查、日常调查。全面的较大规模的客流调查,通常以车站为单位,在本站吸引范围内进行。铁路局主要是作重点地区的重点调查,汇总并分析各站上报的客流调查情况。

(1)综合调查

综合调查一般每年进行一次,主要调查吸引地区的政治、经济、文化发展所引起客流变化情况。调查的主要内容包括吸引地区的一般情况、直接影响客流的各项因素、各种交通运输工具的分工情况、铁路旅客运输资料。

(2)节假日调查

节假日调查的调查重点是工矿企业、机关学校放假日期,社会活动及外地人口乘坐火车的流量流向,其他交通工具与铁路衔接运能、运量的变化情况。

(3)日常调查

日常调查的目的在于随时掌握客流变化情况,分析客流增减数量、变化原因和持续时间调查内容一般包括旅行目的、到达地点、返回日期、出行距离、服务需求。

10.2.3　客流计划的编制

年度铁路旅客运输计划,是根据国民经济计划规定的铁路旅客运输任务和各铁路局的客流资料,采取上下结合、集中编制的方法进行制定,主要包括下达任务与准备资料、铁路局编制客流图和客流计划、国铁集团汇总三个阶段,其具体步骤为:

(1)国铁集团召集各铁路局,根据国家经济和社会发展计划的建议任务和各局编制的客流计划草案,参照各局实际完成情况,分配各局下年度的旅客运输任务、旅客运输量和旅客公里。

(2)各局根据任务指标、客流资料和本年度管内各线完成实际情况,编制本局旅客运输计划草案,上报国铁集团。

(3)由国铁集团审核、平衡、调整各局上报的指标,并确定下年度的旅客运输计划。

10.2.4　票额分配计划

票额分配计划是旅客运输能力的运用计划,也是客流分配计划。其目的是合理运用旅客运输能力,全面安排售票、行包运输、服务和列车的乘务、餐茶供应等工作,尽量避免出现列车拥挤或虚糜的现象,做到均衡运输。

票额分配的主要依据包括:

(1)客流图的市郊、管内、直通客流图及主要站间旅客交流表等资料;

(2)列车旅客密度表,分车次统计的软硬卧铺和硬座实际人数,各次列车超员或虚座情况分析;

(3)主要站分车次、区段的上车人数和下车人数。

10.2.5　日常工作计划

日常工作计划根据旅客运输年度计划任务并考虑客流的变化情况编制并执行。一般指车站旅客输送日计划、客运调度工作和站车间的客流信息传报工作及日常统计分析等。

编制日常工作计划的主要依据包括:

(1)各次旅客列车的票额分配计划;

(2)临时加开旅客列车及图定列车变更编组情况;
(3)近日来各次列车上车人数及其规律;
(4)中转乘客旅客签证的规律;
(5)节假日与平日客流的差异情况及其规律;
(6)未来天气变化情况和过去天气变化对客流影响的规律;
(7)有无团体预约和到达本站的团体;
(8)各次列车预售客票数量和情况;
(9)其他因素对客流的影响。

10.3 旅客列车运行组织

铁路是以列车运行方式进行运输生产活动的,旅客乘车旅行所消耗的时间大部分是在列车上。为了满足旅客的运输需求,方便旅客出行,铁路客运部门需要确定适当的旅客列车开行数量、种类、运行区段,合适的列车始发、终到和通过沿途各主要站的时间,并考虑列车合理的停车站以及较快的直通速度。只有正确地组织各种旅客列车的运行,才能使旅客感受到铁路运输的便利和快捷。同时,也才能经济、合理地使用客运机车车辆以及各种技术设备。

旅客列车运行组织,主要包括以下5个方面的内容:
(1)选择旅客列车的重量和速度;
(2)制定旅客列车开行方案;
(3)编制旅客列车运行图;
(4)确定车底需要组数;
(5)铁路客运调度指挥工作。

旅客列车运行组织计划的编制,主要在国铁集团和铁路局两级机构中进行。这是一项复杂而细致的系统工程,需要在国铁集团、铁路局的统一领导下,在客运部门与车务、机务、工务、供电、车辆各部门的密切配合、协调一致下才能完成。

10.3.1 旅客列车重量和速度选择

旅客列车的重量和速度,决定着旅客列车编挂的客车数量和旅客在途时间,直接影响到铁路的客运能力、服务质量和客运设备的使用效率。选择旅客列车最佳重量和速度的方法有别于货物列车,要考虑多方面的因素。

在直通速度一定时,根据机车牵引力确定出列车重量,并用停车站的到发线、站台长度等参数对该重量进行修正。在机车牵引力一定时,根据运行距离、纯运行时间、停站次数和停站时间计算出初始直通速度,而后再对该初始直通速度进行修正。

我国对旅客列车重量标准和编组辆数规定如下:特直快列车800~1000t,15~20辆;普通旅客列车800t,15辆。技术政策规定,旅客列车最大编组为20辆。

在旅客列车的重量标准和编组辆数确定之后,根据各种旅客列车的编组结构,可以计算出它们的定员。在已编制的客流计划基础上,可着手拟定旅客列车开行方案。

10.3.2 旅客列车开行方案

1)基本概念

旅客列车的开行方案是指确定旅客列车运行区段、列车种类及开行对数的计划。旅客列车的始发站、终到站及经由线路构成旅客列车的运行区段,列车种类区别出列车不同的等级或性质,开行对数的多少表示行车量的大小,三者组成的旅客列车开行方案,体现了从客流到列车流的组织方案。

旅客列车开行方案的编制在国铁集团列车运行图编制委员会的统一领导下进行。直通列车的开行方案由国铁集团研究有关铁路局的建议后确定。管内旅客列车的开行方案由各铁路局自行确定后报国铁集团,国铁集团有关业务局进行综合平衡拟定全路开行方案并提交列车运行图编制委员会审批。

旅客列车的开行方案编制原则为:

(1)旅客列车开行方案基本上是取决于客流计划,"按流开车"是确定旅客列车开行方案的基本原则;

(2)为了满足不同层次旅客的需求,应开行不同种类的旅客列车;

(3)要考虑客运设备的配置条件,运行区段两端车站是否有客车整备、机车折返作业条件,是否有机务段和客车车辆段提供足够数量的客运机车、车辆。

2)运行区段确定

直通旅客列车运行区段的确定,主要取决于各客流区段的直通客流量,其次是主要站所在地的政治、经济、文化情况及客运段设备条件。这种列车为方便旅客,应最大限度地以直达运输吸引直通客流。跨局列车的直通客流量需达到一定数量时方可报国铁集团审批开行直通列车。跨两局列车的直通客流量不少于600人,跨三局的列车不少于500人,跨四局及其以上的列车不少于400人。

管内旅客列车输送沿途变动的客流,运行区段的确定也应考虑其客流量的大小以及政治、经济、国防上的需要。

市郊旅客列车运行区段的确定,应考虑市郊客流递远递减的特点,可以按客流大小划分多个地段,组织市郊地段运输。市郊旅客列车行车量的确定,主要是确定在早、晚两个高峰时间内开行的列车数,以适应通勤、通学的实际需要,并根据市郊旅客列车的平均定员,计算其他时间内应开行的列车数。

3)开行方案确定方法

为了最大限度地以直达运输吸收直通客流,一般将某个铁路方向的两端车站定为旅客列车的始发站和终到站,将客流密度变化较大的站间定为较短的旅客列车运行区段。当各个客流区段密度相差较大时,以最小客流密度计算结果;当各个客流区段密度接近时,以稍大客流密度计算结果。确定的旅客列车运行区段和行车量提供的客运能力应与各客流区段的客流密度相适应。

10.3.3 旅客列车运行图

在确定了旅客列车运行区段和行车量之后,需要确定各次列车的运行时刻,即编制旅客列车运行图。

列车运行图规定了各种列车占用区间的次序,列车在每个车站的到达、出发或通过时刻,列车在各区间的运行时间,列车在车站的停站时间标准,以及机车交路等。列车运行图是车务、机务、工务、供电、车辆等部门的综合计划,所有与列车运行有关的各部门,特别是客运部门,必须严格按照列车运行图的要求,组织本部门的工作。

图10-3示例了一张实际的铁路旅客列车运行图。

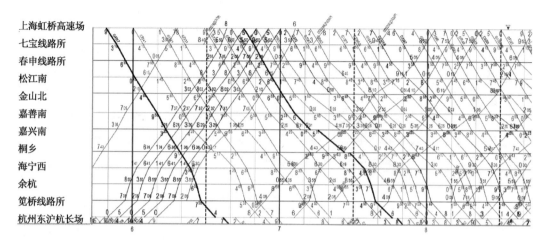

图10-3 旅客列车运行图

铺画旅客列车运行图时分两步进行:

第一步,铺画旅客列车运行图(简称客车方案图),客车方案图主要是解决列车整体布局问题,是整个列车运行图的骨架,用小时格运行图铺画,只是对每一方向画出各技术站间的列车运行线;

第二步,以客车方案图为基础,具体铺画表示每一列车在各个车站到发或通过时刻的列车运行线,即列车运行详图。旅客列车运行详图是在二分格运行图上精准地铺画每一条运行线,确定每一趟旅客列车在每个车站的到、发、通过时刻和在区间内的运行时分。

10.4 客运站工作组织

客运站是铁路旅客运输的基层生产单位,专门办理旅客运输业务,是客运部门与旅客联系的纽带,也是城市的大门,是城市建设的有机组成部分。客运站的主要任务是保证旅客安全、迅速、便捷地办理一切旅行手续,顺利地完成旅行任务,同时快捷、安全地做好列车到达、出发作业,保证客运工作服务质量和提高运输效率。客运站按其日均上下车及中转人数、到发及中转行包件数核定等级,根据车站等级配备建立组织管理机构。客运站的工作组织一般包括生产管理、技术管理和财务管理。

10.4.1　客运站的生产管理

铁路旅客运输生产是指铁路运输企业利用运输工具完成旅客或行李包裹由甲地至乙地的运输过程。铁路客运站生产管理也称业务管理，主要包括售票处工作组织、旅客乘降工作组织、客运服务工作组织和行包运输工作组织。

1)售票工作

售票工作是客运站的一项重要工作，通过售票将众多的旅客按日期、车次、方向有计划地组织起来，纳入车站旅客运送计划。车站通过售票数据掌握每天各次列车的乘车人数，按照售票情况组织旅客乘车以及整个客运站的一切工作。车站售票处以售当日车票为主，市内售票处预售多天的车票，网络售票以预售票为主。

2)旅客乘降工作

乘降工作组织的目的是迅速集散和疏导旅客，维持车站正常秩序。大型客运站内应设置现代化的导向系统，为上下车旅客选择最短的站内通道；做好进站检票、出站收票和站台服务工作；保证旅客安全乘降和维持好车站秩序。

3)客运服务工作

客运服务工作主要包括问询处服务工作、随身携带品暂存处工作、候车室服务工作。

4)行包运输工作

行包运输是旅客运输的一个附属组成部分。按照铁路客运部门规定，每张旅客车票只能免费携带20kg以内的物品，物品超过这一质量时，必须到车站的行李托运处办理托运手续。因此行李是随旅客一起运输的，必须出示车票才能办理托运。每件行李的最大质量为50kg，体积以装入行李车为限，但最小不得小于0.01m³。包裹是指适合在旅客列车行李车内运输的小件货物。包裹分为四类，每件体积质量要求与行李相同。包裹收费高于行李。

行包运输过程包括行包发送作业、行包到达作业和中转作业。行包发送作业包括承运、保管、装车作业；行包到达作业包括卸车、保管、交付作业；中转作业包括卸车、(保管)、装车作业，要注意不得积压。

随着快运业务需求快速增长，铁路部门在全路范围内组织行包快运专列运输。行包专列是指按照旅客列车运输方式组织，使用专用货车编组，利用行包基地和客货运场站、设备，整列装载包裹等小件货物的列车。

特快行邮专列是铁路与邮政行业应社会物流发展需要合作开展的速运业务，运输高附加值小件货物和保鲜货物，按照旅客列车运输方式组织，是行驶速度最快的货运专列。

10.4.2　客运站的技术管理

客运站技术管理包括线路固定使用方法，旅客列车到、发、通过技术作业过程，以及客车车底整备作业过程等内容。

1)客运站技术作业过程的特点

客运站的技术作业与货物列车在车站的作业有很大不同，其技术作业的特点如下：

(1)绝大部分旅客列车都是每天固定运行，到发时刻固定，行车量也较固定。客运站能更精确地计划其工作。

(2)旅客列车编组内容一般比较固定,一般无须对整个车底进行编解调车作业。如有调动,不准溜放调车。

(3)客运站行车作业必须与客车车底整备工作相配合,与客运工作相配合,应保证旅客列车始发正点。

(4)旅客列车车底的洗刷、检修等整备作业一般在客车整备所进行,故在客运站与客车整备所之间需进行取送车底的作业。客车整备所的作业过程与客运站的技术作业过程相协调,均必须与旅客列车运行图相配合。

在编制客运站技术作业过程中,必须充分考虑以上特点。

客运站的技术作业文件内容由以下五部分组成:

(1)车站的技术生产特征。包括车站位置、工作性质、用途,所有技术设备和建筑物数量、使用情况,各种直通、管内、市郊旅客列车到发、通过数量,办理邮政和行包运输数量等内容。

(2)车场及线路专门化。

(3)车底及车辆的技术作业,调车工作组织。

(4)客运站行车工作计划。

(5)客运站行车工作指标。

2)客运站车场及线路的专门化

为保证客运站的作业安全和有效地使用车站技术设备,必须在客运站执行车场及线路的专门化,其优点是:使各车场、线路合理分工,减少进路和作业的交叉干扰,更有效率地使用车站技术设备;使本站职工工作时能熟悉各次列车的到发线路,提高工作效率,加强安全保障。

车站及线路的专门化,应先确定车场的用途,而后根据工作性质(接、发车)、列车种类及运行方向分配车场内的线路并确定固定线路的使用。在确定车场及线路的专门化时,应尽量减少敌对进路,保证流水作业。在按车次固定线路时,应考虑旅客进出站进路的便捷及安全。

专门化的方法包括按运行方向专门化、按邻接铁路线专门化、按列车种类专门化

(1)按运行方向专门化

如图10-4所示,将车场分别按上、下行运行方向划分,一个车场只对某一个方向的列车进行作业,以减少进路交叉。如线路有三个以上方向时,则需在进站线路上修建跨线桥。

图10-4 按运行方向专门化示意图

(2)按邻接铁路线专门化

如图10-5所示,即同一邻接铁路线到发的列车固定于同一车场不区分上下行,可以接发多个邻接方向的列车,有三个以上方向时,宜采用这种方案。

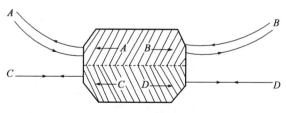

图10-5 按邻接铁路线专门化示意图

(3)按列车种类专门化

如图10-6所示,即一个车场专门接发直通和管内列车,另一个车场专门接发市郊列车。在市郊列车较多的车站,这样的方案可以减少列车由接车线转往发车线的调车过程,使市郊与长途客流分开。如车站为尽端式,并有两条以上邻接铁路线时,还应将邻接铁路线专门化。当市郊客流较大时,同时还应按列车种类专门化。

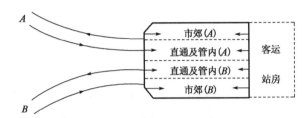

图10-6 按列车种类专门化

混合车站最好利用尽端式线路接发市郊列车,直通线路接发直通和管内旅客列车。大多数客运站只有一个车场,线路专门化方案应视车站类型与客运站与客车整备所配置的位置而定。

3)旅客列车的技术作业

旅客列车的技术作业包括:通过旅客列车的技术作业(无改编通过旅客列车的技术作业和变更运行方向通过旅客列车的技术作业)、始发旅客列车的技术作业、终到旅客列车的技术作业。

(1)通过旅客列车的技术作业过程

①无改编通过旅客列车

通过旅客列车在到达客运站后,立即换挂机车进行试风,同时进行技术检查、列车上水、行包邮件装卸、旅客上下车及运转车长接收列车并发车。

②变更运行方向通过旅客列车

变更运行方向的通过旅客列车,如只在一端挂有行李车、邮政车时,列车到达后,将到达机车及行李车、邮政车同时摘下,换挂于列车尾部,然后换挂机车并试风,车列的技术检查、上水、旅客上下可平行进行,行包及邮件装卸须在调车以后进行。

(2)始发旅客列车的技术作业过程

直通和管内旅客列车车底由客车整备所调入客运站到发线后,进行技术检查,旅客上车,装载行包、邮件,运转车长接收列车,挂机车及试风。

(3)终到旅客列车的技术作业过程

终到旅客列车各项作业可以平行进行,行包、邮件卸车完毕和旅客全部下车后,车底可由本务机车或调车机车调送至客车整备所。

4)客车车底整备作业

凡办理始发、经到旅客列车为主的客运站,一般设有客车整备所。客车整备所是客车进行技术检查、修理整备和停留的场所。

客车整备所对客车车底的主要整备作业为:清理泥垢及技术检查;车底改编;车底外部及内部清扫、洗刷、修理、上燃料、上水等;有关乘务组接收车列,车底等待送往旅客站。

车底在客车整备所停留时间与车场的配置、整备和修理设备的地点、车辆清洗和整修的机械化、完成作业的组织相关。

客车整备所应配备调度设备,以便引导车底出乘,并应具备双向和单向的广播设备,便于与列检所、车辆值班员、车辆检查人员、整备组人员进行作业联系。

10.5 旅客列车乘务工作

旅客列车服务管理是铁路客运部门的核心任务,在全路客运职工中,列车乘务职工约占60%。旅客列车乘务工作水平的高低,直接关系到客运企业的形象,关系到铁路客运企业竞争力量的强弱。因此做好旅客列车服务工作,对保证旅客安全、舒适、便捷,争取铁路客运在客运市场中占有份额具有十分重要的意义。

10.5.1 列车乘务工作组织

1)旅客列车乘务组的主要任务

旅客列车乘务组工作的主要特点是:工作环境处于列车动态运行中的封闭状态,面对的是具有多元化旅行需求的旅客,要从限定的设备条件和时间内,从实际出发及时解决旅客提出的要求并处理临时发生的各种问题。乘务组的主要任务是:保证旅客乘降及旅途安全有序,及时为旅客安排坐席、铺位,保证列车内整洁、卫生,维护车内秩序,做好服务工作,保证行李、包裹安全准确地到达目的地,充分掌握车内旅客及行包密度、去向,及时办理客流信息传报,正确执行规章制度,维护铁路正当收入,做好餐饮供应及文化服务工作,充分发挥列车各种设备的效能,爱护车辆设备。

2)旅客列车乘务组构成

旅客列车乘务组由客运、车辆和公安等部门人员共同组成,包括列车长、列车员、列车行李员、广播员、餐饮供应工作人员、检车员、车电员和乘警等,分别归属于客运段(列车段)、车辆段、铁路公安处领导,在旅客列车上共同担当乘务工作。其组成及领导关系如图10-7所示。

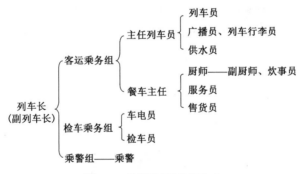

图10-7 旅客列车乘务组构成

客运乘务组、检车乘务组、乘警组合称"三乘"。各乘务组的分工如下:

(1)客运乘务组:保证旅客和行李、包裹的安全,协助乘警做好车内"三品"的检查,组织好列车饮食供应,保持车内各项设备的完整和列车的清洁卫生,对重点旅客重点照顾,检验车票,通报到站站名,保证旅客安全乘降,正确填写各种报表,及时正确地预报,乘务结束时认真填写乘务报告。

(2)检车乘务组:负责客运车辆从始发站到终到站的运行安全工作,列车停站时经常巡视及检查车辆走行部分,检查车内通风、给水、取暖(空调)、照明、门窗等各项设备的技术状态,对发生的故障及时处理。

(3)乘警组:协助客运乘务组维持列车秩序、调解旅客纠纷,及时处理列车内发生的各种案件,遇有突发事件应及时赶赴现场,按照分工,积极开展工作。

3)旅客列车乘务制度

为保证旅客列车安全,旅客列车乘务组实行固定班组制。按照既有利保养车辆又合理使用劳力的原则,旅客列车的乘务组织形式有包乘制和轮乘制两种。

(1)包乘制

包乘制是将乘务组和客车车底固定起来,实质上是乘务组包车底、乘务员包车厢制。包乘制的优点是利于加强备品和设备的管理,乘务员熟悉沿途情况和旅客乘降规律,有利于提高服务质量。缺点是长途旅客列车需挂乘务员休息车,浪费运能。包乘制适用于长途旅客列车。

(2)轮乘制

轮乘制指在旅客列车密度大且列车种类和编组又基本相同的区段,采用乘务组按出乘顺序,轮流担当乘务工作的制度,并可相互套用。优点是不需设置乘务员休息车,从而有利于扩大运能,节省乘务人员;缺点是增加了乘务员之间的交接手续。

10.5.2 旅客列车乘务组需要数量计算

根据两种不同乘务制度可计算服务于某列车的乘务组数,根据列车乘务组的编制定员数便可确定乘务员的数量,计算方法有两种。

1)分析法

目前我国采用8小时工作双休日制度。全年12个月,全年日历日365天,全年休息日104天,一年中的节假日合计11天。则可计算乘务员每月工作小时为:

$$乘务员每月工作小时=[(365-104-11)/12]×8=166.67（h） \quad (10\text{-}1)$$

每对旅客列车(往返)乘务组的工作时间(不包括在折返站的休息时间)为:

$$T_{往返}=T_{值乘}+T_{出退勤}+T_{途中交接班}+T_{库内清扫}+T_{看车} \quad (\text{h}) \quad (10\text{-}2)$$

一个列车乘务组月值乘次数 M 为:

$$M = \frac{T_{cw}}{T_{往返}} \quad (10\text{-}3)$$

式中: T_{cw}——乘务员每月工作时间(h)。

一对列车所需乘务组数 K 为:

$$K = \frac{PN}{M} \quad (10\text{-}4)$$

式中: P——一个月的天数;

N——每天开行的列车数。

一对列车的乘务员需要数为:

$$一对列车的乘务员需要数=K×一个列车乘务组的乘务人员数 \quad (10\text{-}5)$$

2)图解法

在旅客列车运行繁忙适宜轮乘制的区段,可用图解法确定列车乘务组的需要数和安排乘务组的乘务工时。以市郊列车乘务组工作图(图10-8)为例,图内上下行走行时间第一地段为105min,第二地段为45min,列车的接收和移交为5min。在本段和外段停留不足1h,算作工作时间。为了承担图中所有列车的乘务工作,一昼夜必须有7个列车乘务组,根据列车编组就可算出乘务员总数。在确定乘务组数以后,可以编制乘务组工作日历表,明确每一乘务组出乘的车次。

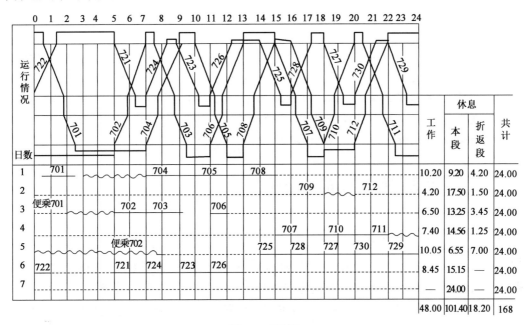

图10-8 图解法

在安排出乘顺序时还需要注意以下问题:保证乘务员每日工作量大致均衡;保证乘务员每周休息两天;保证长时间的休息最好在本段;尽量减少换乘车底的次数。

复习思考题

1. 铁路旅客列车可以分为哪几类?特征是什么?
2. 旅客运输计划可分为哪3种计划?
3. 简述旅客列车开行方案的编制依据及流程。
4. 客运站管理工作包括哪几种?
5. 铁路客运站技术作业过程的特点及客运站车场、线路的专门化措施有哪些?
6. 请以上海某铁路车站为例说明流线布置方案并提出改进建议。

第11章 货物运输组织

货物运输是轨道交通运输的一个重要组成部分。随着国民经济的发展,铁路运输企业在运输市场中迎来了新的机遇和挑战。铁路货运工作应以"安全、迅速、经济、便利地运送货物"为宗旨,满足市场的需求。本章论述货物运输组织的主要内容,包括货物运输基本条件、货运设备与设施、货物运输生产计划、货物运输基本作业、货物运输组织形式、集装运输及特种货物的运输条件等。

11.1 货物运输的特点及种类

11.1.1 货物运输及其特点

铁路货物运输是根据托运人的要求,在规定时间内把托运的货物安全、迅速、准确地运到指定站,交付给收货人,执行计划运输、合理运输。铁路运输的特点是不生产有物质形态的实物性产品,最终效用只表现在运输对象空间位置的改变,不改变其属性或形态,这种以吨公里表示的"位移"产品具有生产消费的同步性,不能储存,随时间的延伸,运输结束时消费即止。

与旅客运输相比,货物运输还有如下特点:

(1)货物运输的运输对象是货物,除了在时间上有较大波动性外,在空间上的上下行货流也可能有明显差异性。

(2)列车编组一般不固定,解体、编组、集结等作业是货物运输过程中的重要环节,组织技术过程更为复杂。

(3)货运站及货运线路一般远离城市中心区域,以避免对城市的切割和对居民日常出行活动的造成影响。

11.1.2 货物运输的种类、运输条件及运到期限

1)货物运输种类

经由铁路运输的货物,尽管品类繁杂、品名繁多,但根据托运货物的数量、性质、状态等条件,铁路货物运输按照其组织方法可以分为整车、零担和集装箱三个种类。

(1)整车运输

一批货物的质量、体积、形状和性质需要以一辆或一辆以上的货车装运的货物按整车方式办理运输。但某些货物,由于性质特殊,或需特殊照料,或受铁路现有设备条件的限制,尽管不够整车运输条件,也必须按整车托运(特准者除外),这些货物包括:

①需要冷藏、保温或加温运输的货物。
②规定限按整车办理的危险货物。
③易于污染其他货物的污秽物。
④蜜蜂。
⑤不易计算件数的货物。
⑥未装容器的活动物。
⑦一件质量超过2t,体积超过3m³或长度超过9m的货物。

限按整车办理的货物(蜜蜂、使用冷藏车装运需要制冷的货物、保温的货物和不易计算件数的货物除外),其数量无法装满一车,按托运人要求将同一径路上的两个或三个到站且在站内卸车的货物装在同一货车内,作为一批整车货物运输,而在途中不同到站卸车的运输方式,称为整车分卸。整车分卸可充分利用货车的载重能力,为托运人提供便利,并节省货主的运输费用。

(2)零担运输

一批货物的质量、体积、形状和性质不需单独使用一辆货车装运,按零担办理。按零担托运的货物,单件体积最小不得小于0.02m³(质量在10kg以上的除外),每批不得超过300件。

铁路零担运输业务将逐步由集装箱运输所替代,按照集中化运输和规模化发展的要求,走集约化经营的道路,由集装箱办理站逐步将零担货物纳箱运输,积极开展各种箱型的拼箱业务,办理"门到门"运输服务。

(3)集装箱运输

适箱货物可用集装箱运输,按箱型分:1吨箱、5吨箱、6吨箱、10吨箱、20英尺箱、40英尺箱,20英尺以上的称为大型集装箱(1英尺=0.3048m)。

集装箱所装货物应当符合集装箱运输的要求,不得腐蚀、损坏箱体,性质相互抵触的货物不得混装于同一箱内。易于污染和腐蚀箱体的货物和易于损坏箱体的货物等,不得使用铁路通用集装箱装运。

集装箱运输只能在指定的集装箱办理站之间进行。专用铁路、铁路专用线要求办理集装箱运输时,由产权单位向接轨站提出申请,经国铁集团审核之后方可运输。

2)货物运输方式

(1)直通运输

按整车托运的货物,为了方便托运人或收货人免去途中作业站办理运输手续,使用一份运输票据完成货物的全程运输,这种货物运输方式称为直通运输。

我国目前已开办整车的准、米轨的直通运输,也开办了某些地方铁路与国有铁路的直通运输。但鲜活货物及需要冷藏、保温或加温运输的货物,需要使用罐车运输的货物,每件质量超过5t(特别商定者除外)、长度超过16m或者体积超过米轨货物装载限界的货物,均不得办理准、米轨直通运输。

国有铁路与地方铁路由于管理体制不同,收费标准不同,实行一票直通运输时,必须按照国家铁路与地方铁路间货物直通运输的相关规则办理,按分段计费、一次核收的办法进行运输。

(2)联合运输

铁路与其他运输工具或我国铁路与国外铁路共同参与,并以一份运输票据完成货物全程运输服务称为联合运输。其形式主要包括铁路与水路的联合运输(铁水联运)、铁路与公路的联合运输(公铁联运)、国际铁路货物联运。

(3)快速运输

为加速货物送达,提高货物运输质量,适应市场经济的需要,铁路开办了货物快速运输(简称"快运"),并在全路的主要干线上开行快运货物列车。

托运人托运的整车、集装箱、零担货物,除不需要按快运办理的煤、焦炭、矿石、矿建等品类的货物外,托运人要求按快运办理时,经铁路部门同意,即可按快运办理。而如由内地车站发往深圳北站的用于供应港澳地区的整车鲜活货物,必须按快运办理。

我国铁路开行的快运货物列车主要有"五定"班列、集装箱快运直达列车和鲜活货物快运直达列车三种。

①"五定"班列

"五定"班列是指定点(装车站和卸车站)、定线(运行线)、定车次(直达班列车次)、定时(货物运到时间)、定价(全程运输价格)的直达快运货物列车。

"五定"班列按照管理规范化、运行客车化、服务承诺化、价格公开化的原则开行。

②集装箱快运直达列车

从1992年起铁道部组织开行了定点定线集装箱快运直达列车。开行通过编组站不解体的集装箱快运直达列车,体现了快速、高效、安全的特点,是提效扩能的有效措施。

③鲜活货物快运直达列车

为了保证内地对港澳地区鲜活货物的及时运送,铁路每天分别从江岸西站(或长沙北站)、新龙华站、郑州北站各开行一列鲜活货物快运直达列车到深圳北站。从1962年至今,三趟快车已开行了40多年,保证了"及时、均衡、适量、优质"地供应港澳地区鲜活商品的需要。

3)"一批"办理的条件

铁路负责运输的货物,都是按"批"办理相应的受理、承运、交付以及运输变更等作业。因此,按"批"办理是铁路货物运输的基本条件。

铁路货物运输中的"一批",是指使用一张货物运单和一张货票,按照同一运输条件运送的货物,是承运货物、计算运费和交付货物的一个基本单位。按一批托运的货物,托运人、收货人、发站、到站和装卸地点必须相同(整车分卸货物除外)。具体规定包括:

(1)整车货物以每车为一批,而跨装、爬装及使用游车的货物以每一车组为一批。

(2)零担货物或使用集装箱运输的货物,以每张货物运单为一批。使用集装箱运输的货物每批必须同一箱型且至少一箱,最多不超过铁路一辆货车所装运的箱数。

为保证货物运输安全,规定下列运输条件不同或根据货物性质不能在一起混装的货物不得按一批托运:

①易腐货物和非易腐货物;

②危险货物和非危险货物;

③根据货物的性质不能混装运输的货物;

④按保价运输的货物与不按保价运输的货物;

⑤投保运输险的货物与未投保运输险的货物;

⑥运输条件不同的货物(如罐装货物与散装货物,需要卫生检疫证的货物与不需要卫生检疫证的货物,海关监管货物与非海关监管货物,不同热状态的易腐货物等)。

以上规定的货物,在特殊情况下,经铁路局承认也可按一批托运。

4)铁路货物的运到期限

铁路货物运到期限是指铁路在现有的技术设备条件和运输组织水平的基础上,根据货物运输种类和运输条件,将货物运送一定距离而规定的最大运送限定天数。货物运到期限是铁路货物运输合同的重要内容,是对铁路运输企业的要求和约束,也是对托运人或收货人合法权益的保护,铁路应当尽量缩短货物的运到期限。

(1)铁路货物运到期限的规定

根据《铁路货物运输规程》规定,铁路运输货物,应在规定的运到期限内运至到站。货物运到期限以日为单位,从承运人承运货物的次日起计算,货物运到期限至少为3d,并按下列三部分规定合并计算。

①货物发送时间,规定为1d。即由承运人承运货物的次日(指定装车日期的货物,未装车日的次日)起算。

②货物运送期间,每250运价公里或未满为1d。按快运办理的整车货物每500运价公里或其未满为1d。

③特殊作业时间:

a.需要中途加冰的货物,每加冰一次,另加1d。

b.运价里程超过250km的零担货物,另加2d;超过1000km另加3d。

c.一件货物质量超过2t、体积超过3m³或长度超过9m的零担货物以及零担危险货物另加2d。

d.整车分卸货物,每增加一个分卸站,另加1d。

e.准、米轨间直通运输的整车货物,另加1d。

货物实际运到日数,起算时间从承运人承运货物的次日(指定装车日期的,为指定装车日的次日)起算。终止时间为到站由承运人组织卸车的货物直至卸车完成时止;由收货人组织卸车的货物,到货车调到卸车地点或货车交接地点时止。

(2)"五定"班列货物的运到期限

"五定"班列货物的运到期限按运行天数(始发日和终到日不足24h时均按1d)计算,运到期限自该班列的始发日开始计算。

货物实际运到日数超过规定的运到期限时,承运人应按所收运费的百分比,向收货人支付一定数额的违约金。

11.1.3 货物运输的基本过程

铁路货运的基本流程为:签订货物运输合同、货物的托运和承运、货物的装车作业、货物的途中运输、货物的到达领取。

其中,货物运输合同是承运人将货物从起运地点运输到约定地点,托运人或者收货人支付运输费用的合同。

铁路货物运输生产过程(图11-1)指利用线路、机车、车辆、通信信号等技术设备,将发货人托运的货物从一个生产地点运送到另一个生产地点或消费地点,交付给收货人的过程。全部过程可以分为在装车站(发站)的始发作业、在中转站或技术站的途中作业和卸车站(到站)的终到作业。

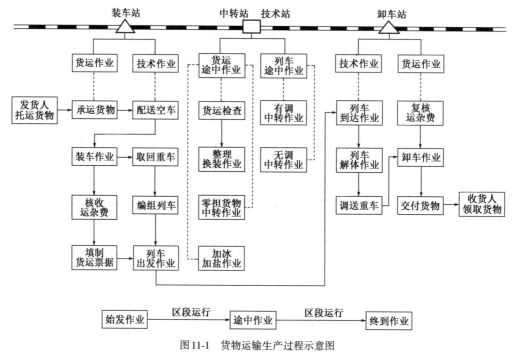

图11-1 货物运输生产过程示意图

11.2 货物运输计划

铁路货物运输计划根据国民经济各部门的生产计划、供应计划和销售计划进行编制,不仅是完成国家的运输任务,而且也是铁路制定和实施各项计划并实行计划管理的重要依据。铁路货物运输计划一般包括机车车辆运用计划、列车编组计划、运输方案、运行图、日常运输工作计划等内容,并应明确规定货物的运输数量、运量构成、运输方向。

11.2.1 货物运输计划的作用

(1)经济合理地使用铁路运输设备,充分满足国民经济各部门对铁路运输的需要,提高铁路在运输市场的竞争力,促进国民经济发展。

(2)促进各种运输方式的合作分工和协调发展。

(3)科学地组织货源货流,最大限度地组织合理运输、直达运输和均衡运输,挖掘运输潜力。

(4)促进铁路自身的计划管理,为铁路内部安排各种计划提供可靠的运量依据。

11.2.2 货物运输计划的分类

铁路货物运输计划,按其实施期限的长短,划分为长远货物运输计划、年度货物运输计划和月度货物运输计划。

1)长远货物运输计划

长远货物运输计划是根据国民经济和社会发展的远景目标,每五或十年制定的运输计划,是制定铁路网发展规划和技术装备发展计划的依据。

2)年度货物运输计划

年度货物运输计划是计划年度国民经济发展要求铁路完成的运输任务。它依据计划年度国民经济各部门对铁路运输的要求,通过经济调查核定进行编制。年度货物运输计划应根据各地区、各部门的产销联系,确定年度发送量、流向、平均运程、周转量、货运密度,制定机车车辆运用计划、列车编组计划、运行图等。

3)月度货物运输计划

月度货物运输计划是保证年度货物运输计划在计划月份的具体安排,以计划月份国民经济各部门的生产、供应和销售计划对运输的需要为依据,按照国家的运输政策并兼顾运输企业效益进行物资排队,经过综合平衡进行编制的运输计划。

月度货物运输计划主要包括:发到局货物品类运输计划;货物品类装车计划;直达列车、短途整列和成组装车计划;通过限制区段上、下行货物运输计划;卸车计划;重点物资装车计划、重点厂矿企业装车计划、静载重计划以及国际铁路联运进出口计划;水陆联运计划等。它规定了各个托运单位所运送货物的品类、发站、到站、吨数及车位,是编制技术计划、运输方案和日常工作计划的基础,也是铁路与市场相联系的桥梁和纽带。月度货物运输计划与铁路运输工作技术计划构成铁路运输工作计划(或运输生产计划)。

11.3 货运站及货场

11.3.1 货运站

1)货运站分类

凡专门办理货物装卸作业的车站,以及专门办理货物联运或换装的车站,均称为货运站。以办理货物装卸作业为主并办理少量的客运或货车中转作业的车站也属于货运站。

货运站按照工作性质可以分为装车站、卸车站和装卸站。装车站以办理货物的装车为主,需接入大量空车,发出大量重车。卸车站以办理货物的卸车作业为主,需接入大量重车,排出大量空车。装卸站的装车和卸车工作量大致平衡,可大量组织车辆的双重作业。

货运站按办理的货物种类可以分为综合性货运站和专业性货运站。综合性货运站站内设有较大货场,办理各种不同种类的整车、零担和集装箱货物的发送和到达作业以及专用线作业。此种车站主要为工厂、企业、机关及城市居民服务。专业性货运站办理一定种类货物的装卸作业或联运货物的换装作业。如大宗货物装车站、危险货物专用站、港口站及换装站等。

货运站也可按服务对象分成为城市企业、居民和仓库区服务的公共货运站,为不同铁路轨距之间货物换装服务的换装站,为某一工矿企业或工业区生产服务的工业站,为河海港口服务的港湾站等。

2)铁路货运站主要作业内容

(1)运转作业

①办理从技术站开来的小运转列车或从衔接区间开来的直达列车的接车作业;

②按装卸点选编车组、调送车组及按货位配置车辆;

③收集各装卸点装卸完毕的车组,并在调车线上进行集结;

④编组小运转列车或直达列车,向技术站或衔接区间发车。

(2)货物作业

①货物的托运和交付;

②货物的装卸和保管;

③货运票据的编制;

④货物的过磅、分类、搬运、堆码、加固、检查装载;

⑤办理铁路与其他运输部门的联运。

(3)兼办作业

①部分客、货列车的接发、通过和交会;

②不良机车或车辆的修理;

③调车机车的整备;

④车辆的清扫、洗刷、消毒等。

3)货运站上的设备

为了完成上述作业,货运站应设有下列主要设备:

(1)运转设备,包括到发线、调车线和牵出线。

(2)货运设备,包括货场配线、场库设备、装卸设备、取送货物的道路及停车场、给排水设备及消防设备。

(3)其他设备,货运站还可根据作业需要设置旅客站台、机车整备设备、车辆检修设备、集装箱及托盘的维修保养设备、货车消毒洗刷设备、篷布维修设备、货物检斤和量载设备。

4)货运作业工作重点

(1)在大城市、大枢纽卸货量大于装货量的车站,货运作业的重点为卸货和出货组织。

(2)在装货量大于卸货量的车站,应加强货源组织和进货、装车工作。

(3)在港口站和不同轨距的联轨站,应注意货流和车(船)流的衔接与配合。

11.3.2 货场

货场是车站办理承运、保管、装卸和交付的一个生产车间,是铁路与其他运输工具的衔接口,是货运的起点和终点,是铁路联系社会的窗口、货物的集散地。

1)货场的分类

(1)按照货物的品类分类:

①综合性货场,指办理多种品类货物作业的货场,一般设在枢纽内或沿线。

②专业性货场,指办理单一品类货物作业的货场,如专办危险货物、煤、木材、砂石等的货场。

(2)按照办理的种类分类,可分为整车货场、零担货场、集装箱货场、混合货场。

(3)按货运量大小分类,可分为大型货场(货运量≥10^7t);中型货场($3×10^6$t≤货运量<$1×10^7$t);小型货场(<$3×10^6$t)。

(4)按配置图分类,可分为尽头式货场、通过式货场、混合式货场。

2)货场布置形式

大、中型综合性货场的配置图可分为尽头式、通过式和混合式三种类型。

(1)尽头式货场

尽头式货场是由尽头式装卸线构成的货场,即其装卸线仅一端连接车站站线,如图11-2所示。这种布置图的优点是占地少,工程投资小,扩建方便;货场内道路和货物线交叉少,因此搬运车辆出入方便,与取送车干扰少;货场布置易结合地形,有利于与城市规划配合,适用于大中型综合性货场采用。缺点是货场取送端负担较重,取送车作业与装卸车作业会相互干扰。

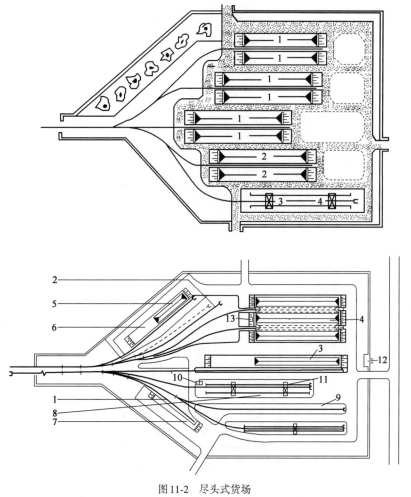

图11-2 尽头式货场

1-货物线;2-存车线;3-仓库;4-雨棚;5-危险货物仓库;6-普通货物站台;7-端式货物站台;8-笨重货物及集装箱堆放场;9-散堆装货物堆放场;10-集装箱修理间;11-门式起重机;12-货运室;13-中转货运办公室

货场的装卸线布置分为平行、部分平行和非平行布置。采用平行或部分平行布置用地省、布置紧凑,便于货物装卸和搬运作业,有利于货场发展及实行装卸搬运机械化,并便于排水和道路布置。

(2)通过式货场

通过式货场是由通过式装卸线构成的货场,其装卸线两端均连接车站站线,如图11-3所示。其优点是取送车作业可在货场两端同时进行,作业方便,与装卸作业干扰少;可办理整列装卸业务,提高调车作业效率。其缺点是占地比尽头式货场多,工程投资大,扩建困难;货场道路与装卸线交叉处多,取送车作业与进出货搬运作业相互干扰。

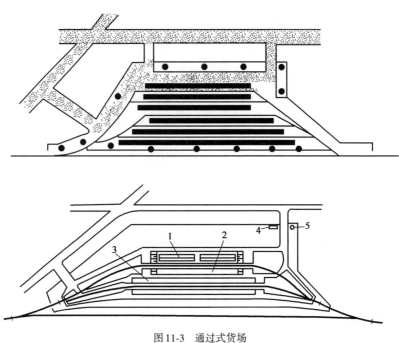

图11-3 通过式货场
1-仓库;2-货物站台;3-堆放场;4-货运室;5-门卫室

(3)混合式货场

混合式货场的货物装卸线一部分为尽头式、一部分为通过式,如图11-4所示。它兼有尽头式和通过式货运车的优缺点,适用于中间站。

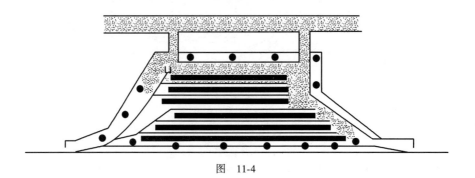

图 11-4

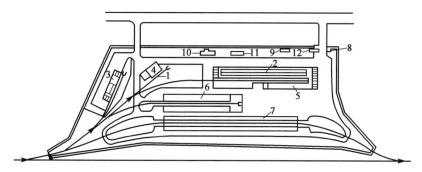

图11-4 混合式货场

1-货物线;2-仓库;3-危险货物仓库及站台;4-牲畜圈;5-站台;6-长大笨重货物堆放场;7-低货位;8-门卫室;9-装卸工人休息室;10-装卸机械维修组;11-叉车停放、保养及充电间;12-货运室

货场布置图应根据货物种类、车流特点、作业量、取送车方式、货运站在枢纽内的位置、货场与车场的相互配置方式和地形条件等因素进行选择。在一般情况下,大、中型货场采用尽头式货场布置比较合适,其线路可采用平行布置或部分平行布置。货运量较小的中间站货场可采用通过式货场或混合式货场布置。

不同类型的货场优缺点及采用条件总结为表11-1。

不同形式货场比较 表11-1

货场类型	尽头式	通过式	混合式
优点	配线短、占地少,工程投资少;易于结合地形特点及与城市规划配合;货场内道路与装卸线交叉少;短途搬运与取送车干扰少;零星车流取送方便;便于货场扩建	取送车作业可在货场两端进行,互不干扰;作业能力较大;两个方向的列车作业都比较方便	具有尽头式和通过式货场的优点
缺点	所有车辆的取送车作业均在货场一端进行;该端咽喉负担比较重,取送车与装卸作业有一定的干扰	占地大、铺设线路长、施工投资大;取送作业与货场搬运作业互相干扰;扩建和改建比较困难	占地面积大,工程费用高;两端咽喉负担不够均衡;并具有尽头式和通过式货场的缺点
采用条件	大、中型综合性货场及运量较大并配有调车机车的中间站货场	货运量不大而由本务机车担当调车作业的中间站	运量较小的中间站

11.4 集装运输

集装运输包括集装箱运输与集装化运输,它是以集装箱、集装器具和捆扎索夹具为载体,将散裸装和成件包装货物集合组装成集装单元,以便适于在现代流通领域内运用大型起重机械和运载工具进行装卸、搬运作业和完成运输任务,更好地实现货物门到门运输的一种新型、高效率和高效益的运输方式。集装运输能进一步保证货物运输安全和提高运输效率,是世界各国货物运输发展的方向。

11.4.1 集装箱运输

1）集装箱的定义

集装箱是指专供周转使用、便于机械作业和运输,且具有一定强度和刚度的大型货物容器,也称为货柜。集装箱运输是将多种多样的杂货集装于具有统一长、宽、高规格的箱体内进行运输的一种方法。集装箱运输最早出现在美国,20世纪60年代推广到世界各地,目前,有些国家货物的集装箱运输比重已达到80%以上。

根据国际标准化组织(ISO)的规定,集装箱应满足以下要求:

(1)能长期反复使用,具备足够的强度;

(2)途中转运时,不动箱内的货物,可以直接换装;

(3)可进行机械装卸,可从一种运输方式比较方便地直接换装到另一种运输方式上;

(4)便于货物的装卸作业和充分利用装载容器;

(5)内部几何容积在$1m^3$以上。

2）集装箱的分类

(1)按用途分类

根据设计中所考虑的装运货物品类的不同,集装箱可分为普通货物集装箱、特种货物集装箱和航空集装箱。

①普通货物集装箱

普通货物集装箱可分为通用集装箱和专用集装箱。

通用集装箱(图11-5),也称干货集装箱、杂货集装箱,是指全封闭式且具有刚性的箱顶、侧壁、端壁和箱底,至少在一面端壁上有箱门的集装箱,适于装运大多数普通货物。

专用集装箱是指为便于不通过端门装卸货物或为通风等特殊用途而设有独特结构的普通货物集装箱,包括通风集装箱、开顶集装箱、台架集装箱和平台集装箱。其中,通风集装箱是指在箱壁设有与外界进行气流交换装置的集装箱,主要用于装运食品等需要通风的货物。开顶集装箱箱顶可以开启,目的在于可利用机械从箱顶方向装卸货物。主要用于装运长大、笨重货物。台架

图11-5 通用集装箱

集装箱也称板架集装箱,它没有侧壁和箱顶、端板也可拆卸,由底板和四个角柱承受货物的重量。平台集装箱是指箱体为一平台而无上部结构的集装箱。图11-6和图11-7分别为开顶集装箱和台架集装箱。

②特种货物集装箱

特种货物集装箱是指用于装运控温货物、液体和气体货物、散货、汽车和活动物等特种货物的集装箱,包括保温集装箱、罐式集装箱、干散货集装箱和按货物命名的集装箱。图11-8~图11-10分别为散装货物集装箱、罐式货物集装箱和汽车集装箱。

图11-6 开顶集装箱

图11-7 台架集装箱

图11-8 散装货物集装箱

图11-9 罐式货物集装箱

图11-10 汽车集装箱

（2）按箱体材料分类

①铝合金集装箱：自重小、防腐蚀性好，但造价高。

②钢制集装箱：强度大、结构牢、密封性能好、造价低，但防腐蚀性能差。

③不锈钢集装箱：自重小、使用年限长，但造价高。

④玻璃钢集装箱:强度大、刚性好、隔热性好、抗腐蚀性强,但自重大,造价高。

(3)按质量和体积分类

集装箱按总质量可分为大型集装箱、中型集装箱和小型集装箱。大型集装箱是指总质量在20t及其以上的集装箱;中型集装箱是指总质量在5t及以上,但小于20t的集装箱;小型集装箱是指总质量小于5t的集装箱。

我国铁路运输的集装箱的箱型及主要技术参数见表11-2。

我国铁路运输的集装箱的箱型及主要技术参数　　　　　　表11-2

箱型		外部尺寸(mm)			质量(kg)
		长度	宽度	高度	
1t		900	1300	1300	1000
10t		3070	2500	2650	10000
20英尺	1CC	6058	2438	2591	24000
	1C			2438	
	1CX			<2438	
40英尺	1AAA	12192	2438	2896	30480
	1AA			2591	
	1A			2438	
	1AX			<2438	

注:1英尺=0.3408m。

3)集装箱的换算统计单位

为了国际流通,便于对集装箱的管理和信息传输,国际标准化组织规定了集装箱的换算单位。

20英尺换算集装箱(Twenty-foot Equivalent Unit,简称TEU)为国际标准集装箱的换算单位,1个40英尺的集装箱折合2个TEU。

换算10吨集装箱(Conversion Ten Unit,简称CTU)为我国铁路集装箱的换算单位,以1个铁路10吨集装箱为标准。1个铁路10吨集装箱折合1个CTU,1个20英尺集装箱折合2个CTU。

4)集装箱运输的优点

(1)可简化或取消包装,从而降低成本

集装箱本身具有保护商品的作用,所以集装箱运输为简化货物包装、降低商品成本创造了条件。

(2)便于开展多式联运,实现门到门运输

集装箱作为运输单元,由一种运输方式转换到另一种运输方式进行联合运输时,可以实现直接换装,箱内的货物并不需要搬动,这就大大简化和加快了换装作业。采用集装箱可以实现门到门运输,极大促进了铁路、公路、水路等单一运输方式向"一次托运、一次收费、一票到底、全程负责"的高级联运方式的发展。

(3)有利于保证货物运输安全

集装箱箱体结构坚固,箱门具有防雨装置,对货物有很好的保护作用。途中换装时可以不搬动箱内货物,减少了装卸、搬运的次数,从而可避免人为和自然因素造成的货物破损、湿损、丢失等货运事故。

(4)提高运输效率

采用集装箱运输便于铁路装卸和搬运作业全面实现机械化,从而提高作业效率,缩短集装箱装卸和中转作业时间,加速车辆的周转和货物的送达。

(5)减少运营成本,降低运输费用

由于集装箱运输采用机械装卸,一方面集装箱运输相比人力装卸可节省大量的装卸成本;另一方面由于装卸效率提高、车船周转加快,集装箱运输成本大幅降低。另外,货损、货差大为减少,事故赔偿也随之下降。开展门到门运输业务后,可大量节约仓库的建造费用和仓库作业费用等。

(6)有利于实现管理现代化

集装箱运输简化了货运手续,使装卸、搬运、交接等过程更加简单方便。集装箱的标准化和单元化特点,使集装箱运输非常适合使用现代科学方法加以管理,特别是可使用计算机技术进行管理,从而为自动化管理创造了便利条件。

5)集装箱场

集装箱场是进行集装箱承运、交付、装卸、堆存、装拆箱、门到门作业,组织集装箱专列等作业的场所,应根据作业量、作业方式、存放集装箱数、保管期限、直接换装比重、场地备用系数等条件确定集装箱场的容量,图11-11为门式起重机集装箱场。

图11-11　门式起重机集装箱场

6)集装箱运输组织

集装箱运输组织的原则是"合理集结、多装直达、均衡运输、减少回空"。集装箱运输的发展方向是组织班列运输。

铁路集装箱在集装箱办理站之间办理运输业务。铁路集装箱实行统一调度、分级管理,进行集装箱运输的日常组织工作和集装箱箱流的调整工作。

集装箱运输的货物,由托运人确定货物的重量,铁路有权进行复查或检查。

(1)集装箱运输的基本条件

①凡是不符合规定标准的集装箱,不能按集装箱办理。

②集装箱要在规定的集装箱办理站之间运输。

③应符合按一批办理的条件。集装箱货物按一批办理的条件包括:每批必须是标记总重相同的同一箱型;每批最多不超过一辆货车所能装运的箱数;铁路箱与自备箱不能按一批办理。

④集装箱所装货物应适合集装箱运输的要求,不得腐蚀、损坏箱体;性质互抵的货物不得混装于同一箱内;易于污染箱体的货物不得使用铁路通用集装箱装运。

⑤集装箱装箱和施封应由托运人负责;集装箱的启封和掏箱应由收货人负责;集装箱凭封印交接。

⑥集装箱不办理军事运输。

(2)铁路集装箱装运

1t集装箱主要使用棚车装运,可以与普零货物混装;10t集装箱或5t、10t集装箱可以拼装一车;20、40英尺集装箱应组织一站车装运,20英尺集装箱可与5t、10t集装箱拼装一站车。

(3)铁路拼箱

铁路拼箱是指由铁路车站组织,将承运的数批零担货物合并装于一个集装箱内的运输。

11.4.2 集装化运输

铁路货物集装化运输,国外铁路称之为货捆运输、单元运输或束装运输。凡使用集装器具或捆扎方法,把裸装货物、散粒状货物、具有商业包装的货物、体积较小的成件、包装货物,组合成为一定规格的集装货件(即货物运输单元),经由铁路进行运输,统称为铁路货物集装化运输。

铁路货物集装化运输是近几十年发展起来的一种较为先进的运输方式,它是提高货物运输效率,保证货物运输安全与货物质量,加速车辆周转和货物送达的重要措施,也是实现铁路货物运输现代化的途径之一。

从广义上来说,集装箱也是集装化的一种形式,但集装化运输与集装箱运输的不同之处是集装化运输具有更大的灵活性,能组织不同形式和类型的货物集装件进行运输。

1)集装器具类型

集装器具是指货物集装化运输所使用的集装容器和用具的总称。集装器具类型的选择主要取决于货物的性质和状态。集装器具主要包括托盘、集装笼、集装架、集装袋、集装网、集装专用箱、集装夹、预垫式集装器具和滑板。图11-12～图11-14分别为托盘、集装袋和集装网。

图11-12 托盘

图11-13 集装袋

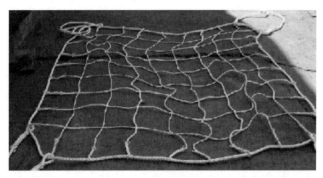

图11-14 集装网

2)技术条件和方法

(1)集装化运输以整车运输和零担运输并重,优先发展装卸困难、货损较大、包装费用高、易污染环境、影响铁路安全的货物实行集装化运输。

(2)集装器具应逐步实行标准化、系列化和通用化。

(3)铁路部门对采用集装化运输的货物按集装货件承运,凭集装货件的件数办理交接并划分责任。

(4)集装器具应尽量采用一次性使用方式。

(5)装货件在运输途中若发现货物外部状态破损、散落时,发现站应进行检查清点,并编制货运记录,整理加固后可继续运至到站。

复习思考题

1. 铁路货物运输种类划分为哪几种?各有何限制条件?
2. 按一批托运的货物应该具备什么条件?各种货物按一批托运该如何规定?
3. 货物运到期限应该如何计算?
4. 货物发送作业的程序有哪些?
5. 集装箱运输的基本条件有哪些?
6. 铁路货物运输计划有哪几种?各自的特点是什么?
7. 尽头式货场、通过式货场和混合式货场各自的优缺点是什么?
8. 集装箱运输的优点是什么?
9. 集装化运输的技术条件有哪些?

第12章 运营安全及其风险评价

运输系统需要妥善处理好安全、成本、效率三者及其相互之间的关系,安全是轨道交通运营管理的重要方面。本章主要介绍轨道交通系统运营安全的基本概念与影响因素,并在此基础上讲解运营安全风险评价基本方法及技术路线。

12.1 运营安全基本概念

安全是指不受威胁,没有危险、危害、损失。在《现代汉语词典》(第7版)中,对安全的解释是:"没有危险;平安"。它描述的是人、物、环境,不受到威胁和破坏的一种良好状态。

在马斯洛的需求层次理论中,安全是非常底层的需要(图12-1),包括人们心理上和物质上的安全保障。

轨道交通运营安全是轨道交通运营过程中最重要、最核心的部分,主要是指除了减少造成列车延误、运营中断等运营故障外,更重要的是避免涉及生命财产损失、设备损坏等重大问题。

图12-1 马斯洛需求层次

轨道交通运营安全包括以下特点:
①在轨道交通运营活动过程中,能将人身伤亡或财产损失控制在可接受水平的状态;
②人或物遭受损失的可能性是可以接受的,若这种可能性超过了可接受的水平,即为不安全;
③运营安全是在一定危险条件下的状态,并非绝对没有安全事故的发生;
④安全是相对的,绝对的安全是不存在的;
⑤不同的时期和地域可接受的损失水平是不同的,因而衡量系统运营安全的标准也不同。

12.2 运营安全影响因素

轨道交通系统包括了供电、信号、车辆、机车、线路等多个方面,影响轨道交通运营安全的因素主要包括:客运需求与运输能力、运营设施设备、外部环境、线路(网络)运输组织、突发事件处置能力、员工安全意识与业务素质、旅客(乘客)安全出行文明素质。

(1)客运需求与运输能力

客运需求与运输能力之间的供需矛盾一直是影响轨道交通运营安全的主要因素。

运输能力是轨道交通系统最重要的参数,能力的利用程度即运输负荷将会直接影响到系统的安全性与可靠性。从不同层面来看,能力所强调的范畴有所区别,如从网络的角度出发,能力强调的是单位时间内可以输送的人数,即输送能力;从线路的角度出发,能力强调的是单位时间内可以开行列车数,即通过能力。

①能力利用率:对于轨道交通线路而言,可以通过线路能力利用率指标来反映线路的通过能力利用程度。一般情况下系统运营安全可靠性与能力利用率呈非线性的反比关系。

②列车满载率:列车满载率是反映列车拥挤程度的关键指标。满载率越大,列车越拥挤,乘客的舒适性越差,同时,一旦发生突发事件,受影响的乘客数量越多,由此带来的安全隐患越大。为了保证一定的服务水平,保证乘客安全,列车满载率应控制在一定范围以内。

③车站客流密集程度:车站客流密集程度过高,会造成乘客走行速度慢,容易发生挤踏事件。车站客流密集程度可以用车站实际客流量占车站设计客流量的比值来表示。

(2)运营设施设备

运营设施设备包括线路与轨道、车辆系统、供电系统、通信系统、信号系统、消防与火灾报警系统以及其他设施设备等,这些设备存在以下安全风险。

①线路与轨道:不同地区由于地质条件的差异,使轨道交通线路维护重点也有所不同。维护不到位导致线路不平顺,轨道出现几何形位变化。

②车辆系统:车辆类型多,驾驶要求高;车辆故障类型各异,操作及排故难度大。

③供电系统:设备老化;部分设备备品配件不足;部分设备运行环境较差。

④通信系统:通信设施不完善导致调度指令传送不够及时、准确。

⑤信号系统:线路建设的时序不同,信号设备老化;线路不断延伸,信号系统功能频繁升级,稳定性不够。

⑥消防与火灾报警系统:部分车站与附属商业空间防火分割不完善;消防用水水源设置难以保障需求;线路区间内缺少疏散指示标识,影响人员安全疏散。

⑦其他设施设备:场内调车、列车出入库、夜间施工轨道车作业没有ATP(自动列车保护系统)保护;城市轨道交通部分线路车站无屏蔽门;前期设计规模与设计标准不能满足发展需要等。

(3)外部环境

外部环境风险包括:自然灾害、轨行区与保护区的隐患、设备偷盗隐患以及社会舆论。

①自然灾害:台风、暴雨、地质沉降等。

②轨行区与保护区的隐患:线路区段不均匀沉降、轨行区侵限,以及轨道交通保护区内非法施工。

③设备偷盗隐患:远郊、地面线路行车设施设备易被盗取。

④社会舆论:需要引导乘客配合和理解轨道交通风险防控和处置措施。如"限流"措施、"调停"措施,甚至"非正常情况下停止运营"措施等;营造轨道交通安全文化气氛,使民众在轨道交通安全管理中不再处于被动状态,需要政府、企业、媒体多方的努力。

(4)网络运输组织

网络运输组织包括行车调度指挥、客运组织、运营管理规章等。

①行车调度指挥:非正常行车条件下的行车调度指挥的原则;非正常行车条件下行车

调度指挥的手段。

②客运组织：高峰期车站客运组织；换乘站客运组织；车站应急疏散装备；车站导向标志。

③运营管理规章：规章、手册、预案的学习、培训及掌握；现场作业管控能力等需进一步适应网络化管理要求。

（5）突发事件处置能力

突发事件处置能力包括事前预警和控制、应急指挥、应急联动、事后评估与总结，以及运营管理规章、应急预案及演练等。

①事前预警和控制：由于事件发生的突然性，要求必须及时报警以提前控制事态发展，因此建立突发事件应急响应机制、清晰的处置流程及信息传输系统至关重要。

②运营管理规章、应急预案及演练：突发事件种类的多样性，使各类事件的应急处置方法和要求有差异，必须在事前准备完备的应急预案，才能确保在接到突发事件报警后能快速生成处置方案；为确保预案的时效性和可操作性，还需要加强应急预案的演练，提升各部门联动协调水平及实操质量。

③应急指挥：行车调度指挥在保证列车运行安全的前提下，需要采用多种手段和方法进行行车调整，以避免列车运行延误的扩大和传播。

④应急联动：城市轨道交通大多运行于地下封闭空间，救援抢险工作实施难度大，且其运送的客流量大，疏散难度大，因此往往需要多部门应急联动。

⑤事后评估与总结：做好事后的评估与总结工作，才能改进预案、落实整改措施，为未来避免和预防类似安全事件，提高应急处置效率提供经验；运营企业的内部事故认定标准应与国家事故认定标准统一；区分"事故"与"延误"，减小运营管理人员的精神压力，避免造成监管部门及社会舆论的误解。

（6）员工安全意识与业务素质

员工安全意识与业务素质风险包括工作经验、业务培训、工作负荷与压力、安全管理队伍等。

①工作经验：乘务员存在工作经验欠缺、突发事件处置经验不足等问题；年轻调度员的数量增加快，经验不足，难以及时发现安全隐患，调度指挥水平亟待提高；由于受到技术设备多样、核心技术国外引进、培训周期限制等因素的影响，维保员工的能力需要提高。

②业务培训：员工业务培训内容、培训方式、实操演练等方面需进一步优化改进；受人员配置数量的影响，调度员少，并且调度员对所调度管辖的线路、设备掌握不尽清楚。

③工作负荷与压力：一线员工的工作强度大，身体素质和精神状态下降趋势明显；乘务员值乘作业强度大，造成驾驶列车时注意力和反应能力下降；调度员工作风险高、责任大，承受的心理压力大，并且由于常年值夜班，身体素质下降快。

④安全管理队伍：安全管理人员配备如果太少，对于一线操作层员工的监督跟不上，临时性规章和要求的知晓周期长，存在工作衔接脱节或未按注意事项行车的安全风险。

（7）乘客安全出行文明素质

乘客安全出行文明素质风险包括不文明乘车行为、个体极端事件、应急技能缺乏等。

①不文明乘车行为：部分乘客不遵守乘客规则，不仅会造成自身安全问题，还会导致车站封闭和列车运行延误。

②个体极端事件：人为蓄意破坏时有发生；乘客因个人问题导致列车运行延误，影响运

行秩序。

③应急技能缺乏:乘客应急技能缺乏,发生事故后乘客因缺乏必要的应急技能造成伤亡损失扩大。

12.3 运营安全风险评价

12.3.1 风险与运营安全风险

如图12-2所示,"风险"一词中的"险"指要隘、不易通过的地方或者可能遭受的灾难;而风具有无法预测、无法确定性,"风"即意味着"险",因此有了汉语中"风险"一词的由来。

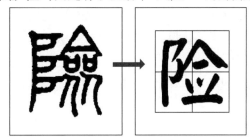

图12-2 "风"与"险"

风险定义为衡量危险性的指标,指某一特定危险情况发生的可能性和后果的组合(国际标准化组织的定义)。它有两层含义:①风险是与后果(损失)相关的一种状态;②这种后果(损失)是不确定的(可能性)。风险具有客观性、损失性、不确定性、普遍性、社会性、可测性、可变性等七大特征。

相应地,可以将轨道交通运营安全风险定义为衡量轨道交通系统运营危险性的指标,指在轨道交通系统运营过程中某一特定危险情况发生的可能性和后果的组合。

12.3.2 运营安全风险评估技术路线

轨道交通运营安全风险评估的工作流程与技术路线,根据不同的场景与需要会各有不同,但概括起来,其运营安全风险评估的技术路线可以大致分为以下四个步骤(图12-3)。

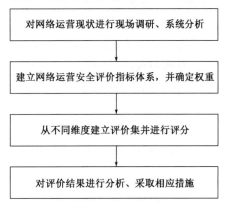

图12-3 轨道交通运营安全风险评估的一般技术路线

(1)现状调研与系统分析

对轨道交通系统的运营现状进行现场调研,包括现场调查、座谈以及资料收集整理等,了解运营安全的各个方面及其影响因素,并在系统分析的基础上明确其中的主要内容。

(2)构建评价指标体系

在前述现状调研与系统分析基础上,梳理主要评价指标并建立分层体系,再根据层次分析法(Analytic Hierarchy Process,简称AHP)确定指标权重系数,具体步骤包括(图12-4):构建评价指标体系、专家打分、构造判断矩阵、计算特征根和特征向量、一致性检验、合成权重。

(3)进行综合评价

从不同维度建立评价集并进行评分。具体地,可以采用客观的数学方法,从三个不同的维度进行评价(如模糊综合评价法等),包括风险发生的概率、发生风险时的损失、发生风险的觉察程度,如图12-5所示。

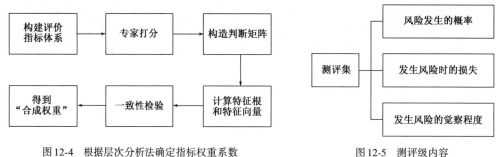

图12-4 根据层次分析法确定指标权重系数　　图12-5 测评级内容

(4)评价结果分析

评价的最终目的是发现轨道交通系统运营安全中的薄弱环节,从而能够有针对性地采取相应的措施。为此,还须对上述综合评价结果进行分析,包括分项指标分值水平及其原因分析,以及对应措施及其效果分析等。

12.3.3 运营安全风险模糊综合评价

模糊综合评价法是一种基于模糊数学的综合评价方法。若从数学的角度看世界,可以把我们身边的现象划分为三类:确定性现象、随机现象和模糊现象。其中,如在标准大气压下,"水加热到100摄氏度就沸腾"是确定性现象,这类现象的规律性靠经典数学去刻画;如"掷骰子看哪一面朝上"是随机现象,这类现象的规律性靠概率统计去刻画;而像"今天天气很热""小伙子很帅""衣服脏了"等则表现出模糊性,是一类外延不清晰的模糊现象。以上述原则看轨道交通系统运营安全风险也具有模糊性,因而轨道交通可使用模糊综合评价方法进行运营安全风险评价。

下面以城市轨道交通系统为具体场景介绍运营安全风险模糊综合评价的主要过程,这一过程具体包括:构建评价指标体系、利用层次分析法确定指标权重、建立模糊评价集、建立隶属度矩阵,以及模糊综合评判。

(1)建立评价指标体系

首先,经过大量的实际现场调研,建立城市轨道交通运营安全评价指标体系(图12-6)。

该体系为两层指标体系,第一层指标为运输负荷、运营设施设备、运营组织、员工素质与业务能力、乘客素质等影响运营安全风险的五个主要方面,在五个方面下又有若干细分指标。

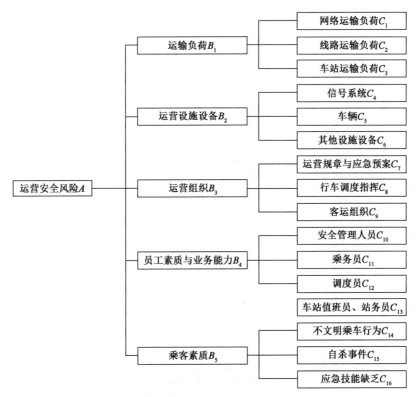

图 12-6 城市轨道交通运营安全评价指标体系

(2)利用层次分析法确定各指标权重

①构造判断矩阵

判断矩阵是表示本层所有因素针对上一层某一个因素的相对重要性的比较,判断矩阵的元素 A_{ij} 用 Santy 的 1-9 标度方法给出(表 12-1)。

Santy"1-9"标度法　　　　　　　　　　　　　　　　　表 12-1

标度	标度的含义
1	A_i 与 A_j 相比,A_i 与 A_j 同等重要
3	A_i 与 A_j 相比,A_i 比 A_j 稍微重要
5	A_i 与 A_j 相比,A_i 比 A_j 明显重要
7	A_i 与 A_j 相比,A_i 比 A_j 强烈重要
9	A_i 与 A_j 相比,A_i 比 A_j 极端重要
2、4、6、8	上述相邻判断的中值
倒数	因素 j 与 i 比较的判断矩阵元素 $A_{ji}=1/A_{ij}$

根据前文建立的指标体系和 1-9 标度打分法,采用专家打分的方式确定各层元素对于上层元素的相对重要程度,见表 12-2～表 12-7。

A-B 层判断矩阵　　　　　　　　　　　　　　　　　　　　　　表 12-2

指标	B_1	B_2	B_3	B_4	B_5
B_1	1	2	3	5	5
B_2	1/2	1	3	5	5
B_3	1/3	1/3	1	1/3	2
B_4	1/5	1/5	3	1	3
B_5	1/5	1/5	1/2	1/3	1

B_1-C 层判断矩阵　　　　　　　　　　　　　　　　　　　　表 12-3

指标	C_1	C_2	C_3
C_1	1	1/4	1/3
C_2	4	1	3
C_3	3	1/3	1

B_2-C 层判断矩阵　　　　　　　　　　　　　　　　　　　　表 12-4

指标	C_4	C_5	C_6
C_4	1	3	5
C_5	1/3	1	3
C_6	1/5	1/3	1

B_3-C 层判断矩阵　　　　　　　　　　　　　　　　　　　　表 12-5

指标	C_7	C_8	C_9
C_7	1	1/3	1/3
C_8	3	1	1
C_9	3	1	1

B_4-C 层判断矩阵　　　　　　　　　　　　　　　　　　　　表 12-6

指标	C_{10}	C_{11}	C_{12}	C_{13}
C_{10}	1	1/3	1/3	3
C_{11}	3	1	1	3
C_{12}	3	1	1	3
C_{13}	1/3	1/3	1/3	1

B_5-C 判断矩阵　　　　　　　　　　　　　　　　　　　　　表 12-7

指标	C_{14}	C_{15}	C_{16}
C_{14}	1	3	2
C_{15}	1/3	1	1/3
C_{16}	1/2	3	1

②层次单排序及其一致性检验

求解判断矩阵的最大特征根:$AW=y_{max}W$,这里y_{max}是判断矩阵A的最大特征根,W是相应的特征向量,并对其进行归一化处理,如下所示:

A-B层:y_{max}=5.40,W=(0.412,0.316,0.089,0.130,0.053)^T;
B_1-C层:y_{max}=3.07,W=(0.1172,0.6144,0.2684)^T;
B_2-C层:y_{max}=3.04,W=(0.637,0.258,0.105)^T;
B_3-C层:y_{max}=3.02,W=(0.142,0.479,0.479)^T;
B_4-C层:y_{max}=4.15,W=(0.169,0.368,0.368,0.096)^T;
B_5-C层:y_{max}=3.05,W=(0.5278,0.1396,0.3325)^T。

为了检验各元素重要度之间的协调性,避免出现例如A比B重要,B比C重要,而C又比A重要这样的矛盾情况,需要对判断矩阵进行一致性检验。具体步骤如下:

a. 计算一致性指标CI,CI=$(y_{max}-n)/(n-1)$;
b. 根据表12-8,查找相应的平均随机一致性指标RI。

平均随机一致性指标 RI　　　　　表12-8

n	1	2	3	4	5	6	7	8	9
RI	0	0	0.58	0.90	1.12	1.24	1.32	1.41	1.45

c. 定义CR为一致性比率,CR=CI/RI,当CR<0.1时,则认为判断矩阵具有满意的一致性,否则应对判断矩阵做适当修正。

对本例中的各判断矩阵进行一致性检验如下:

A-B层:y_{max}=5.40,CR=0.09;
B_1-C层:y_{max}=3.07,CR=0.06;
B_2-C层:y_{max}=3.04,CR=0.04;
B_3-C层:y_{max}=3.02,CR=0.02;
B_4-C层:y_{max}=4.15,CR=0.05;
B_5-C层:y_{max}=3.05,CR=0.04。

可见本例各判断矩阵CR均小于0.1,证明本例通过一致性检验。

③层次总排序及其一致性检验

计算某一层次所有因素对于最高层(总目标)相对重要性的权值,称为层次总排序(图12-7),计算方法如下:

$$c_i = \sum_{j=1}^{m} c_{ij} b_j \quad (i = 1,\cdots,n) \quad (12\text{-}1)$$

计算得到的层次总排序见表12-9。

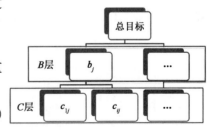

图12-7　层次排序逻辑示意图

层次总排序表　　　　　表12-9

指标	B_1	B_2	B_3	B_4	B_5	W	排序
待分权重	0.412	0.316	0.089	0.130	0.053		
C_1	0.1172					0.048	5
C_2	0.6144					0.250	1

续上表

指标	B_1	B_2	B_3	B_4	B_5	W	排序
待分权重	0.412	0.316	0.089	0.130	0.053		
C_3	0.2684					0.110	3
C_4		0.637				0.218	2
C_5		0.258				0.082	4
C_6		0.105				0.033	10
C_7			0.143			0.013	14
C_8			0.479			0.043	8
C_9			0.479			0.043	8
C_{10}				0.169		0.022	12
C_{11}				0.368		0.048	6
C_{12}				0.368		0.048	6
C_{13}				0.096		0.012	15
C_{14}					0.5278	0.028	11
C_{15}					0.1396	0.006	16
C_{16}					0.3325	0.016	13

对层次总排序也需要进行一致性检验,记前文 $B\text{-}C_1, B\text{-}C_2, \cdots, B\text{-}C_5$ 层判断矩阵经一致性检验,得到的单排序一致性指标为 CI(j),相应的平均一致性指标为 RI(j),b_j 为 B 层的权重比例,则总排序一致性指标为:

$$CR = \frac{\sum_{j=1}^{m} CI(j)b_j}{\sum_{j=1}^{m} RI(j)b_j} \tag{12-2}$$

当 CR<0.1 时,认为层次总排序通过一致性检验,本例经过计算得到 CR 值为 0.0397,符合标准,通过检验。

④建立模糊评价集

分别从风险发生概率、风险觉察难易程度、风险损失三个角度对本例的城市轨道交通运营安全风险进行评价,每一类评价集等级标准分别见表12-10～表12-12。

风险发生概率(P)等级标准　　　表12-10

等级	1	2	3	4	5
可能性	频繁的	经常的	偶尔的	罕见的	不大可能的
概率值	>0.1	0.01～0.1	0.001～0.01	0.0001～0.001	<0.0001
出现频率	每月10次以上	每月10次以下	每年10次以下	几年发生1次其他线路发生	国外线路发生

风险觉察难易程度(S)等级标准　　　表12-11

等级	I	II	III	IV	V
觉察难度	偶然性大,事前无征兆,只能在系统功能障碍才可得知的	未来一两年可能发生,但难以准确预测,由演练或专项测试/评估得知的	未来数月可能发生,需由监控设备得知的	已达临界状态,设备自行报警	人可直接感知问题存在

风险损失(C)等级标准 表12-12

等级	A	B	C	D	E
损失程度	灾难性的	非常严重的	严重的	需考虑的	可忽略的
人员伤亡	死亡(含失踪)3人以上	死亡(含失踪)1~3人,或重伤10人以上	重伤2~9人或轻伤10人以上	重伤1人,或轻伤3~9人	轻伤1~2人
经济损失	造成500万元以上1000万元以下直接经济损失	造成200万元以上500万元以下直接经济损失	造成100万元以上200万元以下直接经济损失	造成10万元以上100万元以下直接经济损失	造成5万元以上10万元以下直接经济损失
运营中断或晚点	造成1条已(试)运营线路运营区段单向中断运营5h以上,或者1条已(试)运营线路运营区段双向中断运营3h以上	造成1条已(试)运营线路运营区段单向中断运营3h以上5h以下,或者1条已(试)运营线路运营区段双向中断运营2h以上3h以下	造成已(试)运营线路严重晚点2h以上	造成已(试)运营线路严重晚点30min以上	造成已(试)运营线路严重晚点30min以下
设备系统	全网失效,修复时间需300工日以上	线路失效,修复时间需100~300工日	系统失效,修复时间需30~100工日	单台失效,修复时间需10~30工日	故障,修复时间10个以下工日

⑤建立隶属度矩阵

邀请专家使用5级标度法从三个不同角度进行评估,按照评语集进行评判,统计结果并进行单位化处理,以此为依据建立隶属度矩阵分别见表12-13~表12-15。

隶属度矩阵(风险概率角度) 表12-13

指标	等级				
	1	2	3	4	5
运输网络负荷	1.0	0	0	0	0
线路运输负荷	1.0	0	0	0	0
车站运输负荷	1.0	0	0	0	0
信号系统	0.1	0.1	0.6	0.1	0.1
车辆	0.3	0.4	0.3	0	0
其他设施设备	0.1	0.2	0.2	0.4	0.1
运营规章与应急预案	0.1	0.2	0.6	0.1	0
行车调度指挥	0.1	0.1	0.5	0.1	0.2
客运组织	0.1	0.2	0.4	0.3	0
安全管理人员	0	0.6	0.3	0.1	0
乘务员	0	0	0.3	0.4	0.3
调度员	0	0	0.4	0.4	0.2
车站值班员、站务员	0.1	0.1	0.4	0.4	0
不文明乘车	0.1	0.1	0.6	0.1	0.1
自杀	0.1	0.2	0.5	0.1	0.2
应急技能	0	0.3	0.5	0.2	0

隶属度矩阵（风险觉察难易程度角度） 表12-14

指标	等级				
	Ⅰ	Ⅱ	Ⅲ	Ⅳ	Ⅴ
运输网络负荷	0	0.2	0.2	0.4	0.2
线路运输负荷	0.3	0.2	0.2	0.1	0.2
车站运输负荷	0.1	0	0	0.5	0.4
信号系统	0.3	0.2	0.3	0.2	0
车辆	0	0	0.1	0.5	0.4
其他设施设备	0	0.1	0.2	0.1	0.6
运营规章与应急预案	0.5	0	0.1	0.1	0.3
行车调度指挥	0.6	0.1	0.1	0.1	0.1
客运组织	0.1	0	0.1	0.6	0.2
安全管理人员	0	0.2	0.1	0.5	0.2
乘务员	0	0	0.8	0.1	0.1
调度员	0.8	0.1	0.1	0	0
车站值班员、站务员	0	0.1	0	0.7	0.2
不文明乘车	0.8	0.1	0	0	0.1
自杀	0.7	0.2	0	0.1	0
应急技能	0.3	0.6	0.1	0	0

隶属度矩阵（风险损失角度） 表12-15

指标	等级				
	A	B	C	D	E
运输网络负荷	0	0.2	0.2	0.4	0.2
线路运输负荷	0.1	0.2	0.1	0.4	0.2
车站运输负荷	0.1	0	0	0.5	0.4
信号系统	0.1	0.1	0.2	0.1	0.5
车辆	0	0	0.1	0.5	0.4
其他设施设备	0	0.1	0.2	0.1	0.6
运营规章与应急预案	0	0.1	0.1	0.1	0.7
行车调度指挥	0.1	0.5	0.1	0.1	0.2
客运组织	0.1	0	0.1	0.6	0.2
安全管理人员	0	0.2	0.1	0.5	0.2
乘务员	0	0	0.8	0.1	0.1
调度员	0	0.1	0.1	0.6	0.2
车站值班员、站务员	0	0.1	0	0.7	0.2
不文明乘车	0.1	0.1	0.6	0.1	0.1
自杀	0.1	0.2	0.5	0.1	0.2
应急技能	0	0.3	0.5	0.2	0

⑥模糊综合评判

将相应的标度等级转化为分值(图12-8)。同时,采用广义加权和的方法从三个角度对城市轨道交通运营安全风险的总体情况进行评价,计算公式见式(12-3)。模糊综合评价结果见表12-16。

$$TS = \sum_{j}^{m} \sum_{i}^{n} S_j r_{ij} w_i \qquad (12-3)$$

式中:TS——城市轨道交通运营安全风险的总体分值;

S_j——等级转化的分值;

r_{ij}——隶属度矩阵中的元素;

w_i——各指标的权重。

本例中 $m=5, n=16$。

图12-8 标度等级与分值转化

城市轨道交通运营安全风险模糊综合评价结果表　　表12-16

专业分组	一级指标	二级指标	风险发生概率		风险觉察难易程度		风险损失(不利影响)	
运输组织	系统负荷	运输网络负荷	100.0	13.5	60.0	8.1	40.0	5.4
		线路运输负荷		58.4		35.0		23.4
		车站运输负荷		28.1		16.9		11.2
	运营设备与设施	信号系统	63.1	38.2	55.8	38.2	54.8	38.2
		车辆		20.7		15.5		10.3
		其他设施设备		4.2		2.1		6.3
	运输组织	运营规章与应急预案	46.9	8.6	59.3	11.4	53.6	5.7
		行车调度指挥		19.1		38.3		28.7
		客运组织		19.1		9.6		19.1
	人员	安全管理人员	48.7	13.5	58.1	10.1	47.4	6.7
		乘务员		14.7		14.7		22.1
		调度员		14.7		29.4		14.7
		车站值班员、站务员		5.7		3.8		3.8
	乘客素质	不文明乘车	60.0	35.0	94.4	58.4	54.4	35.0
		自杀		8.1		13.5		8.1
		应急技能		16.9		22.5		11.2
城市轨道运营安全总体评价			74.8		60.2		47.6	

对照表12-16中的模糊综合评价结果,风险发生概率74.8分,表示发生风险的可能性比较大,影响运营安全的因素较多、成分复杂,必须提高警惕;风险觉察难易度60.2分,表明部分风险不易觉察,需要通过一些技术手段和信息手段来及早发现和控制风险源,如果此方面的工作做得详细、全面,风险被杜绝的可能性很大;风险损失47.6分,说明发生严重的安全事件风险可能性较低,发生轻微的安全事件风险发生的可能性较大。此外,还可以根据需要对5个一级风险指标的评价结果做进一步的细致分析。

复习思考题

1. 简述安全与风险的概念。
2. 轨道交通运营安全的主要影响因素有哪些?
3. 模糊综合评价的主要过程是怎样的?

第四篇
探讨拓展篇

第13章 城市轨道交通与铁路运输之异同

本书主要讲授轨道交通运营相关的基础知识,在内容选取与编排上以"铁路方式为骨、兼顾城市轨道交通等其他方式"为原则。前述各章已对轨道交通的定义、分类及特征,以及设施设备包括"机""工""电""辆"等方面的基本专业知识作了介绍,并重点围绕车务,对包括客运、货运、行车及其安全等的运输组织与管理的专业内容进行了讲解。本章将在此基础上进一步探讨城市轨道交通与铁路运输之间的主要异同,帮助读者对不同轨道交通制式在运营管理上的差异有更深入的理解。但由于轨道交通的制式众多,且国内外轨道交通系统在运营模式上也有较大差异,故本章的讨论主要以我国国内的城市轨道交通与铁路运输系统为对象。

13.1 概念之异同

13.1.1 交通、物流与运输的概念

无论是在理论学习还是现场实践中,"交通""物流""运输"都是会频繁出现且常常被混淆的三个概念。浅析城市轨道交通与铁路运输之异同,首先从理清这三个概念入手。

(1)交通

我国第一部大百科全书(《中国大百科全书·交通》)对交通的解释为:"交通包括运输和邮电两个方面。运输的任务是输送旅客和货物;邮电是邮政和电信的总称,邮政的任务是传递信件和包裹,电信的任务是传送语言、符号和图像。"习惯上,"交通"特指"运输工具在运输网络上的流动。"

(2)物流

《物流术语》(GB/T 18354—2021)对物流的解释为:物流是物品从供应地向接收地的实体流动过程中,根据实际需要,将运输、存储、装卸搬运、包装、流通加工、配送、信息处理等功能有机结合起来实现用户要求等过程。

(3)运输

维基百科(Wikipedia)对运输(Transportation)的定义为:"Transport or transportation is the movement of humans, animals and goods from one location to another. In other words, the action of transport is defined as a particular movement of an organism or thing from a point A to a Point B."

百度百科对运输的解释为:"运输是指用特定的设备和工具,将物品从一个地点向另一个地点运送的物流活动,它是在不同地域范围内,以改变物的空间位置为目的的对物进行

的空间位移。"

基于上述的定义或解释,我们可以将"运输"理解为:使用各种运输工具(如火车、汽车、船舶、飞机、管道等),使运输对象(货物或旅客)实现地理位置上(空间)的转移。这种活动推进不同地区之间的人和物的交流和交换。

对比上述三个概念,三者之间的联系与区别可以表述为:①交通是手段,运输是目的。运输以交通为前提,没有交通就不存在运输,而没有运输的交通也就失去了存在的必要。②运输是物流的主要环节,但又不是完全包含关系。从环节构成来看,运输是物流的主要环节且是贯穿物流全过程的主线,串联了储存、装卸、搬运、包装、流通加工、配送的各个环节,同步衍生了信息流动,是物流活动的开展基础和运作主体,但运输除了货物运输还包括旅客运输,与物流又不是完全的包含关系。

13.1.2 城市轨道交通与铁路运输的概念

从概念上来理解,城市轨道交通与铁路运输同属于轨道交通的范畴,均是指运营车辆需要在特定轨道上行驶的一类运输系统。最典型的轨道交通就是由传统列车和标准铁路所组成的铁路系统。随着车辆和铁路技术的多元化发展,轨道交通呈现出越来越多的类型,不仅遍布于长距离的陆地运输,也广泛运用于中短距离的城市公共交通之中。其中,城市轨道交通与铁路运输是两类最具代表性的轨道交通系统。但两者亦有区别:

(1)城市轨道交通是城市地区通过电力驱动、固定轨迹的轨道提供旅客运输服务的大容量城市交通系统,其概念包括了城市范围内的地铁、轻轨、有轨电车、磁悬浮等,主要服务于客运。

(2)铁路运输是通过固定轨迹的轨道提供客货运输服务的运输系统,其概念包括了更大范围区域内的高速铁路、城际铁路、市域(郊)铁路等,同时服务于客运和货运。

两者与其他陆地交通系统之间的主要区别在于,运营车辆是否在固定轨迹的轨道上运行。

13.2 运营管理上之异同

13.2.1 主要相同点

(1)在固定轨迹的轨道上运行(具有专用路权)。无论是城市轨道交通系统还是铁路运输系统,均是运营车辆连挂成列在固定轨迹的轨道上运行,并具有专用路权(即不允许外部系统的交通工具在其上运行)。这是各种不同制式轨道交通系统都遵循的共同点,城市轨道交通系统与铁路运输系统也不例外,甚至在多数情况下在其系统内部的各条线路间运营车辆亦不能相互跨线运行。

(2)成列开行同时编组可变。作为大运量的运输系统(铁路运输系统主要服务中长距离的客货出行需求,城市轨道交通系统主要服务短距离的城市内部乘客出行需求),城市轨道交通系统与铁路运输系统均将车辆连挂成车列,由机车或动车牵引车辆成为列车后在轨道上开行。同时,列车长度可以根据需求规模灵活设计,在拥有较大运输能力的同时也兼具一定的灵活可变性。

（3）由列车运行图来组织行车。无论是城市轨道交通系统还是铁路运输系统,都通过列车运行图来组织轨道线路上的行车工作。列车运行图是用以表示列车在区间运行及在车站到发或通过时刻的技术文件,它规定各车次列车占用区间的程序,列车在每个车站的到达和出发(或通过)时刻,列车在区间的运行时间,列车在车站的停站时间以及机车交路、列车重量和长度等,是组织列车运行的基础。

（4）受环境因素的影响相对较小。由于是在固定轨迹的轨道上运行,城市轨道交通系统与铁路运输系统具有高度的导向性,所以只要行车设施无损坏,在绝大多数自然气候条件下,列车均可以安全行驶,受气候、地质等环境因素限制很小。同时,由于具有专用路权,两者受外部干扰也相对较少,是一种较为可靠的运输系统。

（5）系统性专业性强。无论是城市轨道交通系统还是铁路运输系统都是由线路、车辆、通号、供电等组成的庞大复杂系统,内部需要紧密协作,依据严密的计划运行,形成了一整套严谨有序的作业流程与体系,系统性专业性强。

13.2.2 主要不同点

1）标准化程度不同

（1）城市轨道交通系统与铁路运输系统相比标准化程度相对较低,具体体现在:

①城市轨道交通系统通常由所在城市各自投资、建设、运营,在运营管理上的标准和规范等常常并不统一;

②城市轨道交通系统由各所在地政府设立企业自主运营管理,各地城市轨道交通系统之间基本未有互联互通,同一城市轨道交通系统内不同线路之间也未能实现互联互通。

（2）铁路运输系统与城市轨道交通系统相比标准化程度相对较高,具体体现在:

①铁路运输系统通常由国铁集团统一规划、建设、运营,在运营管理上的标准和规范天然地容易进行统一;

②因为有国铁集团的统一管理架构,各地铁路局集团公司管内线路之间能够互联互通。

2）系统管理模式不同

（1）城市轨道交通系统主要面向行业管理,具体体现在:

①不少城市投资、建设与运营归属同一集团,分设时运营公司一般也设有新线管理协调部门,运行涉及的线路、信号、供电、列车等专业间的日常联系更加紧密;

②城市轨道交通系统在管理时需要关注(了解)城市规划、地面公交、城市对外交通系统及其协调问题;

③专业转换现象比较频繁。

（2）铁路运输系统主要面向技术管理,具体体现在:

①专业分工细致:车务、机务、工务、供电、车辆各专业自成体系;

②铁路投资、建设主要由国家层面负责,运营管理部门较少涉及;

③专业与岗位间转换不易。

3）运行组织观不同

（1）城市轨道交通系统的行车管理强调各时间段的行车间隔(分时段能力),具体体现在：

①城市轨道交通系统以需求为导向,评价组织质量的指标是供需匹配性(不同时空的拥挤度);

②一次出行时间短,强调乘客出行随到随走,因而不能对车次、对座位。

(2)铁路运输系统的行车管理强调列车运行正点率(产品质量特性),具体体现在:

①铁路运输系统以供给为导向,评价运输组织质量的指标是时刻表兑现率(正点率);

②为确保乘客对正点率的权益,由于强调乘客与产品的一一对应(对车次、对座位)。

4)运输组织手段(方法)不同

(1)城市轨道交通系统根据市场需求确定的多交路、多编组,具体体现在:

①列车交路以折返线设置位置为基础,建成后难以改变;

②根据实际需求的变化,列车交路与编组可以在更大范围内调整。

(2)铁路运输系统设置相对固定的交路,具体体现在:

①线路距离长,列车交路设置一般需要以机务段位置(区段站)为基础;

②对于给定的运行图,列车长度(编组)一般固定不变。

5)计划的约束力不同

(1)城市轨道交通系统由于需求变化快,计划执行过程需要随时考虑计划的调整,具体体现在:

①需求动态性使得计划要以市场为轴心,计划的权威性较铁路运输大为下降;

②列车运行跨线少或不跨线,计划调整涉及面窄,调整方案相对容易实施。

(2)铁路运输系统由于覆盖地域大,为维系运行秩序,计划极具权威,是系统运行的灵魂,具体体现在:

①列车运行图是铁路运输组织的综合计划,是各部门协同运行的核心;

②运行图跨地区、跨部门,其调整涉及面宽广,因而权威性更大。

6)对待换乘的态度不同

(1)城市轨道交通系统直达旅客较少,需要实现良好的换乘衔接,具体体现在:

①根据统计,城市轨道交通成网条件下换乘乘客比例超过50%,换乘组织涉及出行效率,十分重要;

②换乘是出行过程的一部分,追求换乘效率,须在付费区实现换乘。

(2)铁路运输系统连续换乘旅客比例较少,换乘允许较长时间,具体体现在:

①铁路运输系统内连续(经常)换乘旅客比例低,运输组织对换乘环节的考虑较少;

②换乘一般需要另行购票,非付费区等候,时间较长。

7)车站组织管理模式不同

(1)城市轨道交通系统乘客随到随走,站台、售票厅需一定缓冲区,无候车空间(流),具体体现在:

①乘客在站内基本没有其他活动,车站组织强调乘客流线的简洁、顺畅;

②站台、售票厅是最重要的车站乘客缓冲空间,需密切关注其利用率变化。

(2)铁路运输系统旅客在车站滞留时间长,车站需要较大候车空间(留),具体体现在:

①候车空间与旅客在站滞留时间成正比;
②车站辅助设施多,规模大,管理难度大。
8)应急处置工作重要性不同
(1)城市轨道交通系统与设施多位于地下隧道或高架桥,需制定严谨的应急方案,具体体现在:
①城市轨道交通系统是城市人员最密集公共场所,疏散难,突发事件概率大;
②应急疏散方案复杂,需仔细编制,并更频繁地组织演练;
③发生突发事件的影响大而深远。
(2)铁路运输系统的旅客与列车多在露天地面,空间广阔,出现紧急情况易于疏散,具体体现在:
①应急处置的关注点以事故、事故苗头为主;
②应急处置方案相对简单。
9)系统经营模式不同
(1)城市轨道交通系统地处城市,可以借助地利条件开展范围广泛的经营活动,具体体现在:
①城市轨道交通系统归属地方政府管理,为减轻地方补贴压力,往往可以拥有更大范围经营权限;
②线路与车站往往位于城市市场优良地段,经营条件好,具有发展潜力。
(2)铁路运输系统以铁路客货运输为主业,辅业经营一般也以主业为基础,具体体现在:
①围绕国家对铁路运输业的定位开展各类经营活动;
②铁路网络分布广泛,由于不属于地方政府,经营范围与环境条件有限。

复习思考题

1. 辨析交通、物流与运输之间的联系与区别。
2. 简述城市轨道交通与铁路运输在运营管理上的主要异同点。

第14章 磁浮运输系统

磁浮运输系统是一种新型的交通运输系统,它利用电磁系统产生的吸引力或排斥力将车辆托起,使整个列车悬浮在导轨上,借助电磁力进行导向,利用直线电机将电能直接转换成动能推动列车前进。本章介绍磁浮运输系统的主要内容,包括磁浮概念的提出和发展、国内外磁浮系统的建设成果、两种磁浮技术的介绍和对比分析、磁浮技术的优点,并着重介绍了上海和北京的磁浮运输系统建设成果。

14.1 磁浮概念的提出和发展

1842年,英国物理学家埃恩肖(Earnshaw)就提出了磁浮的概念,同时指出:单纯依靠永久磁铁是不能使一个铁磁体在所有六个自由度上都保持自由稳定的悬浮状态。

1900年初,美国、法国等专家曾提出物体摆脱自身重力阻力并高效运营的若干猜想——也就是磁浮的早期模型,并列出了无摩擦阻力的磁浮列车使用的可能性。然而,当时由于科学技术以及材料局限性,磁浮列车只处于猜想阶段,各国专家未提出一个切实可行的办法来实现这一目标。

1937年,德国的赫尔曼·肯珀(Hermann Kemper)申请了磁浮列车这一专利。

20世纪60年代,世界上出现了3个载人的气垫车实验系统,是最早对磁浮列车进行研究的系统。随着技术的发展,特别是固体电子学的出现,使原来十分庞大的控制设备变得十分轻巧,这就给磁浮列车技术提供了实现的可能。1966年,美国科学家詹姆斯·鲍威尔(James Powell)和戈登·丹比(Gordon Danby)提出了第一个具有实用性质的磁浮运输系统。1969年,德国牵引机车公司的克劳斯·梅菲(Kranss Maffei)研制出小型磁浮列车系统模型,以后命名为TR01型,该车在1km轨道上运行速度达165km/h,这是磁浮列车发展的第一个里程碑。

20世纪70、80年代,磁浮列车系统继续在德国蒂森亨舍尔公司测试和实施运行。德国开始命名这套磁浮系统为"磁浮"。

此后,磁浮技术进入到实际应用阶段。

14.2 国外磁浮系统的早期发展

20世纪70年代以后,随着世界工业化国家经济实力的不断加强,为提高交通运输能力以适应其经济发展的需要,德国、日本、美国、加拿大、法国、英国等发达国家相继开始筹划进行磁浮运输系统的开发。

14.2.1 磁浮系统在英国的发展

1984—1995年间的一条运营于英国伯明翰国际机场航站楼和伯明翰火车站间的低速磁浮线路(图14-1)是世界上第一条商业化的自动磁浮系统。该线路总长约600m,列车靠直线感应电动机驱动并在电磁铁的作用下悬浮于轨道上方15mm处。

图14-1　运营于英国伯明翰的磁浮列车

14.2.2 磁浮系统在日本的发展

由日本航空公司开发的超高速地面运输机(HSST)磁浮列车和由日本铁路公司开发的相对较为知名的日本铁路磁浮列车是日本的两个相对独立开发的磁浮列车。后者发展于1969年,并于1979年创造了517km/h的运行纪录。1974年,在从德国引进相应技术后,前者也开始有所发展。尽管HSST-03磁浮列车仅以30km/h速度运行,它还是在筑波世界博览会上广受欢迎。图14-2为日本高崎的高速实验铁轨。

图14-2　日本高崎的高速实验铁轨

14.2.3 磁浮系统在德国的发展

20世纪80年代末期,柏林出现了一条连接三个车站的无人驾驶磁浮铁路。这条磁浮铁路于1989年进行试运营,并于1991年7月开始正常运营。柏林的磁浮铁路是世界范围内继伯明翰磁浮线路之后,第二条用于旅客运输的磁浮线路。图14-3为德国纽伦堡铁路博物馆内展示的磁浮列车。

图14-3 纽伦堡铁路博物馆内的磁浮列车

14.3 我国磁浮系统的发展

1986年,西南交通大学就率先召开了磁浮技术与磁浮列车技术研究大会,成为国内较早启动该领域研究的高校科研单位。在1988年,西南交大磁浮团队完成了单自由度铁球悬浮实验,对电磁吸力悬浮原理有了本质的认识。

1989年3月,国防科技大学研制出中国第一台磁浮试验样车。

1990年,西南交通大学磁浮团队成功研制出由4台小电磁铁构成的磁浮模型车,并实现了模型车的稳定悬浮和基于直线电机的驱动。

1994年10月,连级三教授带领的研究团队成功地研制出了我国第一辆可载人4t磁浮车及其试验线,并实现了系统的稳定悬浮与运行,这是我国在磁浮列车领域的首次突破,标志着我国开始拥有自主知识产权的磁浮列车技术。

1995年,中国第一条磁浮列车试验线在西南交通大学建成,并且成功进行了稳定悬浮、导向、驱动控制和载人运行等速度为30.0km/h的试验。西南交通大学这条试验线的建成,标志中国已经掌握制造磁浮列车的技术。

1997年3月,青城山磁浮列车工程试验线的可行性研究通过国家科委工业科技司组织的专家评审。

1998年,青城山磁浮列车工程试验示范线工程立项并开始筹备建设。

2001年,长430m的青城山磁浮列车工程试验线开始动工修建。

2005年,西南交通大学与上海磁浮交通工程技术研究中心签订了"上海城轨磁浮列车车辆总体设计"合同,并于次年3月又签订了"上海低速(城轨)磁浮交通试验线工程悬浮控制设备供货及服务"合同,全面参加上海城轨磁浮试验线磁悬浮列车研制。该试验列车为三节编组,为全新结构设计并创下多个"首次":国内首次采用整体电磁铁结构、首次采用五悬浮架结构、首次采用DC330V悬浮电源、首次采用三选二悬浮传感器、列车最高运行速度首次达到100km/h。

2008—2009年,西南交通大学又与中国南车股份有限公司签订"中低速磁浮交通系统方案设计研究"合同,与南车株洲电力机车有限公司签订"中低速磁浮列车方案设计研究"合同。攻关中,西南交大团队在系统设计首次提出了适用于1860mm轨距和2800mm车宽的方案。这标志着西南交通大学在联合企业推进中低速磁浮列车产业化的工作中又迈进一步。

为进一步推动中低速磁浮列车工程化,西南交通大学与南车株洲电力机车有限公司于2011年又签订了"常导短定子异步驱动悬浮架试验车悬浮控制系统研制"和"常导短定子异步驱动中低速磁浮列车系统设计与试验研究"合同;于2011年签订了"常导短定子异步驱动中低速磁浮列车悬浮控制系统",全面参加了株洲中低速磁浮列车的研制。

2012年1月20日,中低速磁浮列车在南车株洲电力机车有限公司内下线,这是一列按商业运行条件设计的磁浮列车,磁浮列车运行速度100km/h,能适应试验线各种曲线及坡道的要求。

2013年由钱清泉院士牵头的中国工程院"中低速磁浮交通技术与系统发展战略研究"项目立项,该项目汇聚国内磁浮领域的院士专家,包括电气工程学院和牵引动力国家重点实验室相关专家教授,对我国中低速磁浮交通的发展战略进行了深入研究,论证了我国发展中低速磁浮必在性和战略意义,进一步推动了长沙中低速磁浮工程应用线的建设。

2015年12月26日试运行的长沙高铁南站至黄花机场的18.55km"长沙磁浮快线"采用了此前西南交大与南车株洲电力机车有限公司研制的中低速磁浮列车系统技术,该列车磁浮系统核心技术由西南交通大学提供。

关于上海磁浮列车和北京轨道交通S1号线(磁浮线),会在后续章节加以详述。

14.4 两种不同的磁浮技术

常见的磁浮技术有如下两种:①德国的常导磁吸式悬浮型(Electromagnetic Suspension,简称EMS),铺设在轨道上的磁铁,在磁场作用下产生吸引力使车辆悬浮;②日本的超导磁斥式悬浮型(Electrodynamic Suspension,简称EDS),超导磁体创造的磁场与感应电流产生的磁场之间产生排斥力使车辆悬浮。

14.4.1 常导磁吸式磁悬浮技术

常导磁浮(EMS)是一种吸力悬浮系统,列车上的电磁铁和导轨上的铁磁轨道相互吸引产生悬浮。常导磁浮列车工作时,首先调整列车下部的导向电磁铁的电磁吸力,与地面轨道两侧的绕组发生磁铁反作用将列车浮起。在列车下部的导向电磁铁与轨道磁铁的反作用下,车轮与轨道保持一定的侧向距离,实现轮轨在水平方向和垂直方向的无接触支撑和无接触导向。列车与轨道之间的悬浮间隙为10mm,可通过一套高精度电子调整系统保证。由于悬浮和导向与列车运行速度无关,所以即使在停车状态下列车仍然可以进入悬浮状态。

1) 常导磁浮列车原理

从图14-4可以看出,在"工"字轨的端部与转向架内侧对应设置导向电磁体,这对电磁体用于控制车体和"工"字轨之间的横向距离;在"工"字轨下部的电磁体以及对应的转向架下部设置的初级线圈电磁体,这对电磁体用于控制车体和"工"字轨之间的垂直距离(悬浮10mm)。每一对电磁体之间都有传感器,传感器加上电流控制器可及时地调整和控制磁体对之间的气隙距离,保证磁体平稳悬浮。

列车在停止时是架在"工"字轨上的,启动后列车将利用吸引磁力使车体悬浮,初级线圈电磁体同时起着悬浮和驱动的作用。

因为列车的载重可能会变化,列车也可能会摆动,所以为了让列车实现稳定的悬浮,就要灵敏地检测距离、控制电流和磁力大小,这就涉及多项高科技的技术,也只有在科技发展的现今时代才能实现这些精密控制。从系统方面来说,需要悬浮系统、导向系统、推进系统和控制系统。从器件方面来说,需要运用电子技术、电磁器件、直线电机、机械结构、计算机、不同性能的材料以及系统分析等方面的高科技成果。

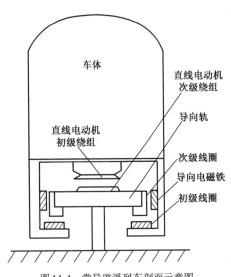

图14-4 常导磁浮列车剖面示意图

2) 常导磁浮列车的驱动原理

德国常导磁浮列车采用直线同步电动机来提供牵引力。它的短动子,即直线同步电动机的次级,固定在列车上,它的位置正好接受定子的行波磁场的电磁感应。动子是由绕组和层叠硅钢片构成的电磁体,绕组由列车上的电源(蓄电池)提供直流电,动子形成恒定磁场。运行时列车悬浮在感应轨道梁上方。它的长定子,固定在感应轨道梁的内侧下方,定子也是由绕组和层叠硅钢片构成的电磁体,定子的绕组沿轨道直线分布,轨道全长都分布着这些定子磁极,定子绕组中通入的是三相调频调幅交流电,定子可产生行波磁场,参见图14-5。

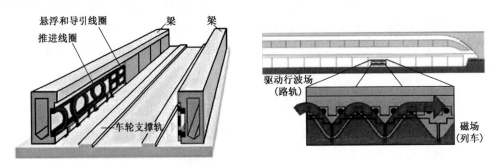

图14-5 常导磁浮列车的长定子直线驱动原理示意图

列车停靠时架在轨道上；运行时，列车悬浮在感应轨道上做直线运动；轨道沿线的逆变器提供与车辆速度和频率相一致的三相交流电，这样便实现无接触的直线驱动，且能无极调速。

为了避免能量损失，常导式磁浮列车在运行的线路上采用长定子分段供电，线路被分成了若干独立区段，每段长约300~1000m，只在车辆所在的区段接通电源，定子的行波磁场驱动列车运行。

车载动子供电、照明等都是由蓄电池供电，当列车减速时，直线电动机就变为直线发电机，可为蓄电池充电。

14.4.2 超导磁斥式磁浮技术

超导磁斥式磁浮技术(EDS)利用超导材料产生磁力来实现列车悬浮(图14-6)。

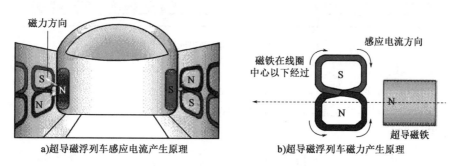

图14-6 超导磁浮列车原理示意图

1)超导磁浮列车原理

超导磁浮列车就是利用超导磁体让列车获得上浮力、导向力和推进力。日本使用超细铌钛合金多芯线埋入铜母线内制成的超导电线，这种超导电线浸入在液氮(-196℃)中进入超导状态，当受到通入电流或受到外磁场感应时，超导线圈中会产生强大的无阻抗的环形电流，从而产生强大的磁场。为了保证线圈的超导态，每一个车载超导强磁体单元上还得装有一台液氮压缩制冷机，用以保证液氮的低温状态。

每节车厢的外侧下方还安装小型超导磁体。在车体两侧的地面装置上，如图14-6所示，与超导磁体对应的地方，安置了"8"字形铝环，这是用于悬浮的无源封闭铝环，车体上的超导磁场会感应"8"字形铝环，铝环中会产生2个极相的磁场铝环与车体的排斥磁力把车体向上抬，吸引磁力把车体往上拉，从而让车辆悬浮100mm左右。

2)超导磁浮列车的牵引和制动原理

超导磁浮列车的驱动也是利用直线同步电动机的原理，车体上安置短动子，导轨两侧安置长定子，长定子中有若干绕组形成磁极对，通入调频调幅的交流电后就用电磁力牵引列车前行。这种直线电动机的牵引方式基本上与常导式牵引方式相同，不同点仅在于超导直线电动机的动子是用超导电流产生恒定磁场，而常导直线电动机是用蓄电池供电产生恒定磁场。

(1)牵引原理

如图14-7所示，列车头部的电磁体N极被安装在靠前一点的轨道上的电磁体S极所吸引，同时又被安装在轨道上稍后一点的电磁体N极所排斥。如果列车头部N极位置超过了轨道上原先的S极,则轨道线圈里流动的交变电流方向正好反过来,即原来的S极变成N极产生推力,轨道前面原来的N极变成S极产生吸引力。这种周而复始的前进力,要依靠轨道旁的变电站,把定子电流频率和电压与车速协调起来。简单地说,变电站调整定子的行波磁场,牵引动子直线运动。同样地,定子行波磁场也是分段供电的。

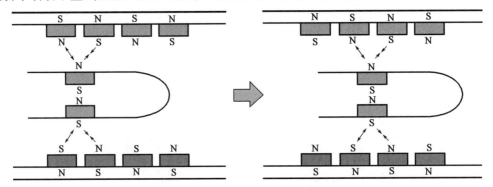

图14-7 超导式磁浮列车牵引原理示意图

(2)制动原理

制动原理与牵引原理相同,当列车需要减速时,定子线圈中通入反相交变电流,定子中的反相磁场就会给列车产生制动力,使得列车减速。另外,若停止对定子供电,一样能得到减速的效果。

14.4.3 两种磁浮技术特点比较

总结上述内容,常导磁吸式和超导磁斥式两种磁浮技术的特点及对比见表14-1。

两种磁浮技术特点比较 表14-1

特点	常导磁吸式磁浮型	超导磁斥式磁浮型
车辆悬浮高度	1.3cm	10.2cm
有无车轮	没有	低速时,列车依靠辅助车轮支持在轨道上(80km/h)
磁性类型	常导电磁铁	超导线圈
悬浮平稳性	需要控制电磁铁的电流使磁场保持稳定强度和悬浮力	需要达到一定的运行速度(大约为80km/h)
推动力	长定子直线同步电动机	长定子直线同步电动机

14.5 磁浮技术的优点

(1)运行速度高

磁浮列车的运行速度可达400~500km/h,能够极大地缩短旅客的旅行时间。

(2)安全性好

列车不会发生脱轨事故,因为车身跟导轨耦合良好。

(3)能耗低

与传统铁路列车相比,当以相同速度运行时,磁浮列车大约节省30%能源。

(4)污染小

废气排放、噪声污染严重影响人们的身心健康,而磁浮系统的磁场影响和噪声污染均较小。

(5)维修费用低

磁浮系统虽然一次投资较多,但故障少,维修费用较传统铁路和高速铁路低。

此外,与最高速度达到甚至超过 500km/h 的高速磁浮列车相比,运行速度为 100~150km/h 的中低速磁浮列车以安全、低噪声、爬坡能力强、工程造价低等特点,被列为"特别适合作为城市轨道交通"的运输工具。

14.6 上海磁浮列车示范线

14.6.1 立项背景

1999年,在进行"北京—上海高速铁路预可行性研究"论证过程中,以中国工程院严陆光院士为首的部分专家提出:鉴于磁浮交通系统具有无接触运行、速度高、启动快、能耗低、环境影响小等诸多优点,同时考虑到德国的高速常导磁浮试验线已经进行了十余年的运行,累计运行里程超过60万km,且德国政府已宣布磁浮交通系统技术已经成熟等情况,建议国家在未来的北京—上海干线上采用高速磁浮技术。但也有部分铁路专家认为:高速轮轨系统技术经几十年的实践已完全成熟,中国对高速轮轨系统的技术开发亦已取得了重大进展;尽管高速磁浮系统拥有诸多优点,但毕竟缺乏商业化运行实践,其技术、安全、经济性尚未得到进一步验证。

在进一步的技术论证过程中,专家们逐步达成共识,先建设一段商业化示范线(图14-8),以验证高速磁浮系统的可用性、经济性和安全性。2000年6月,经慎重研究,多方案比选,我国决定在上海建设高速磁浮列车示范线(简称"上海磁浮列车示范线")。

图14-8 上海磁浮列车示范线

14.6.2 建设过程

2000年6月30日,《中华人民共和国上海市和德意志联邦共和国磁浮国际公司(TRI)共同开展上海市磁浮列车示范运营线可行性研究协议书》在德国签署;同年8月24日,中华人民共和国国家计划委员会经中华人民共和国国务院批准,批复了上海市磁浮列车示范运营线工程项目建议书。

2001年1月,上海市磁浮列车示范线工程项目启动;同年3月1日,上海磁浮列车示范线举行开工仪式。2002年9月5日,上海磁浮列车示范线轨道梁全线贯通;同年12月31日,上海磁浮列车示范线试运行通车。2006年4月27日,上海磁浮列车示范线正式投入商业运营。

14.6.3 技术原理

电磁悬浮是对车载的悬浮电磁铁励磁而产生可控制的电磁场,电磁铁与轨道上长定子直线电机定子铁芯相互吸引,将列车向上吸起,并通过控制悬浮励磁电流来保证稳定的悬浮间隙。电磁铁与轨道之间的悬浮间隙一般控制在8~12mm。图14-9示意了传统轮轨与电磁悬浮的区别。

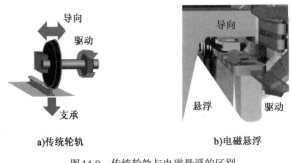

a)传统轮轨　　　　　b)电磁悬浮

图14-9　传统轮轨与电磁悬浮的区别

14.7 北京地铁S1线(磁浮线)

14.7.1 基本概况

北京地铁S1线,又称北京中低速磁浮交通示范线,规划阶段曾称门头沟线、大台线,是中国第二条、北京首条中低速磁浮线路,于2017年12月30日开通大部分线路,2021年12月31日开通剩余段。

图14-10　北京地铁S1线路图

北京地铁S1线连接北京城区与门头沟区,呈东北至西南走向,东起苹果园站(与北京地铁6号线、1号线相接),途经石景山区、门头沟区,贯穿门头沟、石景山,西至石厂站。线路全长10.2km,其中高架线9953m,隧道线283m,全线设站8座,全为高架车站,车辆段设在石门营。图14-10为北京地铁交通S1线路图。

14.7.2 技术原理

中低速磁浮列车用电磁力将列车悬浮和进行导向,采用直线电机牵引运行,图14-11示意了其主要技术原理。

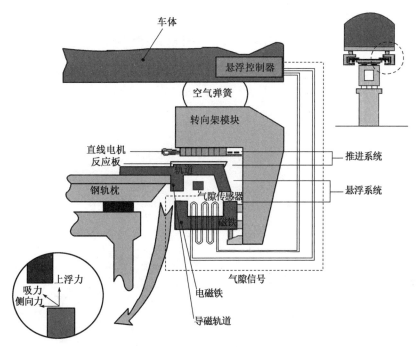

图14-11 中低速磁浮列车技术原理图

14.7.3 技术特点

中低速磁浮列车系统具有如下技术特点:

(1)噪声小、环保性能好

①车体和轨道不接触,运行噪声小,距离10m处小于64dB。

②无磨耗,无粉尘污染。

③无电磁辐射污染,无废弃排放。

(2)线路适应性强

①正线曲径半径仅75m(轻轨300m)。

②爬坡能力达70‰(轻轨35‰)。

(3)乘坐舒适

列车处于悬浮状态,与轨道无直接接触,振动小,运行平稳、乘坐舒适。

(4)运行安全可靠

①列车"包"在轨道上运行,无脱轨危险。

②列车、线路、供电、运行控制系统采用地铁、轻轨相同或类似技术,安全可靠性高。

③采用电制动、机械制动、"落车"辅助制动三重制动方式,有充分的安全保障。

复习思考题

1. 磁浮运输系统是什么？
2. 磁浮运输系统所采用的主要技术分为哪两种？
3. 德国和日本磁浮运输系统分别采用哪种磁浮技术？
4. 超导式磁浮列车和常导式磁浮列车在悬浮原理上有何差异？
5. 超导式磁浮列车和常导式磁浮列车在驱动和制动原理上有何差异？
6. 磁浮技术的优点有哪些？

第15章 现代有轨电车

有轨电车是采用电力驱动并在轨道上行驶的轻型轨道交通系统,是一种公共交通工具,也称路面电车。本章介绍现代有轨电车的有关内容,包括有轨电车的概念、有轨电车的历史沿革、现代有轨电车的发展、现代有轨电车的性能特点、国外有轨电车发展经验借鉴以及中国现代有轨电车的发展等。

15.1 有轨电车概念

有轨电车是采用电力驱动并在轨道上行驶的轻型轨道交通系统,其列车一般不超过五节,但由于在街道行驶,会占用道路空间。有轨电车以电力驱动,车辆不会排放废气,因而是一种无污染的环保交通工具。

有轨电车按地板高度可分为高地板式和低地板式;按供电方式可分为接触轨式和架空接触网式;按轮轨制式可分为钢轮钢轨式和胶轮导轨式。图15-1为瑞士苏黎世街头有轨电车实景图。

图15-1 瑞士苏黎世街头有轨电车实景图

15.2 历史沿革

1879年,德国工程师维尔纳·冯·西门子(Wemer von Siemens)在柏林的博览会上首先尝试使用电力带动轨道车辆。此后俄国的圣彼得堡、加拿大的多伦多都进行过开通有轨电车的商业尝试。

1881年，维尔纳·冯·西门子在柏林近郊铺设第一条电车轨道，该轨道靠一条铁轨通电，另一条铁轨作回路。但是，这种线路对街上其他交通工具十分危险，西门子于是采用将输电线路架高的方式解决了供电和安全问题。

1884年，美国人C.J.范德波尔（C.J.Van Derpol）在多伦多农业展览会上试用电车运载乘客。他试用的电车采用一根带触轮的集电杆和一条架空触线输电并以钢轨为另一回路的供电方法。1888年美国人斯波拉格（Spolag）在里士满用上述方法在几条马拉轨道车路线上改用电力牵引车行驶，并对车辆的集电装置、控制系统、电动机的悬挂方法及驱动方式作了改进，于是出现了现代有轨电车。

匈牙利布达佩斯在1887年建设了首个有轨电车系统，1888年美国弗吉尼亚州里士满也开通了有轨电车。

1890—1920年是有轨电车在世界范围大发展的时期，在第一次世界大战之前，世界上几乎每一个大城市都有有轨电车。虽然这种电车的路轨是固定的，不能让路，在交通拥挤的街上造成诸多不便，巴黎、伦敦和纽约很快废弃了这样的电车，但是，还有许多欧洲城市保留了这种有轨电车。

路面有轨电车在20世纪初的欧洲、美洲、大洋洲和亚洲的一些城市风行一时。但随着私家汽车、公共汽车及其他路面交通在1950年代起的普及，不少路面有轨电车系统于20世纪中叶陆续拆卸。路面有轨电车网络在北美国家、法国、英国、西班牙等地几乎完全消失。但在瑞士、德国、波兰、奥地利、意大利、比利时、荷兰、日本等国，路面电车网络仍然保养良好，或者被继续现代化改造升级。

20世纪70年代末期，部分没有路面有轨电车的地方政府在研究后，开始建造新的路面有轨电车线。很多仍有路面有轨电车的城市亦增加线路，或把原有系统现代化改造。

20世纪70年代以来，以汽车为主导的交通模式所带来的问题日显严重，能源危机、环境污染、土地紧缺、交通拥堵等问题迫使欧洲发达国家重新将大容量的轨道交通作为发展城市公共交通的重点。由于中小城市无法负担地铁的巨额投资，于是现代有轨电车在欧洲中小城市建设的趋势应运而生。现代有轨电车应用以来，以其便捷性、舒适性及美观性受到市民和政府的肯定。在1978—2005年间，欧洲有数十座城市发展了现代有轨电车。

当前，许多国家的城市正在改建或新增现代有轨电车线路，如法国斯特拉斯堡、瑞士日内瓦、西班牙巴塞罗那以及我国的大连、天津、上海等城市。现代有轨电车作为城市新兴的一种先进的公交方式，已完成了从传统到现代化的转变，在世界范围被普遍推广也充满了光明的前景。

15.3 现代有轨电车

得益于相关技术的进步，例如专用路权的有轨电车（Metro Tram）、与铁路共享路权的有轨电车（Tram Train）、货运有轨电车（Cargo Tram）的建设，以及第三轨供电技术的实践、导轨电车的诞生、低地板车辆的生产、信号与控制技术的进步等，现代有轨电车的形式呈现出多样性的特点。

在欧洲,现代有轨电车已成为中小城市公交的骨干模式。不同城市根据自身经济实力以及有轨电车的发展历史,采取了不同方式来更新、建设有轨电车线路。其主要方式有以下3种:

(1)改造原有有轨电车线或废弃铁路。
(2)新建有轨电车线路。
(3)有轨电车与干线铁路共享轨道。

纵观欧洲的现代有轨电车系统,多数城市采用了旧线改造与新建线路相结合的方式。这种更新与建设的方式一方面可充分利用现有资源,降低建设成本;另一方面又可按需供给,在适当的地区布设新线,提高线路或整个网络的服务水平。同时,这些城市在规划线路时就考虑到现代有轨电车与其他轨道交通(包括干线铁路与城市地铁)的兼容性问题,为今后的灵活运营打下基础。

现代有轨电车与旧式有轨电车的一个重要区别就是大量采用独立路权。一般新建有轨电车线路的独立路权区段占50%以上,从而保证了现代有轨电车的旅行速度在一个较高的水平。独立路权的形式又有很多种:

(1)原有市郊铁路或工业铁路改造的线路,保留有砟轨道,因此线路与其他交通方式完全隔离。
(2)草坪绿化带作为隔离物的专用路权。
(3)轨道两侧铺设路缘石,高度适宜,平时起到提供独立路权的作用;当发生机动车严重堵塞或其他意外事故时,机动车又能够驶过路缘石,运行在有轨电车的线路上。

现代钢轮钢轨低地板有轨电车以其节能、环保、较小的投资、适中的载客量、较好的乘坐舒适性、较少的后期维护费用,在国外经过20多年的发展,已经有150多个城市的成熟应用业绩。现代有轨电车在解决城市核心区换乘、市郊接驳,以及景区旅游观光等方面发挥了重要作用,代表了未来轨道交通的一种发展方向。世界上钢轮钢轨现代有轨电车制造厂家主要有庞巴迪、阿尔斯通、西门子、卡福、安萨尔多等公司,胶轮+导轨式现代有轨电车主要生产厂家是劳尔公司。

现代有轨电车与其他机动车相比,有固定的轨道,对于行人更加安全;且尾气排放少,噪声低,行人的步行环境更佳。因此商业街区常采用机动车禁行,而只允许行人与有轨电车通行。此外,还有一些城市(如阿姆斯特丹)将有轨电车与公交车的路权共享,尽管其维护费用比单纯运行有轨电车时高,但较好地保障了同一通道上公交车的优先权,使得原本是有轨电车专用的道路空间利用率大大提高。

15.4 现代有轨电车性能特点

现代有轨电车与旧式有轨电车的不同之点主要是它不但具有鲜明的现代化外貌色彩,而且车辆重量轻、速度快(轴重仅9t左右),车厢内设有空调。现代有轨电车系统一般包括普通电车、铰接电车、双铰接电车。有轨电车的车辆宽度通常受城市道路可容纳性的限制。

(1) 主要优点

①建造成本低：对于中型城市来说，有轨电车是实用便宜的选择。1km有轨电车线所需的投资只是1km地铁的三分之一到二十分之一；以长春为例，有轨电车每公里造价（包含车辆采购、轨道铺设、线网架设、整流站修建等）2000余万元人民币，堪称"多快好省"建设有轨电车的典范。

②建设难度低：无需在地下挖掘隧道。

③安全系数高：相较其他路面交通工具，有轨电车更有效减少交通意外的比率。

④环保系数高：有轨电车以电力驱动，因此车辆不会排放废气，是一种无直接污染的环保交通工具。

⑤可共同使用车道：有轨电车路轨占用路面，路面交通要为有轨电车改道，并让出行车线；轨道为槽形轨，汽车和有轨电车可以共用一条道路。

(2) 主要缺点

①行驶速度较慢：有轨电车的速度一般较地铁慢，除非有轨电车行驶的大部分路段是专用的。

②载客能力较小：有轨电车每小时可载客约7000人，但地铁路每小时载客可达12000人以上。

③架设电缆占道：有轨电车需要设置架空电缆。超级电容供电和地下轨供电还处于试验阶段。

15.5 国外发展模式

在国外不同的地区，结合当地客流需求特点，有轨电车系统有着不同的发展模式，主要包括：作为地铁等轨道系统的接驳与补充（如法国巴黎）、与地铁共同承担城市公交骨干（如法国里昂）、独立作为城市公交骨干（如法国南特）、作为卫星组团内部公交骨干（如英国伦敦），以及作为市区公交主体和市域公交骨干等不同模式，具体对比见表15-1。

国外有轨电车系统主要发展模式　　　表15-1

发展模式	适用地区	应用城市
满足较大的交通运输需求，提供专用路权、快捷、大运量的公交服务	中小城市或大城市中心城区	哥德堡、波恩、墨尔本、南特
运输需求有限，作为市郊与市中心的联络线路	大城市外围地区与中心城区之间	圣迭戈、波特兰、曼彻斯特、广岛
建立外围新城组团间的快速联系，避免市中心不必要的穿行	大城市外围新城组团之间	巴黎、布鲁塞尔、柏林
运输需求相对较小，品质要求较高，有轨电车带动新区发展	大城市外围新城及开发区内部	克罗伊登
特色线路，以形象展示、观光游览为主	特殊地区	悉尼、萨尔布鲁肯

15.6 中国有轨电车

据2024年中国城市轨道交通协会发布的《城市轨道交通2023年度统计和分析报告》报告显示，截至2023年末，我国31个省（自治区、直辖市）共计23个城市开通有轨电车并投入运营。已开通城市轨道交通包括地铁、轻轨、单轨、市域快轨、现代有轨电车、磁浮交通、APM等9种制式，其中现代有轨电车578.42km，占比5.15%。

1908年3月，上海静安寺外滩开出了第一辆有轨电车。之后随着汽车业的兴起和发展，旧式有轨电车不但噪声大、性能差、耗电多，而且在速度、舒适度和灵活性方面与汽车比较相形见绌，到20世纪30年代至50年代中期逐渐衰落。1960—1970年，为了给私人小汽车让路，有轨电车相继在欧洲许多城市被拆除，上海的旧式有轨电车南京路上最后一班有轨电车也于1963年8月结束了历史使命。

1904年香港开通有轨电车，此后设有租界或成为通商口岸的各个中国城市相继开通有轨电车，天津、上海先后于1906年、1908年开通。日本和俄国相继在大连、哈尔滨、长春、沈阳开通有轨电车线路。北京的市内有轨电车在1924年开通。20世纪20年代，南京曾修建市内窄轨火车线路。1956年1月，辽宁鞍山开通有轨电车线路（鞍山有轨电车），2003年4月26日因故停运。

表15-2汇总了我国各城市运营有轨电车线路情况。

我国各城市运营有轨电车线路列表　　　　　　表15-2

城市	线路名	开通时间	长度
北京	北京公交西郊线	2017年12月30日	8.8km
北京	亦庄新城现代有轨电车T1线	2020年12月31日	13.2km
上海	松江有轨电车1号线	2019年8月10日	15.6km
上海	松江有轨电车2号线	2018年12月26日	24.3km
天津	天津开发区导轨电车1号线	2007年5月10日	7.9km
广州	海珠有轨电车1号线	2014年12月31日	7.7km
广州	黄埔有轨电车1号线	2020年12月28日	14.4km
深圳	龙华现代有轨电车	2017年10月28日	11.7km
武汉	车都有轨电车T1线	2017年7月28日	16.8km
武汉	光谷有轨电车T1线	2018年4月1日	15.8km
武汉	光谷有轨电车T2线	2018年4月1日	19.6km
南京	南京现代有轨电车河西线	2014年8月1日	7.8km
南京	南京现代有轨电车麒麟线	2017年10月31日	9.1km
沈阳	沈阳浑南现代有轨电车1号线	2013年8月15日	18.8 km
沈阳	沈阳浑南现代有轨电车2号线	2013年8月15日	15.1km
沈阳	沈阳浑南现代有轨电车3号线	2015年6月29日	15km

续上表

城市	线路名	开通时间	长度
沈阳	沈阳浑南现代有轨电车4号线	2019年1月5日	13km
	沈阳浑南现代有轨电车5号线	2013年8月15日	27.3km
	沈阳浑南现代有轨电车6号线	2019年1月5日	3.5km
长春	长春公交G54路	1969年	6.6km
	长春公交G55路	2014年8月25日	8.7km
大连	大连公交201路	1909年	10.8km
	大连公交202路	1945年	12.3km
成都	成都有轨电车蓉2号线	2018年12月26日	39.3km
	都江堰M-TR旅游客运专线	2024年5月15日	20.4km
苏州	苏州高新有轨电车1号线	2014年10月26日	25.8km
	苏州高新有轨电车2号线	2018年8月31日	18.5km
	苏州高新有轨电车5号线	2023年8月28日	1.9km
佛山	南海有轨电车1号线	2021年8月18日	14.3km
青岛	青岛现代有轨电车示范线	2016年3月5日	8.8km
淮安	淮安现代有轨电车1号线	2015年12月28日	20.1km
珠海	珠海现代有轨电车1号线	2017年10月15日	8.9km
天水	天水有轨电车1号线	2020年5月1日	12.9km
三亚	三亚有轨电车示范线	2022年1月30日	8.4km
嘉兴	嘉兴有轨电车T1号线	2021年6月25日	13.8km
文山	文山城市轨道交通4号线	2021年5月15日	13.4km
武夷	武夷有轨电车1号线	2022年1月1日	26.2km
黄石	黄石现代有轨电车	2022年12月28日	26.9km
红河	红河有轨电车	2023年1月1日	13.4km

复习思考题

1. 有轨电车按照地板高度、供电方式和轮轨制式等分类方法可分为哪些类型？
2. 发展现代有轨电车需要哪些技术基础？
3. 现代有轨电车的优缺点有哪些？
4. 现代有轨电车的主要功能有哪些？
5. 国外有轨电车的发展模式及对于我国有哪些启示？

第16章 悬挂式空中列车

悬挂式空中列车又被称为空轨或空列,是一种轻型、中速、中运量、低成本的新型轨道交通系统。本章介绍悬挂式空中列车的概念、设计理念、适用场所、限制条件、优势特点、应用前景,以及国外的发展历程和我国的发展及应用。

16.1 悬挂式空中列车概念

悬挂式空中列车是单轨铁路系统中的一种,特点是使用的轨道只有一条,而非传统铁路的两条平行轨道。它主要应用在城市人口密集的地方,用来运载乘客完成出行活动;也有在游乐园区内建造用于专门运载游客。单轨铁路按照走行模式和结构,主要分成两类——悬挂式和跨座式。悬挂式单轨铁路又称悬挂式空中列车,其列车悬挂在轨道之下。另一种较为常见的单轨铁路类型是跨座式单轨铁路,列车跨座在路轨之上,两旁盖过路轨。悬挂式空中列车见图16-1与图16-2。

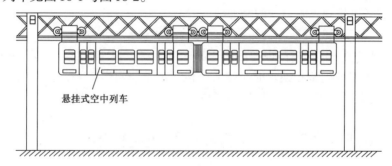

图16-1 悬挂式空中列车简图

图16-2 悬挂式空中列车系统实景图

16.2　设计理念

悬挂式空中列车独特的设计,体现了以下理念:
(1)环保:无废气排放,行驶时几乎无噪声污染,对建筑及环境影响小。
(2)集成化、轻量化:改变传统的地铁、轻轨设计理念,把路面、轨道、信号、通信、隔音屏等设备全部集中在一条轨道梁内,体现其现代化、智能化和科技化设计。
(3)兼容性好:能够融入已有的公共交通系统中,成为其他交通方式的补充和完善,共同组成一体化、多层次、立体综合交通体系。
(4)灵活:可以随着城市发展而扩充,即系统可加长、可拆卸、可移动。

16.3　悬挂式空中列车适用场所和限制条件

悬挂式空中列车在以下场景中使用具有一定优势:
(1)高峰小时单向断面客流量为0.5万~2万人次的交通线。
(2)大城市中心城和卫星城之间的主要交通线。
(3)城区通往机场、码头、铁路干线等对外交通枢纽中心的客运交通线。
(4)大城市中心区与郊外大住宅区之间的交通连接线,或是大型购物、娱乐场所,大型机场,大学内部的客运交通线。
(5)作为城市风景观光游览线的交通线。
(6)博览会、游乐场等处所作为短途交通运输线或观光旅游线。

发展悬挂式空中列车也存在一定的限制条件。例如,悬挂式空中列车的换轨较为复杂,其换轨机制决定该列车在换轨时必须有一段距离不与轨道接触,列车有脱轨的危险,因此每开一条线路必须重建一条轨道,增加了成本。

16.4　悬挂式空中列车优势特点和应用前景

悬挂式空中列车所占空间很小。不单是所占的地面面积小,垂直空间亦较小。它以高架兴建,地面上只需很小的空间建造承托轨道的桥墩,并且列车下方的空间很大,没有庞大的桥身,可以自由通车,因此可以建在城市中央商务区(Central Business District,简称CBD)等交通拥堵严重的地方以缓解城市交通压力。悬挂式空中列车能有效利用道路中央隔离带和城市低空区域,适于建筑物密度大的狭窄街区。

但是由于悬挂式空中列车除了进出车站以外大部分时间都是悬空的,因此如果出现紧急情况,列车上的乘客没有逃生的地方。车的两旁没有可站立的路轨,而且离地面很高。因此悬挂式空中列车必须设有单独的应急逃生方案。

我国城市现有交通系统存在诸多问题,比如突出的有三个方面:高峰时段堵塞和拥挤严重,交通结构单一,对环境的影响较大。要根本解决交通问题,就必须调整现有的交通结构,发展多种轨道交通制式。作为中等运量的轨道交通,悬挂式空中列车是符合我国城市需求的轨道交通制式之一。

悬挂式空中列车通常为高架，具有成本低、工期短的优点。而相对于高架的钢轨地铁而言，悬挂式占地少、污染小、能有效利用道路中央隔离带，适于建筑物密度大的狭窄街区的优点。此外，空中列车和轨道容易检查和维修养护。因而空中列车不失为大城市客流中等的交通线路和中等城市主要交通线路的可能选择之一。特别是在地形条件复杂，利用其他交通工具比较困难的情况下，能体现其优越性。

16.5　国外悬挂式空中列车发展历程

国外悬挂式空中列车的发展最早可追溯到1821年，英国人亨利·帕尔默（Henry Palmer）开始研究单轨系统，并取得了英国第461号的发明专利权。其后，德国人尤金·兰根（Eugen Langen）开始研究悬挂式单轨系统（德语为"Schwebebahn"），如图16-3所示。

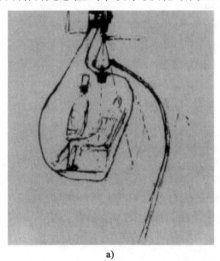

a)　　　　　　　　　　　　　　　b)

图16-3　尤金·兰根于19世纪末期构思"Schwebebahn"时绘制的草图并亲自试验

1898年夏天，世界第一个悬挂式空中列车系统在德国乌帕河谷破土动工。1900年10月24日，德国 Kaiser Wilhelm Ⅱ 皇帝携 Auguste Victoria 皇后亲临主持第一阶段路线的完工典礼，整个乌帕河谷万头攒动。期间，当德皇夫妇双双登上距河面12m的紫红色单轨列车进行首次运行时，更成为轰动世界的新闻焦点。当时启用的悬挂式公交系统营运至今，百年来无运营故障，并且成为今天最安全可靠的都市捷运系统之一。该系统在1903年6月27日全线通车，线路长13.3km，共设18个车站（16个中途站）。旅程约需35min的时间，班次间距约3～4min，平均运行速度为27km/h，最高可达60km/h，承担客运量约占该市大众运输旅次的45%。

1972年后，德国联邦政府委托西门子公司和多特蒙德大学对悬挂式空中列车进行技术改造，并把这种现代悬挂式空中列车系统的名称定为"H-Bahn"，"H"即"Hang"（悬挂）的缩写。随后，这种自动化的现代悬挂式空中列车系统便应用于德国多特蒙德，并建成两条空列线路，均采用无人驾驶。2002年又建成开通了杜塞尔多夫空中列车线，连接机场2个航站楼。停车场与火车站，也均采用无人驾驶，全线双向行驶。

目前，国外悬挂式空中列车系统主要分布在德国和日本。随着技术的发展和车辆功能定位的不同，以及线路的客流、长度等因素，德国和日本的悬挂式空中列车系统车辆在总体技术参数等方面存在一些差异，下面列举其中具有代表性的5种形式：

（1）乌帕塔尔悬挂式空中列车系统（图16-4）。最早的乌帕塔尔悬挂式空中列车系统线路是1901年建成通车，线路全长约13.3km，线路位于乌帕河河道上方，设站20座，全线双向行驶，列车采用3节编组，列车采用铰接形式，车辆采用钢制车轮。

图16-4　乌帕塔尔悬挂式空中列车系统

（2）杜塞尔多夫机场线。杜塞尔多夫机场线用于航站楼的客流接驳，对外连接市郊铁路车站。全线于2002年开通，运营里程2.5km，共设置4站，配置6辆2节编组的列车，车辆采用无人驾驶。

（3）千叶悬挂式空中列车系统。千叶悬挂式空中列车系统共有两条线路，即千叶都市单轨电车1号线和2号线，两条线路一共15.6km，1号线1995年8月开始运营，2号线1988年开始运营，两条线路采用混跑运营的模式。1号线和2号线线路、轨道、站台、车辆等基础全部采用相同配置。由于线路开通时间较长，运营车辆有两种型号，1988年开始投入使用的1000型号车辆以及2012年开始投入使用的0型车辆，目前两种车辆均在线运营。

（4）湘南悬挂式空中列车系统。湘南悬挂式空中列车系统用于连接湘南江之岛与大船，全线长6.6 km，设8座车站，线路沿公路设置，架设方式与千叶悬挂式空中列车系统一致。目前线路上运营的车辆有3编组的5000型车辆（2004年投入使用）以及存在2编组的500型车辆（1988年投入使用）。

表16-1和表16-2分别汇总并比较了国外典型悬挂式空中列车系统线路情况与主要参数。

国外典型悬挂式空中列车系统列表　　　　　　　　　　表16-1

国家	线路	总里程（km）
德国	乌帕塔尔悬挂式单轨电车	13.3
	杜塞尔多夫机场线	2.5
	多特蒙德1号线	3
	多特蒙德2号线	1
日本	千叶都市单轨电车1号线	15.6
	千叶都市单轨电车2号线	
	湘南江之岛线	6.6

代表性的悬挂式空中列车系统主要参数对比　　　　　　　　表16-2

参数	杜塞尔多夫机场线	千叶都市单轨电车	湘南江之岛线
编制型式	2编组	2编组	2编组
车辆长(mm)	9200	13850	13850
车辆宽(mm)	2244	2580	2650
车辆高(mm)	2623	3705	3688
列车长(mm)	18400	27700	27700
车辆定距(mm)	5890	8500	7650
最大载客量(人)	150	206	224
车辆自重(t)	8.5	21	34.8
轨道梁内宽(m)	0.78	1.55	1.55
轨道梁内高(m)	1.1	1.45	1.45
轨道梁开口(m)	0.18	0.58	0.58
受电电压(V)	DC600	DC1500	DC1500
最高速度(km/h)	60	65	75
启动加速度(m/s^2)	1.0	1.1	1.1
制动减速度(m/s^2)	1.0	1.1	1.1
紧急制动减速度(m/s^2)	5.5	1.25	1.25

16.6　国内悬挂式空中列车的发展和应用

目前国内规划建设有悬挂式空中列车线路的地区有贵州黄果树、四川九寨沟、四川金堂、陕西韩城等,其中金堂的悬挂式空中列车于2016年11月下线运行,而陕西韩城悬挂式空中列车项目也于2016年开工,韩城悬挂式空中列车是作为韩城市的主要交通工具,客流量相比金堂的客流要大,列车采用3编组,两项目的车辆主要尺寸对比见表16-3。

金堂和韩城悬挂式空中列车主要参数对比　　　　　　　　表16-3

基本参数	金堂悬挂式空中列车	韩城悬挂式空中列车
基本编组	+Mc-Mc+	+Mc-M-Mc+
受流方式(V)	DC750V	DC750V
最大运营速度(km/h)	60	50
头车长度(mm)	9695	10292
车辆最大宽度(mm)	2300	2300
车辆高度(mm)	3700	3539
最大载客量(单车/人)	Mc:90~110	Mc车:93,M车:116
轴重(t)	4	5
曲线半径(m)	30	50
爬坡能力(‰)	100	100

金堂和韩城悬挂式空中列车系统的车辆总体尺寸类似于杜塞尔多夫机场线项目的车辆,车辆属于小型车,但在国内由于每个城市的客流大小、功能定位、线路长度、建设成本、车辆限界要求等不同,车辆总体尺寸也会发生变化,因此在国内悬挂式空中列车系统车辆的大型车也会被采用,如日本千叶悬挂式空中列车和湘南悬挂式空中列车车辆尺寸更大,载客量更高。

复习思考题

1. 悬挂式空中列车如何运行?
2. 悬挂式空中列车有哪些技术特点?
3. 悬挂式空中列车适合什么交通场景?
4. 与地面轨道交通相比,悬挂式空中列车在设计上有什么不同?
5. 悬挂式空中列车的优点有哪些?

参 考 文 献

[1] 佟立本.铁道概论[M].7版.北京:中国铁道出版社,2016.
[2] 彭其渊,王慈光.铁路行车组织[M].2版.北京:中国铁道出版社,2015.
[3] 王甦男,贾俊芳.旅客运输[M].3版.北京:中国铁道出版社,2016.
[4] 刘作义,郎茂祥.铁路货物运输[M].北京:中国铁道出版社,2015.
[5] 周立新.有轨线路系统工程[M].2版.上海:同济大学出版社,2020.
[6] 易思蓉.铁路选线设计[M].5版.成都:西南交通大学出版社,2022.
[7] 李海鹰,张超.铁路站场及枢纽[M].北京:中国铁道出版社,2012.
[8] 吴芳.铁路运输设备[M].北京:中国铁道出版社,2008.
[9] 国家铁路局.铁路线路设计规范:TB 10098—2017[S].北京:中国铁道出版社,2018.
[10] 国家铁路局.铁路车站及枢纽设计规范:TB 10099—2017[S].北京:中国铁道出版社,2018.
[11] 国家铁路局.城际铁路设计规范:TB 10623—2014[S].北京:中国铁道出版社,2015.
[12] 中华人民共和国建设部,国家发展和改革委员会.城市轨道交通工程项目建设标准:建标104—2008[S].北京:中国计划出版社,2008.
[13] 中华人民共和国建设部.城市公共交通分类标准:CJJ/T 114—2007[S].北京:中国建筑工业出版社,2007.
[14] 上海轨道交通行业资讯中心."研数据析规律明方向"——中国城市轨道交通发展速度分析与思考[J].城市轨道交通,2020(1):43-49.
[15] 毛保华.城市轨道交通与铁路运输的异同[C].2018.
[16] 饶忠.列车牵引计算[M].2版.北京:中国铁道出版社,1999.
[17] 毛保华,李夏苗.列车运行计算及设计[M].北京:人民交通出版社,2013.
[18] 中华人民共和国铁道部.铁路旅客运输规程 铁路旅客运输办理细则(简本)[M].北京:中国铁道出版社,2010.
[19] 中华人民共和国铁道部.铁路货物运输管理规则[M].北京:中国铁道出版社,2000.
[20] 徐瑞华.轨道交通系统行车组织[M].北京:中国铁道出版社,2005.
[21] 胡思继.铁路行车组织[M].北京:中国铁道出版社,2009.